用心教你學會六壬課

周鎮亞◎著

自序

由軍旅退役轉職海外工做已十餘載，先師辭世迄今亦已數年，然手中六壬課資料本未彙總，在學長們的敦促下整理成冊。

基本上本書不是著作，它只是個人在學習六壬課過程中，老師上課所教，自己所做的筆記及研讀相關書籍資料將之彙總並擬做為日後教材。

占卜數術係先賢法天地，象四時，順應自然理則以分析得失，期導之以善，惠眾澤民。

然就修道覺者而言，這畢竟還是世間法，協助我們常人趨吉避凶，積德行善，深耕福田，至於已發心修道或有所得的大德們就無需研學此術，避免影響到不能盡去執著的心。

但對大多數的人而言，在心存善念的基礎上，還是值得參考學習的知識。一般人或有邪惡非正之問，要則不應，或依所占直言利害。與人子言依於孝，與人弟言依於悌，與人臣言依於忠，與人友言依於信，求占對象不一，所言皆順於仁義，切毋貪利而輕洩天機。

幫助他人的方法很多，以占卜之術濟世亦是，若人因之而能解惑有所得，實在也不是占卜者所助，而是求占者自助，禍福在天，吉凶由人。

易曰貞吉。言正則吉，不正則不吉也。

易曰無咎。言如此則無咎，不如此則有咎也。

除死生富貴，自有天定外。一切進退取捨，介乎休咎之間者仍在於人，而不可專諉於天。要知道，只有盡了人事才有資格聽天命。

祈盼占卜者，心正體直，照理而斷。求占者，虛心修行，無悔而吝。

書中內容有部分直接摘錄前賢著做，那是因為已表達的很貼切、正確，依以納入相關章節有助於後學參用。

論斷篇（上）

對待分析

論斷篇（下）

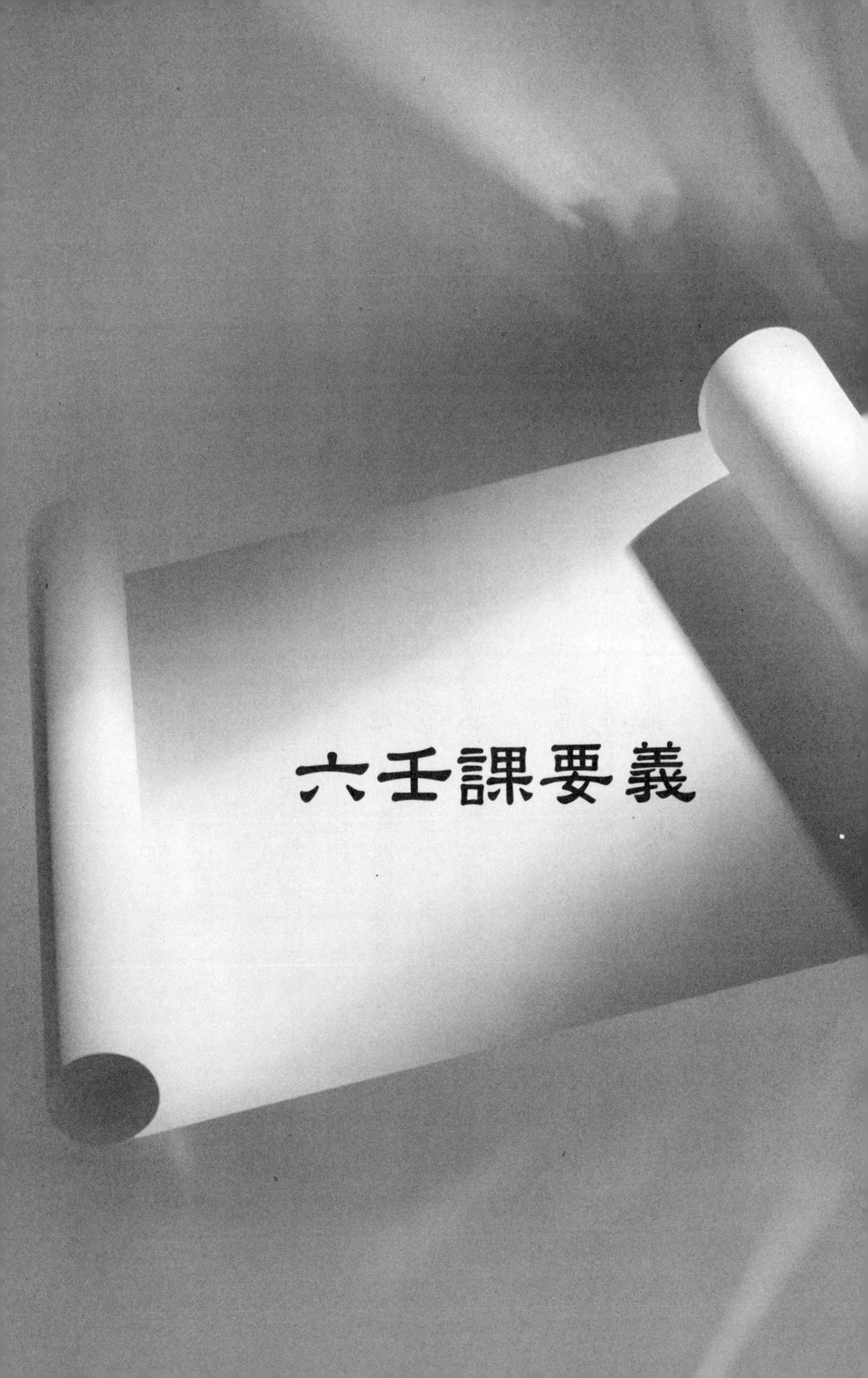

六壬課要義

四庫全書提要云，六壬與遁甲，太乙，世謂三式。而六壬其傳尤古，大祇數根於五行，而五行始於水，舉陰以起陽故稱壬（壬為陽水）。舉成以該生故曰六（天一生之，地六成之，六為成數之始）。

其法有天地盤與神將相臨。雖漸近奇遁九宮之式，然大旨原本羲爻。蓋亦易象之支流，推而演之者矣。壬之一字，其義何居，老子云，道生一，一生二，二生三，三生萬物。董仲舒云，三畫而連其中者謂之壬，天、地、人，參而通焉者也。

孔子曰，一貫三為王，壬字與王字何以異?其異者王字三畫皆同，壬字三畫各別耳。蓋聖人取義，用天一生水，天五生土，水為萬物之血脈，土為萬物之根基，合生萬物，水數一，土數五，合而成六。

且壬字上一畫斜者，象水之朝東，下一畫重者，象地之厚載。中一畫長者，縱則為天地，橫則為宇宙。與天地宇宙同用。加以水土生育之功，有覆載萬物之至德。即謂以此，命名六壬。故壬式天盤圓，法天，地盤方，法地。在天成象有星宿，故用天罡為斗杓。太陽為月將，二十八宿為直符。

在地成形有方岳，故用八卦據四方。四維立四門，二十四氣為準則。

中明人道，仰觀天文、俯察地理。故有三奇，二煩，稼穡，遊子等課之占。

或用歲不出歲，月不出月。或用二十四氣，則半月之間。

或用七十二候，則五日之期。皆法天地，軌於歷數者也。

其於尊卑，則日為尊，辰為卑。其於親疏，則日為親，辰為疏。

其於夫婦，則日為夫，辰為婦。其於父子，則日為父，辰為子。其於君臣，則天乙為君，諸將為臣。其於職位，則有丞相，將軍。其於往退，則前一後一。其於陞黜，則有逆有順。其於生殺，則有陽有陰。

壬課降於元女，演於軒轅，上則占乾象之休咎，中則占人事之吉凶，下則占地紀之災詳。

一世一身，一時一刻，無幽不燭，無事不明。彰往察來，見微知著，修身治己，保國宜家。纖悉不外於其理，毫髮莫逃於此數。君子可豫定趨避，小人亦免罹陷阱。休泥丸珠在盤，當求三隅之反一。乃做讚曰：效法天地。貫通鬼神。啟建皇極。軌範人倫。迹於賢者。做於聖人。無物不照。無禱不靈。垂教萬古。月益日新。含宏精奧。大哉六壬。

六壬與易無殊，易以陰陽消長，明進退存亡之道。

六壬以日干為本，生剋為端。生即陽，剋即陰。生即長，剋即消也。

干上吉，支上吉，三傳凶者，宜靜宜守。

干上凶，支上吉，三傳吉者，宜動宜行。

此即進退存亡之道也。故深於易者，見六壬而洞然。深於六壬者，即壬亦可見易矣。

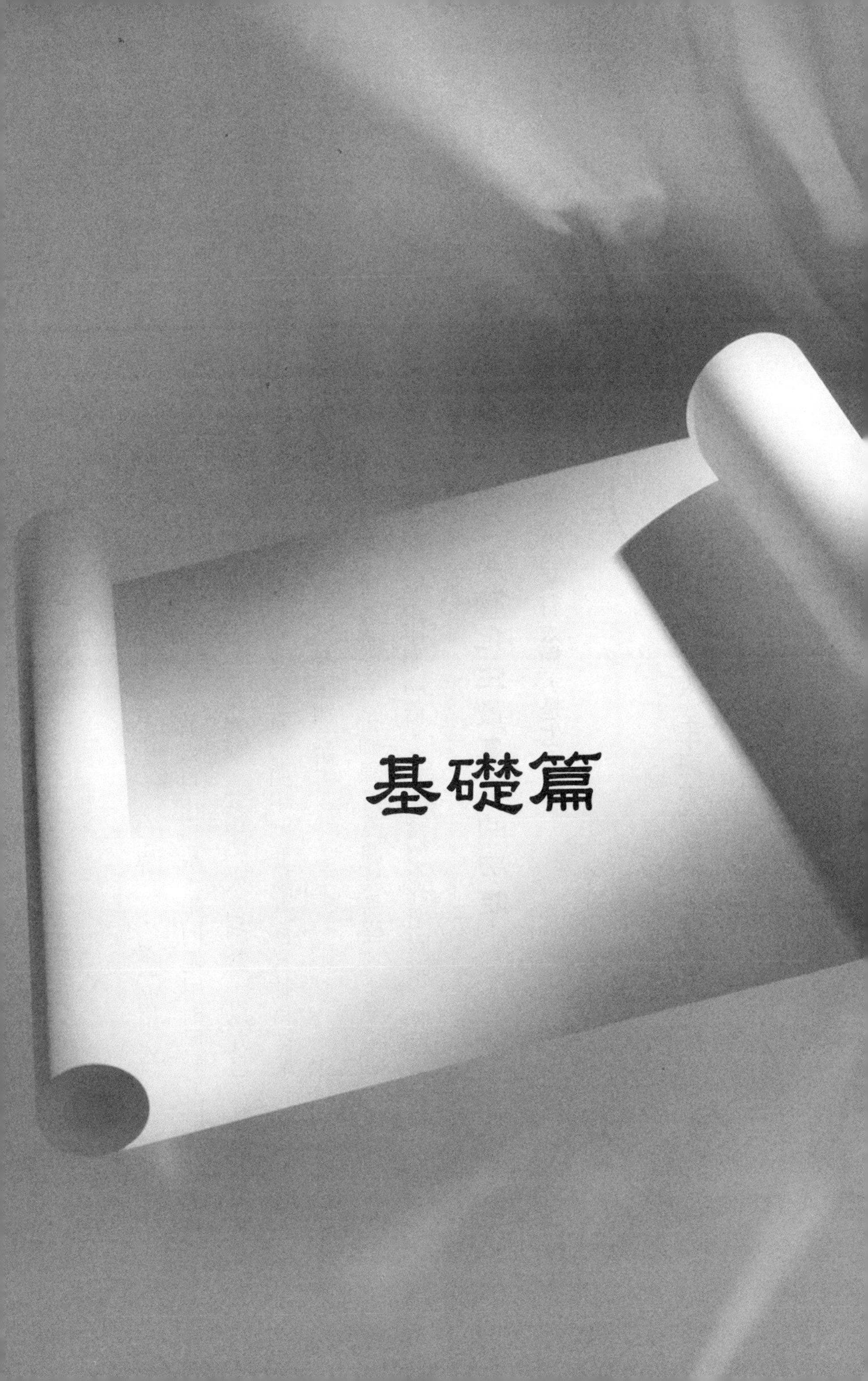

基礎篇

中國預測學之源有三式，分別為「太乙式」，「六壬式」，及「遁甲式」。

太乙神數用於占君國大事，六壬神課用於占日用百事，奇門遁甲則用於占用兵制敵。

「三式」之學理論架構均源於易經原理推演而成，其中「太乙神數」以九宮八卦十六神為框架，「六壬神課」以十二地支為框架，「奇門遁甲」亦以九宮八卦為框架，並且皆以干支、陰陽五行為用，形式雖不同，但都是預測之學。

接下來就介紹六壬神課給大家認識，六壬神課既然源於易經，那麼就要一併的介紹相關的基礎，這樣研習六壬神課才能事半而功倍，首先我們來介紹陰陽、五行及干支。

一、陰陽：代表宇宙萬物化生最基本的功能

（一）在周易繫辭上傳說：易有太極，是生兩儀。

如圖1：

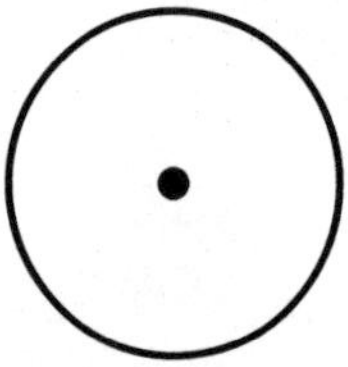

表示太空中顯示一點最初的氣化

表示太極蘊藏有陰陽兩儀，陽中有陰，陰中有陽

白為陽儀，符號為 —

黑為陰儀，符號為 - -

易有太極是生兩儀就是說我們的老祖宗體會宇宙化生的情境，在至大至極的宇宙時空中化生萬物的原動力為一分為二的陰、陽兩種氣化，向內收縮凝聚成形成體的是陰氣化。

如圖2：

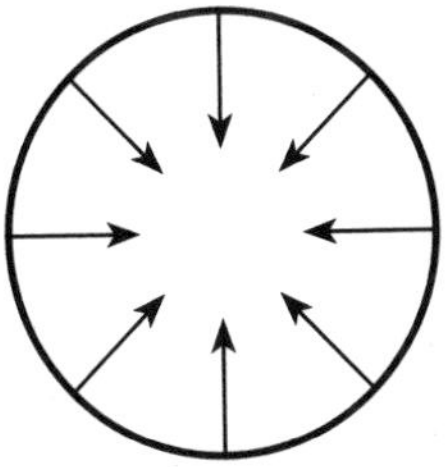

向外膨脹揮發產生功能的是陽氣化。

如圖3：

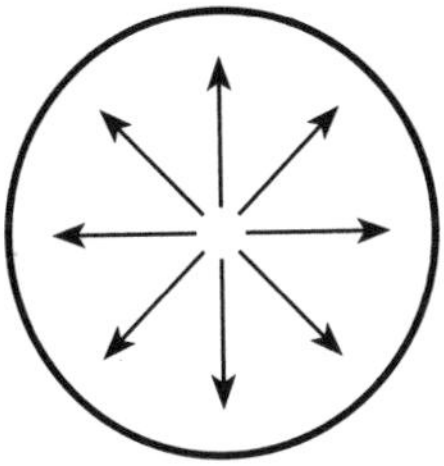

這二種氣化就叫做陰儀與陽儀，儀是儀容，特徵，由此體現一分為二的宇宙化生思想，萬事萬物皆可歸屬於陰陽兩儀。

（二）在陰陽兩儀各自發展到相當程度，其本身已達成熟，便進而複合成為太陽，少陰、少陽及太陰四種氣化，漸由氣化轉為形化。

如圖4：

兩儀	
陰儀	陽儀
— —	——

四象			
太陰	少陽	少陰	太陽
— — — —	—— — —	— — ——	—— ——

1、太陽⚌：以動能加動能，而無形體，宇宙間神靈現象屬之。

「太」的意思是指其氣化，已相當成熟，而能單獨發展。

2、少陰⚍：以能為主，而以體為附，以能領導體，宇宙間人類及動物均屬之。

「少」的意思是指其氣化，尚在柔嫩階段，必須與對待方面，相依為用，所以少陰附之於陽，以陽能為主，人類及動物均以思想動能主導身體行為。

3、少陽⚎：少陽則是陽能附之於陰，以陰體為主，而以陽能為附，以體主導能，植物等屬之。

4、太陰⚏：以體加體，全體而無動能，土石與礦物等屬之。

物理學有一個觀點：運動是絕對的，靜止是相對的，宇宙一直處於不斷的運動變化之中，所以就如太陰之類，它也不是絕對的靜止。

（三）四象又進一步演進，而成八卦，由氣化而形化，形具體成，可以產生用了，它的推衍如圖5：

太極、兩儀、四象、八卦生序圖

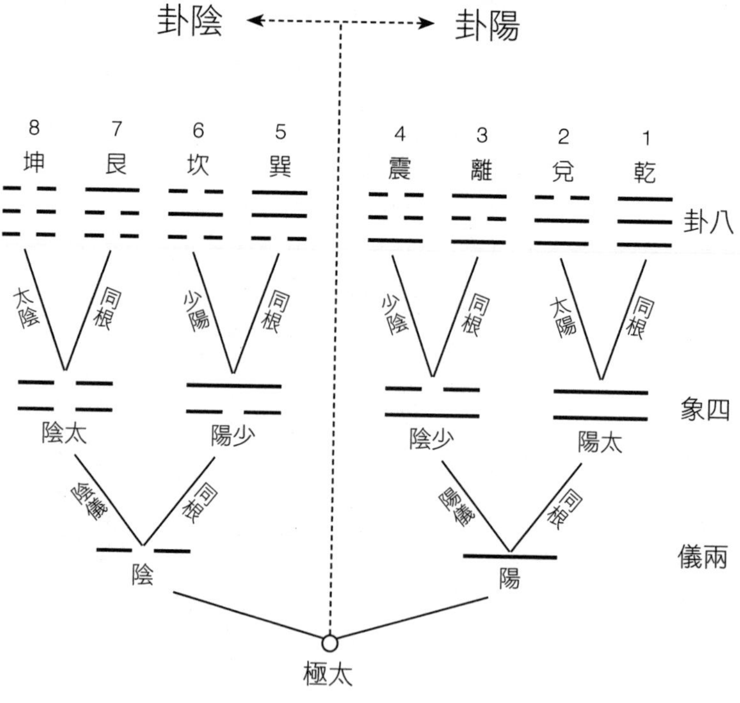

說明：1、乾陽坤陰，為一對待，乾數1，坤數8，合而為九。
乾卦3畫，坤卦6畫，合而為九。
2、兌陽艮陰，為一對待，兌數2，艮數7，合而為九。
兌卦4畫，艮卦5畫，合而為九。
3、離陽坎陰，為一對待，離數3，坎數6，合而為九。
離卦4畫，坎卦5畫，合而為九。
4、震陽巽陰，為一對待，震數4，巽數5，合而為九。
震卦5畫，巽卦4畫，合而為九。
5、卦成數生。（即先天八卦，乾1、兌2、離3、震4、巽5、坎6、艮7、坤8）

（四）八卦為研究易經的基礎，關於易經內容還有很多暫不接續，僅先介紹先後天八卦圖。

1、先天八卦圖（八卦對待圖）如圖6：

說明：

（1）乾坤為一對待

（2）坎離為一對待

（3）震巽為一對待

（4）艮兌為一對待

（5）先天八卦象徵宇宙萬物的體，形體最重要的就是平衡，對稱才能穩定的存在。

2、後天八卦圖（八卦流行圖）如圖7：

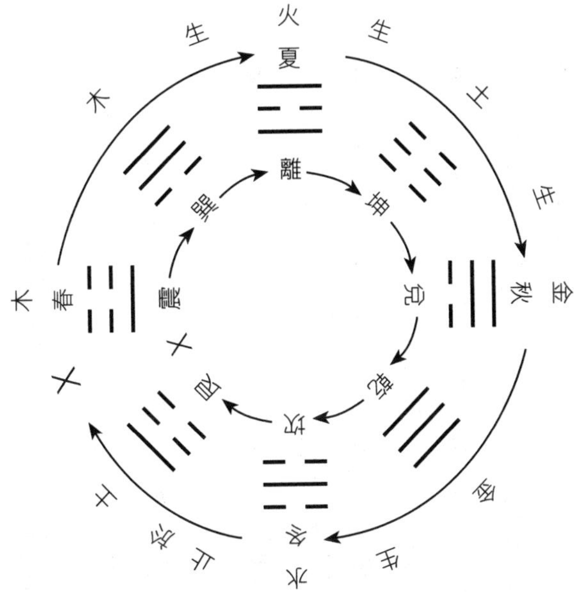

說明：

（1）後天八卦圖象徵宇宙萬物化生的運行，乃就用而言，自震起至艮止，週而復始，從萬物生長盛衰，以明造化運行之常，即自春生、夏長、秋收、冬藏，生生不息，循環不斷。

（2）八卦即是五行，乾兌納金，坤艮納土，坎納水，離納火，震巽納木。

（3）水止於土則可潤土滋生，木得土根有所附，枝葉依以長。

二、五行：代表宇宙間五種最基本物質，及它們之間的關聯與運行變化，是構成宇宙萬物的基本元素

五行是指金、木、水、火、土五種氣化的運行變化及推展來說明這五種氣化流行的特性。在《尚書，洪範》告訴我們：「水曰潤下，火曰炎上，木曰曲直，金曰從革，土爰稼穡」。

水：原即指水，表示具有滋潤向下的屬性，水也分陰分陽，陰水則指成形成體實質的水，陽水則指大自然的雲霧，及太空濕冷的氣化。

火：原即指火，表示具有炎熱向上的屬性，火也分陰分陽，陰火則指具引燃功能的火，陽火則指大自然的光與熱。即太空中炎熱的氣化。

木：原指草木，表示具有生發，條達，曲直的屬性，木也分陰分陽，陰木則指草木，陽木則指大自然生發舒展的機能及太空中溫煦的氣化。

金：原指金屬，表示具有清淨，肅殺，從革（革故鼎新）的屬性，金也分陰分陽，陰金則指實質的金屬礦產，陽金則指大自然向內收縮的機能及太空中肅殺的氣化。

土：原指泥土，表示具有涵養，化育的屬性，土也分陰分陽，陰土則指土地泥石，陽土則指大自然輔助萬物生長的機能及太空中中和溫、暑、燥、寒的均衡氣化。

五行的理論在中國諸子百家被廣泛的發揮與應用，如宇宙萬物分類表。

◎宇宙萬物分類表

事物 \ 五行	木	火	土	金	水
天干	甲乙	丙丁	戊己	庚辛	壬癸
地支	寅卯	巳午	辰丑戌未	申酉	亥子
五方	東	南	中	西	北
五季	春	夏	四季月	秋	冬
五時	平旦	日中	日西	合夜	夜半
五色	蒼	赤	黃	白	黑
五氣	風	暑	濕	燥	寒
五化	生	長	化	收	藏
五味	酸	苦	甘	辛	鹹
五音	角	徵	宮	商	羽
五臟	肝	心	脾	肺	腎
五腑	膽	小腸	胃	大腸	膀胱
五竅	目	舌	口	鼻	耳
五體	筋	脈	肉	皮毛	骨髓
五津	淚	汗	涎	涕	唾
五腧	井	滎	腧	經	合
五德	仁	禮	信	義	智
五物	游魂	識神	妄意	鬼魄	濁精
五賊	喜	樂	欲	怒	哀
五魔	財	貴	勝	殺	淫
五星	歲星	熒惑	鎮星	太白	辰星

五行既是代表萬物化生的運行與變化，繼續我們來說明五行彼此之間的關係和它們氣化能量的強弱。

（一）五行相生

五行相生（如圖8）係指五行之間有相互資生，相互促進的關係，它們的順序是**水生木**，**木生火**，**火生土**，**土生金**，**金生水**。

1、水生木是象徵太空中的濕潤氣化及實質的水是可協助植物的生長。

2、木生火是象徵太空中的溫暖氣化（助燃氣體）及實質的植物（引燃物）是可以產生火。

3、火生土是象徵太空中的燥熱氣化及實質的火是可以孕育大地、土石。

4、土生金是象徵太空中的中和氣化及實質的土是可以中和水、木、火的氣化來化生礦產、金屬。

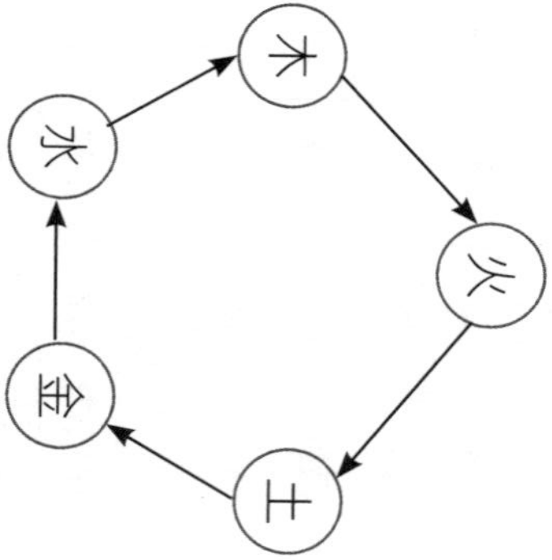

圖8

5、金生水是象徵太空中寒燥氣化及實質的金屬，礦產為水之源，且金屬加熱多轉化

成液態。

中國人說：雨從山來，風從海來，山間水流經過的地方多有礦石。五行相生泛指事物運動變化中相輔相生，相互促進的關係。

（二）五行相剋

五行相剋（如圖9）亦稱「五行相勝」，係指五行之間有相互制約，相互運用的關係，如：**木剋土**，**土剋水**，**水剋火**，**火剋金**，**金剋木**。剋者剋洩的意思。

1、木剋土是象徵植物生發必耗用土的養分，剋洩土的氣化，俾賴以長成。

2、土剋水是象徵土要發展為可用的沃土，一定要有水的濕潤，所以會剋洩水的氣化，俾成可供萬物生長的土。

3、水剋火是象徵太空中濕冷氣化及過冷的水（冰），均需火熱的氣化加溫中和，才適用於萬物所需，所以水剋洩火是宇宙化生的大用。

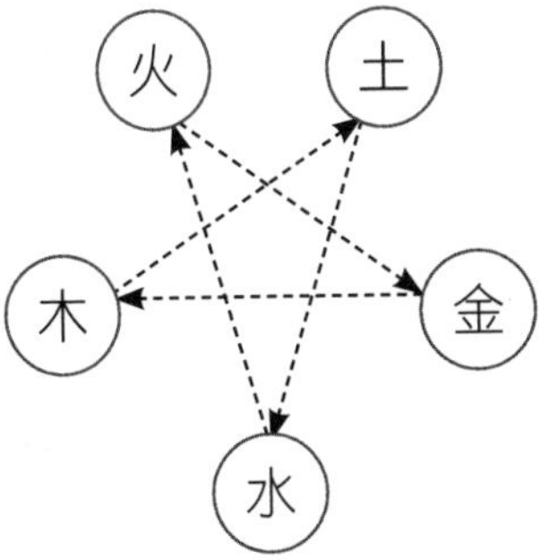

圖9

4、火剋金是象徵金受火剋而能產生更多的變化及功用，在五行氣化中，火剋金是顯著的變化，不像木剋土，土剋水，水剋火，那樣的漸緩，金又是堅硬之物，水、土、木氣化均無法剋之，只有火氣化可以將之熔解、變形、廣泛的被運用，這也是五行制衡的變化。

5、金剋木是象徵太空中燥寒的氣化有肅殺萬物之用，是革故鼎新的變化階段，亦即生生不息的變化，在實體上以金伐木也是有裁剋之功，使木的功用更豐富更廣泛。

五行相剋體現了事物運動變化中互相制約以求平衡的思想。

（三）五行乘侮

1、五行相乘

乘的意思是凌駕於某事物之上，如乘車、乘騎、乘坐均表示主動掌握乘之於上的意思，所以說乘就有以強凌弱，乘虛侵襲之意，在五行中的某一行，由於本身氣勢過於強盛，因而造成被剋制的「一行」受太過的剋制，使被剋制的「一行」更為虛弱，從而引起

五行之間生剋制化的異常。

例如：木的氣化過於強盛，則剋土太過，造成土的不足，稱為木乘土。另一類為土的氣化過於衰弱，造成木剋土的力量相對增強，稱為「土虛木乘」。

五行相乘是象徵宇宙間事物關係失常的表現。

2、五行相侮

侮的意思是代表「反剋」的關係，指五行中某「一行」過於強盛，對原來「剋我」的「一行」進行反剋。

例如：木本受金剋，但當木特別強盛時，或金特別衰弱時，木不僅不受金的剋制，反而對金進行反剋，稱做「木侮金」及「金虛木侮」。

五行相侮亦是象徵宇宙間事物關係失常的表現。

3、五行乘侮

五行乘侮是指五行在失常情況下的生剋關係，相乘是按五行的相剋次序發生過強的剋制現象。相侮是按與五行相剋次序發生相反方向的剋制現象（如圖10）。

由此可知五行相乘與相侮，兩者之間的聯繫是：在發生相乘時，也可以同時發生相侮，發生相侮時，也可以同時發生相乘。

例如：木過強時，既可以乘土，又可以侮金。金虛時，既受到木的反侮，又受到火乘剋，因而相乘與相侮之間存在著密切的關係。

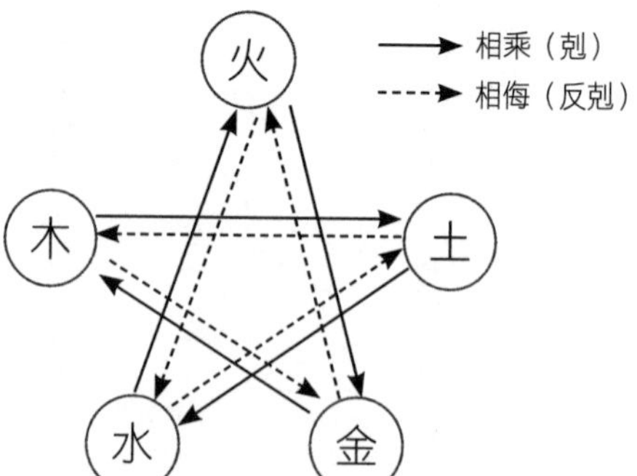

圖10

（四）五行勝復

由於太過和不及所引起的對所剋者的過度剋制，稱之為「勝氣」。「勝氣」的同時必然會招致一種相反的力量以將「勝氣」壓制下去，這種力量稱之為「復氣」。

在五行結構中，如果出現某一行被過度剋制，則會有俟機而反制使之平復，反過來說，為什麼會被過度剋制，必是因本身出現不及所致。

五行勝復的變化象徵當剋伐已亢，使之平復，這樣就維持和保障了五行系統的動態

平衡。如水的氣化太過，就會對火過份的剋制，火氣化則受損，火氣化生土氣化就會俟時來制衡水氣化，使水氣化恢復正常，這樣的調節做用使五行之間失去的平衡得到重新的和諧。

（五）五行制化

五行制化有兩種含意：

1、五行在正常情況的相生相剋的關係。

制為剋制，化為化生。「制則生化」，化生和剋制相互為用，事物生中有剋，剋中有生，才能維持其相對的平衡協調，這種生剋關係，稱為制化。以木為例，木能剋土，但土能生金，金又能剋木，經過這種調節，使五行趨向平衡。

2、五行中三「行」之間的亢害承制關係。

萬物化育，不可無生的功能，亦不可無制的功能，這就叫「亢害承制」，因太過（亢）而產生危害，必要有效節制方能維持萬物的正常生發，「制」如上述是以反剋，節制的方式調節，「化」則採迂迴，共好的方式調節，例如：金之太過，木則受傷，若木能

溶和水氣化，因金生水而水生木，木則不受剋反受生，這就產生了「化」，命理學家稱之「通關」。

（六）日干五行生旺死墓

五行生、旺、死、墓，說明一切事物都有一定的週期循環，如行、住、壞、空。生、老、病、死。生、壯、老、滅。生、長、收、藏。新陳代謝之規律，五行生旺依序為長生、沐浴、冠帶、臨官、帝旺、衰、病、死、墓、絕、胎、養等十二宮，按《三命通會》，十二宮位解釋如下：

1、長生：萬物生發向榮，如人始生平安降世。
2、沐浴：萬物始生，形體柔脆，易為所損，需妥為照料，如人生出之後，以沐浴之。
3、冠帶：萬物漸榮秀，如人具衣冠，成人成材。
4、臨官：如人出而為仕，有所貢獻。
5、帝旺：萬物成熟，如人得時當位處於旺的階段。
6、衰：由極而返，如人行氣漸衰，由壯而將老的階段。

7、病：萬物形體，氣化衰而違和，產生了病症氣弱力少了。中國人說：「無病不死人」。

8、死：萬物喪亡的階段。

9、墓：又叫做「庫」，萬物生發的氣化盡藏如人死葬之於墓。

10、絕：以萬物落葉歸根，藏於地而更進一步的分解，滅絕，空而無物。

11、胎：萬物生發氣化肇始的階段，天地氣交，物在萌芽，始有其氣，如人受父精母血，完成結胎之期。

12、養：萬物孕育成形，猶胎兒養成將出生的階段。

列表如下方所示：

陰陽	五陽干順行					五陰干逆行				
天干	甲木	丙火	戊土	庚金	壬水	乙木	丁火	己土	辛金	癸水
長生	亥	寅	寅	巳	申	午	酉	酉	子	卯
沐浴	子	卯	卯	午	酉	巳	申	申	亥	寅
冠帶	丑	辰	辰	未	戌	辰	未	未	戌	丑
臨官	寅	巳	巳	申	亥	卯	午	午	酉	子
帝旺	卯	午	午	酉	子	寅	巳	巳	申	亥
衰	辰	未	未	戌	丑	丑	辰	辰	未	戌
病	巳	申	申	亥	寅	子	卯	卯	午	酉
死	午	酉	酉	子	卯	亥	寅	寅	巳	申
墓	未	戌	戌	丑	辰	戌	丑	丑	辰	未
絕	申	亥	亥	寅	巳	酉	子	子	卯	午
胎	酉	子	子	卯	午	申	亥	亥	寅	巳
養	戌	丑	丑	辰	未	未	戌	戌	丑	辰

日干五行生旺死墓表

（七）月令五行旺相休囚死

五行之旺相休囚死，為象徵氣化消息（消是落，息是長），氣因時，地不同，而發生變化，如春溫暖，夏炎熱，秋涼爽，冬寒冷，這些是因時而變化。

因地的變化如下：氣在北方則寒冷，在東方則溫暖，在南方則炎熱，在西方則涼爽，在四季相交的四季月則兼而有之，列表如下：

五季 / 氣化	春	夏	秋	冬	四季月
旺	木旺 立春開始旺73天	火旺 立夏開始旺73天	金旺 立秋開始旺73天	水旺 立冬開始旺73天	四立前 土旺各旺 18 1/4天共73天
相	火相	土相	水相	木相	金相
休	水休	木休	土休	金休	火休
囚	金囚	水囚	火囚	土囚	木囚
死	土死	金死	木死	火死	水死

五季 / 氣化	木	火	金	水	土
旺	春旺	夏旺	秋旺	冬旺	四季月旺
相	冬相	春相	四季月相	秋相	夏相
休	夏休	四季月休	冬休	春休	秋休
囚	四季月囚	秋囚	春囚	夏囚	冬囚
死	秋死	冬死	夏死	四季月死	春死

月令五行旺相休囚表

月令五行的旺，相，休，囚，死，係代表在四季中各「行」的氣化消長強弱，它的規律為：當令者旺，我生者相，生我者休，剋我者囚，我剋者死。

例如春季木當令，為旺，火是木所生，為相，水是生木之母，為休，木受金剋，木旺則金囚，土是木所剋者，為死。

三、天干與地支

天干與地支簡稱「干支」，是古人用以紀年、月、日、時次序的符號。

干支原始的意義及排列序位，係指萬物的生、長、化、收、藏，用以代表萬事萬物產生，發展，壯大，消弱，滅亡更生的整個過程。

四、天干

天干有十，分別為：甲、乙、丙、丁、戊、己、庚、辛、壬、癸。天干可以配合陰陽、五行、音律、八卦、河圖洛書、臟腑、經絡……等，體現了事物之間複合變化的功用。

（一）天干配陰陽：

就干支而言，十天干均為陽，十二地支均為陰，就干支自身而言，干支又各分陰陽，天干配陰陽分別為：甲、丙、戊、庚、壬屬陽干，乙、丁、己、辛、癸屬陰干，以陽為奇數，陰為偶數的原則而分。

（二）天干配五行：

甲、乙同屬木，丙、丁同屬火，戊、己同屬土，庚、辛同屬金，壬、癸同屬水。再配以陰陽，則甲為陽木，乙為陰木，丙為陽火，丁為陰火，戊為陽土，己為陰土，庚為陽金，辛為陰金，壬為陽水，癸為陰水。

干支配五行分陰分陽，是象徵其功用大小範圍不同，以萬物化生的運作大小而言，陽是代表著動能，陰是代表成形成體的實物，所以甲木是代表宇宙中，萬物生發的氣化功能，乙木是代表宇宙中實質的樹木、植物，丙火是代表宇宙中萬物成長所需的熱能，如太陽的光與熱。

丁火是代表成形成體的火。

戊土是代表宇宙化生萬物中和的氣化，調合了冷熱濕燥偏一之性以孕育萬物。

己土是代表實質的大地之土。

庚金是代表宇宙中肅殺的氣化，蕭條盛極而衰的萬物使之落葉歸根俾成死而後生，循環不已的自然功能。

辛金是代表實質的礦產金屬。

壬水是代表宇宙中萬物滋生所需的濕氣化，潤澤萬物，是化生萬物最重要的充要條件，萬物無水則枯竭，則失去了生機。

癸水是代表實質的水。（含加熱產生的蒸汽及凍結的冰）

以萬物實體效用大小而言：甲木為森林之木，乙木為花草之木，丙火為太陽之火，丁火為燈盞之火，戊土為大地之土，己土為田園之土，庚金為礦產斧鉞之金，辛金為首飾之金，壬水為大海之水，癸水為雨露之水。

上項所述在在都顯示了天干配五行具孕育萬物，生、長、化、收、藏的含意。

（三）天干配方位：

甲、乙居東方，丙、丁居南方，戊、己居中央，庚、辛居西方，壬、癸居北方。如圖11：

經常有人對中國人方位的訂定與現在地圖方位不同而有所疑惑，認為老祖宗訂定的方位有問題，在這裡我們來說明它的原因，不但沒問題而且更能顯示宇宙中氣化運行的軌跡。

首先我們來說祖宗們訂定方位的依據，中國人生活在北緯約20度~60度之間，體會到最適合居住的方位是坐北朝南，因此以己為中心來訂定方位，如圖12。

			南火			
		丙		丁		
	乙				庚	
東木		戊	中央土	己		西金
	甲				辛	
		癸		壬		
			北水			

圖11

圖12

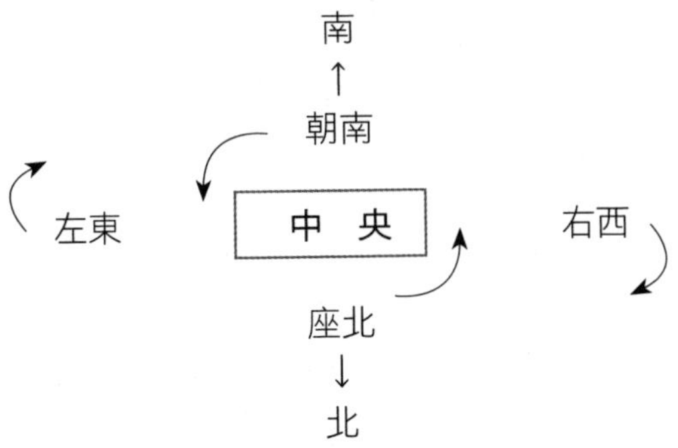

在中國的地理環境，秋、冬天刮著寒冷的北風、西北風，所以房舍的門向要朝南，不可朝北迎著寒風。春、夏天吹起溫煦的東風，東南風及南風，門向朝之適合居住。

因之訂定了坐北、朝南、左東、右西的方位，這樣的方位除了是宜室宜家，也象徵氣化流行的方位。

左東為木氣化主生發循上流行，
南火為熱氣化主成長向外揮發，
右西為金氣化主肅殺循下流行，
北水為冷氣化主含藏向內收斂，
中央為土氣化主調節平衡致中和。

現今世界地圖方位是顯示體，而中國的方位定義是顯示其用，兩者是相對應的，一體兩面不相違背的，例如：兩人相對己的右方就是彼的左方，因為座標朝向不同而已，老祖宗是就本身合宜的座向，配合四時循環、氣化、流行、體現，萬物生、長、收、藏自然運轉的軌跡，來定義方位，真是非常的科學。

（四）天干配四季：

甲乙木屬春季
丙丁火屬夏季
戊己土屬四季交接的季月
庚辛金屬秋季
壬癸水屬冬季

（五）天干配八卦：

乾卦納甲、壬。坤卦納乙、癸。震卦納庚。巽卦納辛。坎卦納戊。離卦納己。艮卦納丙。兌卦納丁。這其中有著五行相生的關係，如圖13：

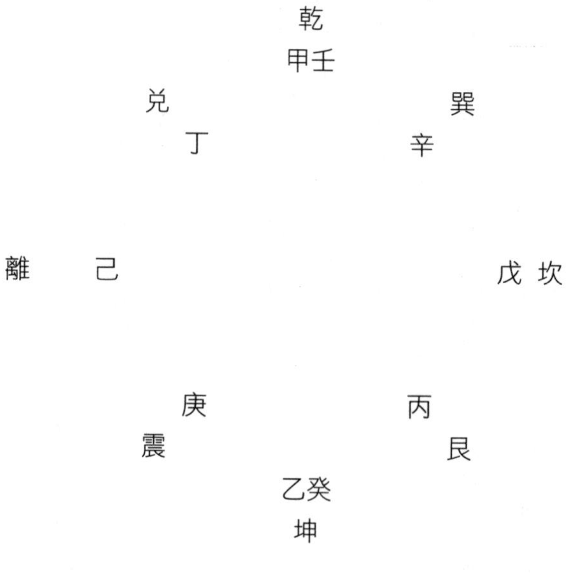

圖13：先天八卦

乾、坤、甲、乙木，生艮、兌、丙、丁火，生坎、離、戊、己土，生震、巽、庚、辛金，生乾、坤、壬、癸水。

（六）天干配河圖：

按方位，五行屬性與河圖數相配，壬、癸北方水，配生數一，成數六，丙、丁南方火，配生數二，成數七，甲、乙東方木，配生數三，成數八，庚、辛西方金，配生數四，成數九，戊、己中央土，配生數五，成數十，如圖14：

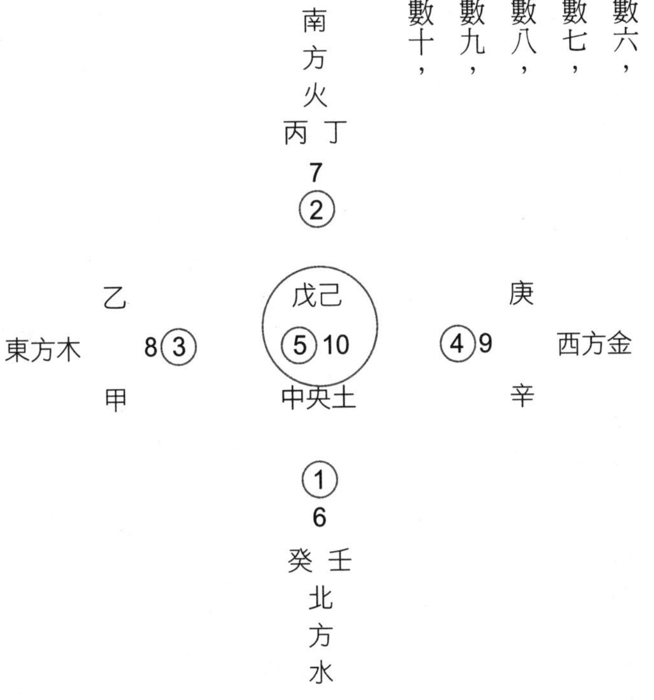

圖14

（七）天干配洛書：

按方位，五行屬性與洛書數相配。如圖15：

甲、乙為木配三，八，
丙、丁為火配四，九，
庚、辛為金配二，七，
壬、癸為水配一，六，
戊、己為土配五，十。

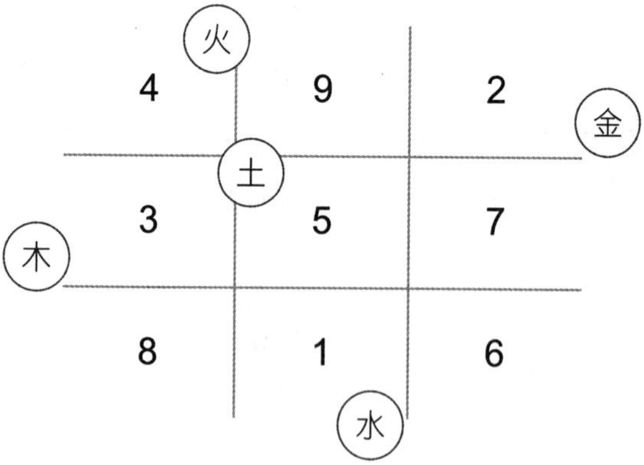

圖15

（八）天干、地支運用廣泛，尚有與音律、人體腑臟……等關聯沒有介紹，僅就與占課有關的各項予以說明。

五、地支

地支亦稱「十二地支」、「十二辰」，為古代表示年、月、日、時的符號。係子、丑、寅、卯、辰、巳、午、未、申、酉、戌、亥的總稱，《史記》中相對於十干十母，稱十二支為十二子。

地支與天干一樣是象徵宇宙氣化運行，方程式的符號，可以配屬陰陽、五行、方位、時間等，體現了祖先們無限的智慧。

（一）地支配陰陽：

十二地支中，子、寅、辰、午、申、戌屬陽，為「陽支」，丑、卯、巳、未、酉、亥屬陰，為「陰支」。

（二）地支配五行：

寅、卯同屬木，巳、午同屬火，申、酉同屬金，亥、子同屬水，辰、戌、丑、未同屬土。

依其陰陽大小不同又可分為：

寅為初生之木，卯為盛極之木，辰是漸衰之木；

巳為初生之火，午為盛極之火，未是漸衰之火；

申為初生之金，酉為盛極之金，戌是漸衰之金；

亥為初生之水，子為盛極之水，丑是漸衰之水。

寅、卯是一、二月為春季，春木旺，故為木；

巳、午是四、五月為夏季，夏火旺，故為火；

申、酉是七、八月為秋季，秋金旺，故為金；

亥、子是十、十一月為冬季，冬水旺，故為水；

辰（三月），未（六月），戌（九月），丑（十二月）為四季月，為土氣化寄旺於四季之月，故為土。（如圖16）

《素問・太陰陽明論》：「脾者，地，治中央，常以四時長四臟（春肝，夏心，秋肺，冬腎），各十八日寄治。」謂辰、未、戌、丑四個月在立春，立

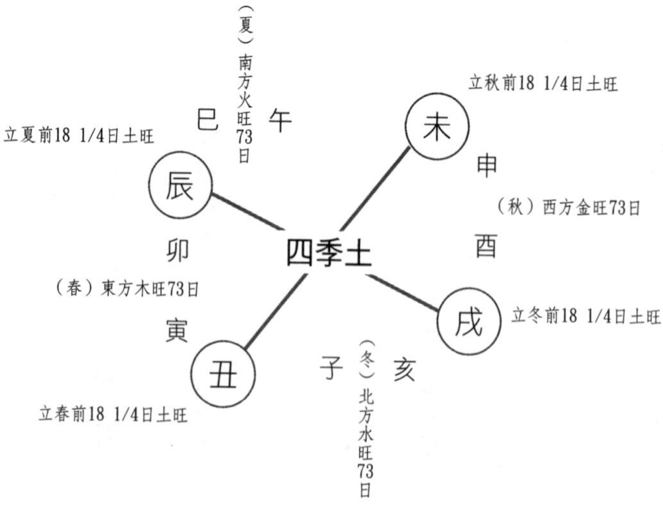

夏，立秋，立冬節氣前的十八又四分之一日，為土旺，故辰、未、戌、丑為土。

（三）地支配方位：

寅、卯居東方，巳、午居南方，申、酉居西方，亥、子居北方，辰、戌、丑、未居中央。一說子在北方，午居南方，卯在東方，酉在西方，丑、寅在東北，辰、巳在東南，未、申在西南，戌、亥在西北。

（四）地支配月建：

夏朝曆法正月建寅（正月為寅月），二月建卯，三月建辰，四月建巳，五月建午，六月建未，七月建申，八月建酉，九月建戌，十月建亥，十一月建子，十二月建丑。故一、二月為木，四、五月為火，七、八月為金，十、十一月為水，三、六、九、十二月為土。

（五）地支配時辰：

古代將一日分為十二時辰，二十三時至一時為子時，一時至三時為丑時，三時至五時為寅時，五時至七時為卯時，七時至九時為辰時，九時至十一時為巳時，十一時至十三時為午時，十三時至十五時為未時，十五時至十七時為申時，十七時至十九時為酉時，十九時至二十一時為戌時，二十一時至二十三時為亥時。

（六）地支配八卦：

八卦每卦六爻分別納地支，原則為：陽卦納陽支，陰卦納陰支，陰卦、

八卦 / 爻位	乾	坤	震	巽	坎	離	艮	兌
	☰	☷	☳	☴	☵	☲	☶	☱
上爻	壬戌	癸酉	庚戌	辛卯	戊子	己巳	丙寅	丁未
五爻	壬申	癸亥	庚申	辛巳	戊戌	己未	丙子	丁酉
四爻	壬午	癸丑	庚午	辛未	戊申	己酉	丙戌	丁亥
三爻	甲辰	乙卯	庚辰	辛酉	戊午	己亥	丙申	丁丑
二爻	甲寅	乙巳	庚寅	辛亥	戊辰	己丑	丙午	丁卯
初爻	甲子	乙未	庚子	辛丑	戊寅	己卯	丙辰	丁巳

八卦納甲圖

陽卦均從下而上分別納支，如八卦納甲圖。

（七）地支配河圖：

按方位，五行屬性與河圖數相配。

亥、子、為北方水，配生數一，成數六；

巳、午、為南方火，配生數二，成數七；

寅、卯、為東方木，配生數三，成數八；

申、酉、為西方金，配生數四，成數九；

辰、戌、丑、未為中央土，故配生數五，成數十。

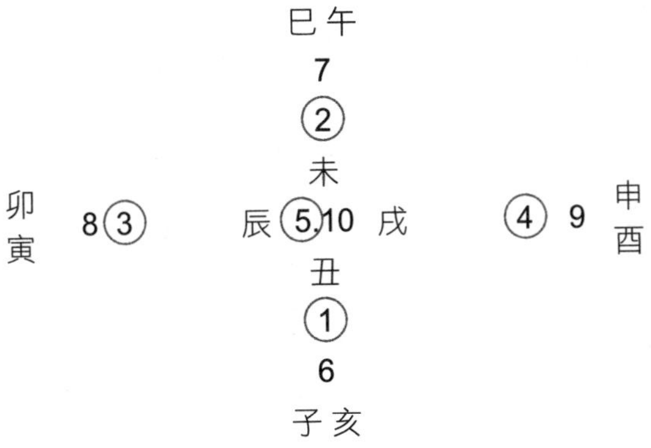

河圖中1、2、3、4、5稱為生數，6、7、8、9、10稱為成數，總數為55。

河圖數與方位口訣為：一與六共宗而居乎北，二與七為朋而成乎南，三與八同道而居乎東，四與九為友而居乎西，五與十相守而居乎中。

（八）地支配洛書：

按方位，五行屬性與洛書數相配。

寅、卯、配三、八；巳、午、配四、九；

申、酉、配二、七；亥、子、配一、六；

辰、戌、丑、未為中央土，故配五。

		9		
	4		2	
3		5		7
	8		6	
		1		

奇數運行路線為：正北方的1經正東方3，到正南方9，終於正西方7，為左旋。

偶數運行路線為：西南方的2經東南方的4，到東北方的8，終於西南6，為右旋。

奇數居南、北、東、西四正位，偶數居西北，東南，東北，西南四隅位，5居中央。

（九）地支之間的各種關係

1、地支相合

地支相合（見圖17）又稱「地支六合」，十二地支中兩兩相合，共得六組。分別為子與丑合。寅與亥合。卯與戌合。辰與酉合。巳與申合。午與未合。相合就是互相和合，情

意相得，奇偶交融。

子、丑合化土，寅、亥合化木。卯、戌合化火。辰、酉合化金。巳、申合化水。午、未合化日。在術數的運用中，地支相合是好的象徵。

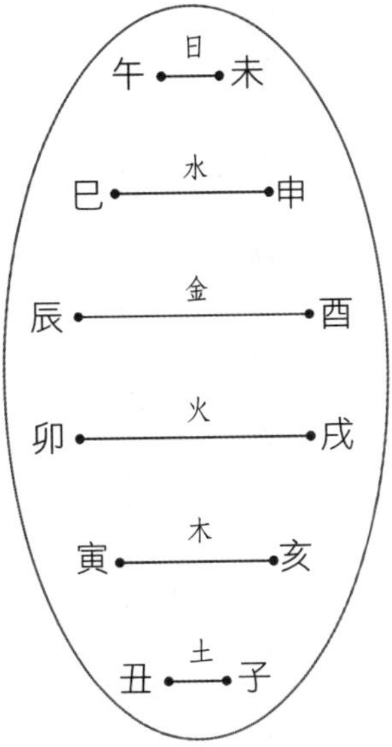

圖17：地支相合圖

2、地支合局

圖18：地支合局圖

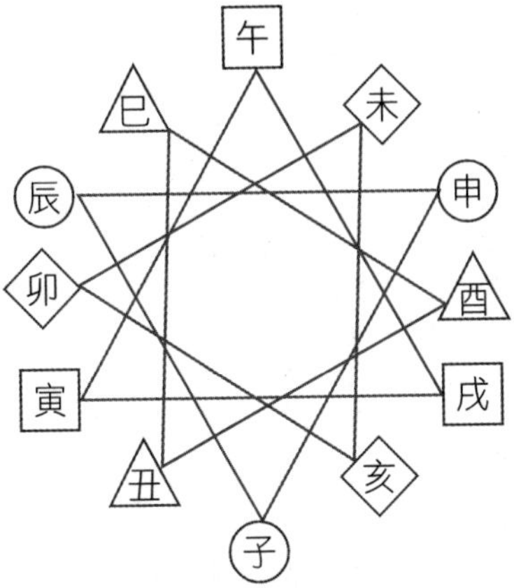

地支合局（見圖18）亦稱「地支三合局」，十二地支中生，旺，墓三支相合化成水、火、木、金局，申、子、辰化合水局，寅、午、戌化合火局，亥、卯、未化合木局，巳、酉、丑化合金局，三合成局，三方感應，如同三角勾、股、弦，土為中和的氣化，無所不在不成局，三合化局，有吉有凶，一般而言，化生我者為吉，化剋我者為凶。

3、地支相沖

地支相沖（見圖19）亦稱「地支六沖」，指十二地支的對沖與鬥爭。十二地支中兩兩對沖，共得六組，子、午相沖。丑、未相沖。寅、申相沖。卯、酉相沖。辰、戌相沖。巳、亥相沖。從方位來看，為相互對立位置上的支相沖，如子在北，午在南，相沖，卯在東，酉在酉，相沖，沖者對立而鬥爭，互不相讓，兩兩破碎。

在四柱命學中逢沖不吉，在六壬占法中，逢沖有吉有凶，沖去福神為凶，沖去剋神為吉。

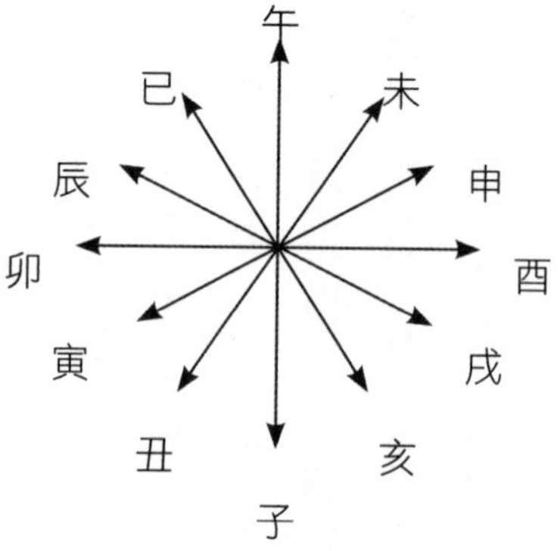

圖19：地支相沖圖

4、地支相刑

地支相刑（如圖20）亦稱「三刑」，是指地支之間互相及本身殘傷，刑殺。

「三刑」的三種情況分別為：

(1) 單向刑：寅刑巳，巳刑申，申刑寅，為恃勢之刑，仗勢欺人，胡做非為。丑刑未，未刑戌，戌刑丑為無恩之刑，絕情絕義，愛欲之生，惡欲之死。

（2）雙向刑：子刑卯，卯刑子，為無禮之刑，不守分際，有仇必報。

（3）自刑：辰、午、酉、亥，自身刑自身，抗壓性太差，無法自控情緒，一意孤行自我刑傷。

「刑」是很嚴重的凶象，代表相互之間沒有交集，完全背離，事已至極，所以除了自刑（自我矛盾之性格），其餘的單向刑、雙向刑，大多為分隔十位（含自身）或相沖，十者數之極也。數逢十而變，象徵極端的差異，無法共容。

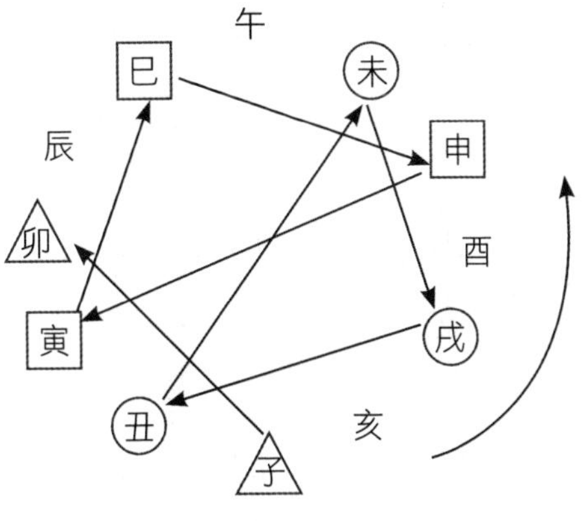

圖20：地支相刑圖

圖21：地支相破圖
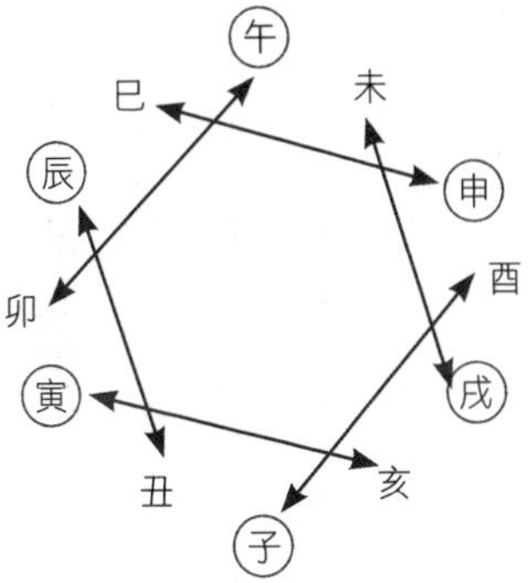

5、地支相破

地支相破（如圖21）亦稱「地支六破」，是指地支之間互相破壞、散移。十二地支兩兩相破，共有六組。子酉相破。午卯相破。巳申相破。寅亥相破。丑辰相破。未戌相破。

地支相破以陽支逆行三位，陰支順行三位取之。

6、地支相害

地支相害（如圖22），亦稱「地支六害」、「地支相穿」。是指十二地支受害或被害，十二地支中兩兩相害，共得六組。子未相害。丑午相害。寅巳相害。卯辰相害。申亥相害。酉戌相害。「地支相害」仵也，阻也。不利親也。六親逢害代表有阻礙，有損。「犯之」，致六親有損剋，故稱為六害。

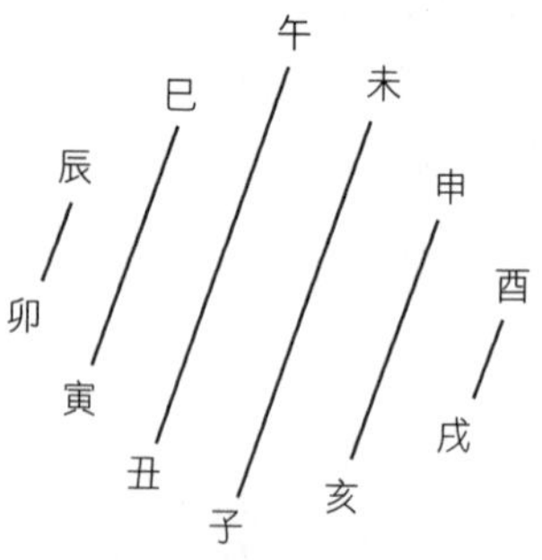

圖22：地支相害圖

7、地支遁干

在術數命學中，地支可隱遁於天干，即天干寄藏於地支。稱為「地支遁干」。其中子、午、卯、酉四正不遁，其餘分別為寅遁於甲，辰遁於乙，巳遁於丙、戊，未遁於丁、己，申遁於庚，戌遁於辛，亥遁於壬，丑遁於癸。或：甲寄於寅，乙寄於辰，丙、戊寄於巳，丁、己寄於未，庚寄於申，辛寄於戌，壬寄於亥，癸寄於丑。

從地支中可求出所寄的天干。

地支還隱藏有天干五行象數，四柱命學稱為「地支藏干」。體現出干支系統的整體性。能平衡五行，反映弊病所在。有古歌云：「子宮癸水在其中，丑宮癸辛己土同，寅宮

甲木秉丙戊，卯宮乙木獨相逢，辰宮乙戊三分癸，巳宮庚金丙戊從，午宮丁火併己土，未宮乙己丁共宗，申宮庚金壬水戊，酉宮辛字獨丰隆，戌宮辛金及丁戊，亥宮壬甲是真蹤」（見表）。

◎地支所藏天干、五行表

地支	所含的天干與五行		
子	癸水		
丑	癸水	辛金	己土
寅	甲木	丙火	戊土
卯	乙木		
辰	乙木	戊土	癸水
巳	庚金	丙火	戊土
午	丁火	己土	
未	乙木	己土	丁火
申	庚金	壬水	戊土
酉	辛金		
戌	辛金	丁火	戊土
亥	壬水	甲木	

六、天干與地支相配及運用

（一）天干與地支相配

依次為：甲子、乙丑、丙寅、丁卯、戊辰、己巳、庚午、辛未、壬申、癸酉……癸亥，順序疊加，可得六十數，甲為天干之首，子為地支之首，相配第一數為「甲子」，故

稱「甲子」、「六十甲子」。

六十輪為一週期，陽干配陽支，陰干配陰支，干支次序如表：

◎天干次序表

甲子	乙丑	丙寅	丁卯	戊辰	己巳	庚午	辛未	壬申	癸酉
甲戌	乙亥	丙子	丁丑	戊寅	己卯	庚辰	辛巳	壬午	癸未
甲申	乙酉	丙戌	丁亥	戊子	己丑	庚寅	辛卯	壬辰	癸巳
甲午	乙未	丙申	丁酉	戊戌	己亥	庚子	辛丑	壬寅	癸卯
甲辰	乙巳	丙午	丁未	戊申	己酉	庚戌	辛亥	壬子	癸丑
甲寅	乙卯	丙辰	丁巳	戊午	己未	庚申	辛酉	壬戌	癸亥

干支相配最早是用以紀日，後又以紀年、月、時。

（二）干支紀月與月干支推算

干支紀月，亦稱為「月建」，是用天干、地支配合紀月的方法。所紀的月是按照節氣將一年劃分出十二個月，依夏曆正月建寅制，立春、雨水二節氣為寅月。驚蟄、春分二節

氣為卯月。清明、穀雨二節氣為辰月。立夏、小滿為巳月。芒種、夏至為午月。小暑、大暑為未月。立秋、處暑為申月。白露、秋分為酉月。寒露、霜降為戌月。立冬、小雪為亥月。大雪、冬至為子月。小寒、大寒為丑月。

因為農曆月的地支是固定不變的，所以月的天干則可依據年的天干推得，具體方法依「五虎建元歌」：「甲己之年丙做初，乙庚之歲戊為頭，丙辛之年從庚算，丁壬壬寅正月求，戊癸甲寅建正月，十干年月順行流」。如節氣推算表：

◎節氣推算表

節氣	年／月	甲己	乙庚	丙辛	丁壬	戊癸
立春始—雨水末	正月	丙寅	戊寅	庚寅	壬寅	甲寅
驚蟄始—春分末	二月	丁卯	己卯	辛卯	癸卯	乙卯
清明始—穀雨末	三月	戊辰	庚辰	壬辰	甲辰	丙辰
立夏始—小滿末	四月	己巳	辛巳	癸巳	乙巳	丁巳
芒種始—夏至末	五月	庚午	壬午	甲午	丙午	戊午
小暑始—大暑末	六月	辛未	癸未	乙未	丁未	己未
立秋始—處暑末	七月	壬申	甲申	丙申	戊申	庚申
白露始—秋分末	八月	癸酉	乙酉	丁酉	己酉	辛酉
寒露始—霜降末	九月	甲戌	丙戌	戊戌	庚戌	壬戌
立冬始—小雪末	十月	乙亥	丁亥	己亥	辛亥	癸亥
大雪始—冬至末	十一月	丙子	戊子	庚子	壬子	甲子
小寒始—大寒末	十二月	丁丑	己丑	辛丑	癸丑	乙丑

（三）干支紀日與日干支推算

用干支紀日的方法比干支紀年，紀月起源要早，最少在殷商時代已使用。為世界上最長的連續紀日系統，並為中國古代占卜的重要組成因素。

從公曆推算日的干支較為複雜，雖然有幾種方法，但均有其推算上的限制性，所以還是查閱每年通書便覽為準。

（四）干支紀時與時之干支推算

干支合用計時起源較晚，原來是單用地支紀時的，十二支紀十二辰。後來與天干相配合，從公曆推算時的干支，也較簡單。與月的地支不變一樣，時的地支也是固定不變的。即23時至1時為子，1時至3時為丑，3時至5時為寅，5時至7時為卯，7時至9時為辰，9時至11時為巳，11時至13時為午，13時至15時為未，15時至17時為申，17時至19時為酉，19時至21時為戌，21時至23時為亥。

時之天干則依日的天干推得，具體方法依「五鼠建元歌」：「甲己還生甲，乙庚丙做初，丙辛由戊起，丁壬庚子居，戊癸何方法，壬子是真途」。（見時之干支推算表）

◎時之天干推算表

日＼時	0~1	1~3	3~5	5~7	7~9	9~11	11~13	13~15	15~17	17~19	19~21	21~23	23~24
甲己	甲子	乙丑	丙寅	丁卯	戊辰	己巳	庚午	辛未	壬申	癸酉	甲戌	乙亥	丙子
乙庚	丙子	丁丑	戊寅	己卯	庚辰	辛巳	壬午	癸未	甲申	乙酉	丙戌	丁亥	戊子
丙辛	戊子	己丑	庚寅	辛卯	壬辰	癸巳	甲午	乙未	丙申	丁酉	戊戌	己亥	庚子
丁壬	庚子	辛丑	壬寅	癸卯	甲辰	乙巳	丙午	丁未	戊申	己酉	庚戌	辛亥	壬子
戊癸	壬子	癸丑	甲寅	乙卯	丙辰	丁巳	戊午	己未	庚申	辛酉	壬戌	癸亥	甲子

以上我們介紹了陰陽，五行與干支，接著我們循序漸進的介紹六壬神課。

六壬神課是依天道運行之理，做「天人之際」百事預測的學問，其學博大淵奧，歷代精通此道者代不乏人，前賢遺著，常見者有《六壬指南》、《六壬大全》、《六壬易知》、《六壬尋原》、《六壬粹言》、《大六壬鬼撮腳》、《六壬摘要》、《六壬秘籍》等等。

以六壬為名，依越循，葉悔亭《六壬視斯》說：「天干凡十而課獨取乎壬者，蓋壬乃陽水，天一生水，為數之始，壬寄在亥，亥屬乾宮，亦易卦首乾之義，此立名之宗也」。河圖洛書，乃數術之統宗。壬為陽水，天一之數。癸為陰水，地六之數，天一生數，地六成數，取成數六用之，因之立名為六壬。

六壬的基本框架是十二地支。即天盤，地盤均分為十二等份，將三百六十度的周天等分為十二宮，每宮三十度。

地盤用子、丑、寅、卯、辰、巳、午、未、申、酉、戌、亥等代表十二宮位，天盤用神后（子）、大吉（丑）、功曹（寅）、太沖（卯）、天罡（辰）、太乙（巳）、勝光（午）、小吉（未）、傳送（申）、從魁（酉）、河魁（戌）、登明（亥），代表十二宮。

用月將加在正時之上，測定當時的天體宮位與地盤宮位相重的客觀存在現象做為預測據點，又根據當日干支統合推演出四課、三傳、起貴人、六親等加以推斷。

更輔以相關的神煞以補助課象更清晰俾利占斷。

完整的說，「六壬神課」的結構內容，是用十二地支為框架，用干支、太歲、月將、占時、地盤、天盤、四課、三傳、天將、遁干、年命、神煞，及五行相、旺、衰、死等項結合而成，且更由三傳可推演出卦象，深入分析所占的事由。

接著我們將各項起課所需的要件，逐一介紹。

七、占時

即時的地支，凡推演六壬神課，地盤是固定的（如六壬課盤一）。占時的取法有分真時與用時，六壬起課最重占時，時如易之太極是占課吉凶之機。

如來人當面報時（或問占實際的時辰），不假思索，隨口而出，天機活潑，其靈異常，此即真時的運用。

如於占課時以轉盤或抽籤的方式選定時辰即為用時。

真時與用時並非一成不變，只要不是先已設定，為人欲所蔽，均可活潑自然的運用，又如求占者用電話，請人代問等方式，真時與用時的選擇由占課人靈活運用，唯日占或夜占要依實際占課時辰訂定。（如六壬課盤二）

占時即是地盤，由子順佈至亥，乃一定之方位，地盤固定不移，天盤變動不居。

八、月將及月建

占時既得，地盤已明。再用月將加在時上，月將者太陽也。位居天盤，同占時一樣是順佈的。每交中氣，隨即變更如月將時位表。

月將	中氣
亥	雨水始—驚蟄末
戌	春分始—清明末
酉	穀雨始—立夏末
申	小滿始—芒種末
未	夏至始—小暑末
午	大暑始—立秋末
巳	處暑始—白露末
辰	秋分始—寒露末
卯	霜降始—立冬末
寅	小雪始—大雪末
丑	冬至始—小寒末
子	大寒始—立春末

例如正月雨水後占課應用亥將。來人口報寅時，即以亥將加在地盤寅時之上，依次順佈。（如六壬課盤三）

星命卜筮家所言之月（月建）均指節而言。即立春後驚蟄前為正月，月建為寅。驚蟄後清明前為二月，月建為卯⋯⋯。如月建時位表。

月建	節
寅	立春始—雨水末
卯	驚蟄始—春分末
辰	清明始—穀雨末
巳	立夏始—小滿末
午	芒種始—夏至末
未	小暑始—大暑末
申	立秋始—處暑末
酉	白露始—秋分末
戌	寒露始—霜降末
亥	立冬始—小雪末
子	大雪始—冬至末
丑	小寒始—大寒末

九、占日之干支

即占課之日的天干與地支，為課盤對應的主體，與後續課盤內各項參數對應比較，是分析論斷的依據，非常的重要，亦就是課盤內主觀的力量所在，相對於其它的參數均為外在客觀的形勢。

例如：三月穀雨後占課，應用酉將。來人口報丑時，占課日係甲子日，如六壬課盤四。

十、四課

占課日的干支既定，即用十干寄宮法，來取四課，歌訣云：甲寄寅兮乙寄辰，丙戊寄巳不需論，丁己寄未庚申上，辛戌壬亥記取直，問到癸兮丑宮坐，分明不用四仲神，四仲神即指子、午、卯、酉也。此歌訣皆指地盤而言切需牢記。如十干寄宮表：

天干	甲	乙	丙	丁	戊	己	庚	辛	壬	癸	占課日干
寄宮	寅	辰	巳	未	巳	未	申	戌	亥	丑	地盤地支

例如：甲子日占課，歌訣是甲寄寅位，即看地盤寅上所加的支為何，如所加的是戌，即於日干甲上寫一戌字，此是第一課。

一課起後，再看地盤戌上所加的支為何，如所加的是午，即於戌上寫一午字，此是第二課。

二課起後再看地盤子上所加的支為何？為什麼要看地盤子？因為占課日的干支是甲子。如為甲寅，則要看地盤的寅。如果地盤子上所加的支是申，即於日支子上寫一申字，此是第三課。

三課起後，再看地盤申上所加的支為何。如所加的是辰，即於申上寫一辰字，如六壬課盤五。

十一、三傳

「三傳」即初傳、中傳與末傳，象徵占事的因由、過程與結果。三傳係由四課上下剋賊或他種形式關係推演而成，這是六壬神課中較複雜的課目與關鍵，必須下工夫才能掌握，並由發三傳的課、格來分析占課事物吉凶的基本結構。

發三傳的起法分為九類，即：

賊剋法：四課之中，僅有一課下賊上，或僅有一課上剋下是為第一類。

比用法：四課之中，不止一課下賊上，或不止一課上剋下，而此賊剋之各課中，僅有一課之上一字（天盤）與日干相比為第二類。（相比：陰陽相同謂之比）

涉害法：與第二類相同，而相賊剋各課中之上一字不止一課與日干相比或俱無上一字與日干相比，為第三類。（上剋下，以剋我多者為初傳，下賊上，以我所剋多者為初傳）

遙剋法：四課上下俱無賊剋，而第二、三、四課之上一字與日干有互相相剋為第四類。

昴星法：與第四類相同，而第二、三、四課之上一字與日干全無相剋為第五類。

別責法：四課中兩課相同，實際僅有三課，上下俱無賊剋，日干與各課之上一字又全無相剋是為第六類。

八專法：四課中兩兩相同，實際僅有兩課，且上下均無賊剋為第七類。

伏吟法：四課中各課天地盤完全相同是為第八類。

返吟法：四課中各課天地盤適居對沖之位，例如子上乘午，丑上乘未等是為第九類。

（一）第一類：賊剋法

歌訣：取課先從下賊呼，如無下賊上剋初。初傳之上中傳取，中傳之上末傳居。三傳既定天盤將，此為入式法之初。

四課內各課天、地盤地支之間關係，下剋上為「賊」，上制下為「剋」。

如四課中，只有一課下賊上者，即以受賊剋的那一課天盤做為初傳。接著以初傳為地盤，視其天盤為中傳。

再以中傳為地盤視其天盤為末傳。名曰重審。

例如二月春分後月將在戌，甲子日寅時占課，甲日寄寅宮，寅上乘戌。

第一課為：戌甲寅，下神甲木賊上神戌土，而二課午戌，三課申子，四課辰申，俱無剋。

（第一課以日干五行與干上神比對，不以寄宮五行比對）

即以用第一課戌發用為初傳，以地盤戌土乘午為中傳，以地盤午火乘寅為末傳。以一下賊上所得之課體名為始入或重審，以一上剋下所得之課體名為元首。（如六壬課盤六、七）

四課中並無上剋下，只有一課下賊上，以之為初傳名始入，得104課。

四課中有上剋下，又有一課下賊上，以之為初傳名重審，得114課。

四課中並無下賊上，只有一課上剋下，以之為初傳名元首，得119課。

（二）第二類：比用法

歌訣：賊剋或不止一課，知一之法需先明，擇與日干比用者，陽日用陽陰用陰。若又俱比俱不比，立法別有涉害陳。

以比用類發三傳的課體皆名比用課亦名知一課，但精細的分：如以下賊上發用者為比用，以上剋下發用者為知一。（如六壬課盤八、九）

有二課下賊上，取與日干相比者為初傳名比用，得53課。

有二課上剋下，取與日干相比者為初傳名知一，得29課。

（三）第三類：涉害法

歌訣：涉害行來本家止，路逢多剋初傳取，孟深仲淺季當休，復等柔辰剛日擬。（復等一名綴瑕）

涉害課發用較難，要集中精神思考，慮深通敏，熟能生巧。

在四課中有二個以上的下賊上或上剋下，而與日干陰陽或俱比，或俱不比，則各就所剋之處，歷歸本位。上剋下者以剋我多者為初傳，下賊上者以我所剋多者為初傳。

如以酉金論，逢巳火午火及巳下寄宮之丙火，未下寄宮之丁火，皆剋我者。逢寅木卯木，及寅下寄宮之甲木，辰下寄宮之乙木，皆我所剋者也。

擇其剋多者而用之，其中末傳取法亦同前例，是名涉害格。如涉害深淺相等，則取地盤為寅、申、巳、亥四孟者為初傳是名見機格。

如無四孟者，則取子、午、卯、酉四仲者為初傳，是名察微格。如均在孟上或季上，則剛日（陽干）取日上神，柔日（陰干）取辰上神為初傳，中末傳仍同前例，是名綴瑕格。細查七百二十課中，屬於綴瑕格者，僅有一課，至於俱仲俱季，徒有其法並可課例可舉。（如六壬課盤十、十一、十二、十三）。

課體名涉害得63課。課體名見機得9課。課體名察微得2課。課體名綴暇得1課。

（四）第四類：遙剋法

歌訣：四課無剋取遙剋，日與神兮遞互招。先取神遙剋其日，如無方取日剋神。遙剋或者有兩種，擇與日比為初傳。

神剋日干發用的課體名嚆矢，日干剋神發用的課體名彈射。（如六壬課盤十四、十五）

課體嚆矢得40課。課體彈射得25課。

以上四類發用之法，雖各不同，而中末二傳，則用同一方法產生，以下五類，則有不一樣的定義。

（五）第五類：昴星法

歌訣：無遙無剋昴星論，陽仰陰俯酉為參，中末二傳需記取，日上神與辰上神，剛日先辰而後日，柔日先日而後辰。

四課沒有剋、賊，又無遙剋，則陽日取地盤酉上之神發用，陰日取天盤酉下之神發用。至於中末二傳，則與陽日取辰上神為中傳，日上神為末傳。陰日取日上神為中傳，辰

上神為末傳，所以名為昴星者，因酉宮有昴宿的緣故也。

陽日所得的課體名為虎視格，陰日所得之課體名為冬蛇掩目格。（如六壬課盤十六、十七）

課體名虎視，得4課。課體名冬蛇掩目，得12課。

（六）第六類：別責法

歌訣：四課不全三課備，無遙無剋別責例。剛日干合上頭神，柔日支前三合寄。中末皆歸日上神，剛柔二日初無異。

四課中有二課相同，實際僅有三課，且無賊剋又無遙剋。則陽日取干合上神為用，例如日干為戊日為陽日為剛日，戊日合癸，癸寄於丑宮，則取地盤丑上之神發用。

陰日取支前三合神為用，支前三合的意思是在三合中取日支之前一字。例如日支為申，申子辰為三合，則子為日支申前一字，取子發用。

中末二傳不論日干或陰或陽，均取日上神為用，別責課不論陰日陽日皆名「蕪淫」。（如六壬課盤十八、十九）

課體名蕪淫，得9課。

（七）第七類：八專法

歌訣：兩課無剋號八專，陽日日陽三位前。陰日辰陰逆三位，中末總向日上眠。

干支同位，則日上所得二課與辰上所得二課相同，四課僅有二課，無賊剋又無遙剋，則剛日（陽日）取日上神（第一課天盤）順數至第三字（含本身）發用。

例如：日上神為丑，則順數至第三字得卯，取卯發用。

柔日（陰日）取辰上陰神（第四課天盤），逆數至第三字（含本身發用）。

例如：辰上陰神為午，則逆數至第三字（含本身）得辰，取辰發用。

中末二傳與別責法同，不論剛日柔日，均取日上神用之。

八專課不論陰日陽日皆名「帷薄不修」，有主客不分、沒有分際之意，另有三傳皆酉名「獨足」，七百二十課中僅此一課，凡占吉事皆不利。（如六壬課盤二十～二十二）

課體名八專，得16課。（帷薄不修15課，獨足1課）

（八）第八類：伏吟法

歌訣：伏吟有剋仍為用，無剋剛干柔取辰。初傳所刑為中傳，中傳所刑末傳存。若是自刑為發用，中傳顛倒日辰尋。中傳更復自刑者，末取中沖不論刑。

天地盤同位，若第一課有賊剋，仍照賊剋法發用。如果沒有，則剛日取日上神，柔日取辰上神發用。

至於中傳，則不論賊剋不賊剋，均取初傳之刑，末傳則取中傳之刑用之。

例如初傳為巳，則巳刑申，申刑寅，當以申為中傳，寅為末傳。

若初傳係自刑（辰、午、酉、亥），則日上神發用者取辰上神，辰上神發用者取日上神為中傳。中傳非自刑者，末傳仍取中傳之刑來用，中傳又是自刑者，則取中傳所沖為末傳。

所以名為伏吟者，因天地盤各神伏而不動，有伏處呻吟之象，故名伏吟。

六癸日，取第一課上剋下丑土剋癸水為初傳，課體名不虞得6課。

剛日無剋，而三傳遞刑者，名自任格，得24課。

柔日無剋，而三傳遞刑者，名自信格，得9課。

初傳自刑者名杜傳格，得24課。（如六壬課盤二三～二七）

（九）第九類：返吟法

歌訣：返吟有剋亦為用，無剋別有井欄名。丑日用亥未用巳，辰中日末容易尋。

天地盤適居沖位，若有賊剋，仍照賊剋，比用，涉害等法發用（遙剋不取）。是名無依，得54課。

如無賊剋，則丑日取亥發用，未日取巳發用，（無賊剋僅有丑，未二日）是名井欄，無親。得6課。

均以辰上神為中傳，以日上神為末傳。所以名為返吟者，因彼此相沖，有返覆呻吟之象。有賊剋者名無依格，無賊剋者名無親格。（如六壬課盤二八～三十）

十二、七百二十課式一覽表

按以上所介紹九類發三傳的方法，共可推演七百二十課，簡要言之：

（一）賊剋法：

1、賊剋：得104課。

2、重審：得114課。

3、元首：得119課。

（二）比用法：

1、比用：得53課。

2、知一：得29課。

（三）涉害法：

1、涉害：得63課。

2、見機：得9課。

3、察微：得2課。

4、綴瑕：得1課。

（四）遙剋法：

1、嚆矢：得40課。

2、彈射：得25課。

（五）昴星法：

1、虎視：得4課。

2、冬蛇掩目：得12課。

（六）別責法：

別責亦名蕪淫：得9課。

（七）八專法：

八專：得16課。（帷薄不修15課及三傳歸於一神的獨足課1課）

（八）伏吟法：

1、不虞：得6課。

2、自任：得24課。

3、自信：得9課。

4、杜傳：得21課。

（九）返吟法：

1、無依：得54課。

2、無親：得6課。

詳如七百二十課式一覽表。

（一）甲子日十二局

日貴丑　夜貴未　戌亥空

子　申　辰 申　辰　戌　午 辰　子　午　甲 元首課　潤下　九局	寅　午　戌 辰　申　午　戌 申　子　戌　甲 始入課　炎上　五局	申　巳　寅 子　子　寅　寅 子　子　寅　甲 伏吟課　自任　一局
寅　亥　申 午　卯　申　巳 卯　子　巳　甲 始入課　十局	辰　酉　寅 寅　未　辰　酉 未　子　酉　甲 知一課　六局	戌　亥　子 戌　亥　子　丑 亥　子　丑　甲 比用課　退茹　二局
申　午　辰 辰　寅　午　辰 寅　子　辰　甲 重審課　不備　十一局	寅　申　寅 子　午　寅　申 午　子　申　甲 返吟課　涉害　無依　七局	午　申　戌 申　戌　戌　子 戌　子　子　甲 元首課　三局
午　巳　辰 寅　丑　辰　卯 丑　子　卯　甲 重審課　進茹　十二局	戌　巳　子 戌　巳　子　未 巳　子　未　甲 比用課　八局	子　卯　午 午　酉　申　亥 酉　子　亥　甲 元首課　四局

（二）乙丑日十二局

日貴子　夜貴申

戌亥空

巳 丑 酉 酉 巳　子 申 巳 丑　申 乙 重審課 從革	酉 丑 巳 巳 酉　申 子 酉 丑　子 乙 元首課 從革	戌 丑 辰 丑 丑　辰 辰 丑 丑　辰 乙 伏吟課 稼穡 始入 杜傳
丑 戌 未 未 辰　戌 未 辰 丑　未 乙 始入課 稼穡 不備	巳 戌 卯 卯 申　午 亥 申 丑　亥 乙 比用課	戌 亥 子 亥 子　寅 卯 子 丑　卯 乙 始入課 退茹
子 戌 申 巳 卯　申 午 卯 丑　午 乙 重審課 間傳	戌 辰 戌 丑 未　辰 戌 未 丑　戌 乙 返吟課 始入	未 酉 亥 酉 亥　子 寅 亥 丑　寅 乙 始入課 間傳
辰 卯 寅 卯 寅　午 巳 寅 丑　巳 乙 元首課 進茹	子 未 寅 亥 午　寅 酉 午 丑　酉 乙 重審課	未 戌 丑 未 戌　戌 丑 戌 丑　丑 乙 始入課 稼穡

巳 丑 酉 戌 午 丑 酉 午 寅 酉 丙 始入課 從革	寅 午 戌 午 戌 酉 丑 戌 寅 丑 丙 始入課 炎上	寅 申 巳 寅 寅 巳 巳 寅 寅 巳 丙 伏吟課 自任	（三）丙寅日十二局
寅 亥 申 申 巳 亥 申 巳 寅 申 丙 重審課 不備	寅 未 子 辰 酉 未 子 未 寅 子 丙 知一課	戌 亥 子 子 丑 卯 辰 丑 寅 辰 丙 比用課 退茹	日貴亥 夜貴酉
申 午 辰 午 辰 酉 未 辰 寅 未 丙 始入課 間傳	寅 申 寅 寅 申 巳 亥 申 寅 亥 丙 返吟課 無依 比用	酉 亥 丑 戌 子 丑 卯 子 寅 卯 丙 重審課 間傳	
午 巳 辰 辰 卯 未 午 卯 寅 午 丙 始入課 進茹	戌 巳 子 子 未 卯 戌 未 寅 戌 丙 比用課	巳 申 亥 丑 亥 亥 寅 亥 寅 寅 丙 嚆矢課 不備	戌亥空

未　卯　亥 亥　未　卯　亥 未　卯　亥　丁 涉害課　曲直　不備	亥　卯　未 未　亥　亥　卯 亥　卯　卯　丁 元首課　曲直　不備	午　子　卯 卯　卯　未　未 卯　卯　未　丁 伏吟課　杜傳	（四）丁卯日十二局
卯　子　酉 酉　午　丑　戌 午　卯　戌　丁 始入課	子　巳　戌 巳　戌　酉　寅 戌　卯　寅　丁 重審課	亥　子　丑 丑　寅　巳　午 寅　卯　午　丁 始入課　退茹	日貴亥 夜貴酉
丑　亥　酉 未　巳　亥　酉 巳　卯　酉　丁 始入課　間傳	卯　酉　卯 卯　酉　未　丑 酉　卯　丑　丁 返吟課　無依	未　酉　亥 亥　丑　卯　巳 丑　卯　巳　丁 涉害課　間傳	
午　巳　辰 巳　辰　酉　申 辰　卯　申　丁 涉害課　進茹	卯　戌　巳 丑　申　巳　子 申　卯　子　丁 重審課	午　酉　子 酉　子　丑　辰 子　卯　辰　丁 嚆矢課	戌亥空

（五）戊辰十二局

日貴丑　夜貴未

戊亥空

申 辰 子 子 申 丑 酉 申 辰 酉 戌 彈射課 潤下	辰 申 子 申 子 酉 丑 子 辰 丑 戌 始入課 潤下	寅 申 巳 辰 辰 巳 巳 辰 辰 巳 戌 伏吟課 自任
巳 寅 亥 戌 未 亥 申 未 辰 申 戌 彈射課	寅 未 子 午 亥 未 子 亥 辰 子 戌 涉害課 綴瑕	丑 寅 卯 寅 卯 卯 辰 卯 辰 辰 戌 元首課 不備 退茹
子 戌 申 申 午 酉 未 午 辰 未 戌 重審課 間傳	亥 巳 亥 辰 戌 巳 亥 戌 辰 亥 戌 返吟課 無依 見機	酉 亥 丑 子 寅 丑 卯 寅 辰 卯 戌 重審課
午 午 寅 午 巳 未 午 巳 辰 午 戌 別責課 不備	子 未 寅 寅 酉 卯 戌 酉 辰 戌 戌 重審課	申 亥 寅 戌 丑 亥 寅 丑 辰 寅 戌 元首課

（六）己巳日十二局			
日貴子 夜貴申	寅 申 巳 巳 巳 未 未 巳 巳 未 己 伏吟課 自信	未 亥 卯 酉 丑 亥 卯 丑 巳 卯 己 元首課 曲直	巳 丑 酉 丑 酉 卯 亥 酉 巳 亥 己 涉害課 從革
	丑 寅 卯 卯 辰 巳 午 辰 巳 午 己 元首課 退茹	亥 辰 酉 未 子 酉 寅 子 巳 寅 己 涉害課	寅 亥 申 亥 申 丑 戌 申 巳 戌 己 始入課
	酉 亥 丑 丑 卯 卯 巳 卯 巳 巳 己 始入課 間傳 不備	巳 亥 巳 巳 亥 未 丑 亥 巳 丑 己 返吟課 無依 重審	卯 丑 亥 酉 未 亥 酉 未 巳 酉 己 彈射課 不備 間傳
戌亥空	申 亥 寅 亥 寅 丑 辰 寅 巳 辰 己 嚆矢課	卯 戌 巳 卯 戌 巳 子 戌 巳 子 己 比用課	午 申 申 未 午 酉 申 午 巳 申 己 昂星課 掩目

子 申 辰 寅 戌 辰 子 戌 午 子 庚 涉害課 潤下 察微	辰 申 子 戌 寅 子 辰 寅 午 辰 庚 涉害課 潤下	巳 寅 申 午 午 申 申 午 午 申 庚 伏吟課 自任	（七）庚午日十二局
卯 子 酉 子 酉 寅 亥 酉 午 亥 庚 始入課	子 巳 戌 申 丑 戌 卯 丑 午 卯 庚 比用課	辰 巳 午 辰 巳 午 未 巳 未 未 庚 遙剋課 嚆矢 退茹	日貴丑 夜貴未
子 戌 申 戌 申 子 戌 申 午 戌 庚 涉害課	寅 申 寅 午 子 申 寅 子 午 寅 庚 返吟課 涉害 無依	戌 子 寅 寅 辰 辰 午 辰 午 午 庚 涉害課 間傳	
酉 未 戌 申 未 戌 酉 未 午 酉 庚 昴星課 虎視	寅 酉 辰 辰 亥 午 丑 亥 午 丑 庚 知一課	亥 寅 巳 子 卯 寅 巳 卯 午 巳 庚 元首課	戌亥空

（八）辛未日十二局

日貴寅　夜貴午

戌亥空

未 卯 亥 卯 亥 午 寅 亥 未 寅 辛 比用課 曲直	未 亥 卯 亥 卯 寅 午 卯 未 午 辛 知一課 曲直	戌 丑 未 未 未 戌 戌 未 未 戌 辛 伏吟課 自信
丑 丑 亥 丑 戌 辰 丑 戌 未 丑 辛 別責課 不備	亥 辰 酉 酉 寅 子 巳 寅 未 巳 辛 涉害課	卯 辰 巳 巳 午 申 酉 午 未 酉 辛 嚆矢課 退茹
午 辰 寅 亥 酉 寅 子 酉 未 子 辛 彈射課	辰 丑 巳 未 丑 戌 辰 丑 未 辰 辛 返吟課 無親	寅 辰 午 卯 巳 午 申 巳 未 申 辛 元首課
申 亥 申 酉 申 子 亥 申 未 亥 辛 昂星課 掩目	卯 戌 巳 巳 子 申 卯 子 未 卯 辛 涉害課	未 未 亥 丑 辰 辰 未 辰 未 未 辛 別責課 不備

（九）壬申日十二局

日貴卯　夜貴巳

戌亥空

卯　亥　未 辰　子　未　卯 子　申　卯　壬 重審課　曲直	辰　申　子 子　辰　卯　未 辰　申　未　壬 重審課　潤下	寅　申　亥 申　申　亥　亥 申　申　亥　壬 伏吟課　杜傳
亥　申　巳 寅　亥　巳　寅 亥　申　寅　壬 彈射課　不備	申　丑　午 戌　卯　丑　午 卯　申　午　壬 涉害課	申　酉　戌 午　未　酉　戌 未　申　戌　壬 元首課　退茹
辰　寅　子 子　戌　卯　丑 戌　申　丑　壬 重審課　間傳	寅　申　寅 申　寅　亥　巳 寅　申　巳　壬 返吟課　比用　無依	寅　辰　午 辰　午　未　酉 午　申　酉　壬 元首課　間傳
卯　寅　丑 戌　酉　丑　子 酉　申　子　壬 元首課　進茹	寅　酉　辰 午　丑　酉　辰 丑　申　辰　壬 元首課	亥　寅　巳 寅　巳　巳　申 巳　申　申　壬 元首課　不備

巳 丑 酉 巳 丑 酉 巳 丑 酉 巳 癸 涉害課 從革 不備	酉 丑 巳 丑 巳 巳 酉 巳 酉 酉 癸 元首課 從革 不備	未 戌 丑 酉 酉 丑 丑 酉 酉 丑 癸 伏吟課 不虞	（十）癸酉日十二局
戌 未 辰 卯 子 未 辰 子 酉 辰 癸 元首課	丑 午 亥 亥 辰 卯 申 辰 酉 申 癸 涉害課	巳 午 未 未 申 亥 子 申 酉 子 癸 遙剋課 嚆矢 退茹	
巳 卯 丑 丑 亥 巳 卯 亥 酉 卯 癸 元首課 間傳	卯 酉 卯 酉 卯 丑 未 卯 酉 未 癸 返吟課 無依	卯 巳 未 巳 未 酉 亥 未 酉 亥 癸 嚆矢課 間傳	日貴卯 夜貴巳
丑 子 亥 亥 戌 卯 寅 戌 酉 寅 癸 始入課 進茹	巳 子 未 未 寅 亥 午 寅 酉 午 癸 比用課	子 卯 午 卯 午 未 戌 午 酉 戌 癸 涉害課	戌亥空

（十一）甲戌日十二局

日貴丑　夜貴未

申酉空

戌　午　寅 午　寅　　戌　午 寅　戌　　午　甲 元首課　炎上　不備	寅　午　戌 寅　午　　午　戌 午　戌　　戌　甲 始入課　炎上　不備	申　巳　寅 戌　戌　　寅　寅 戌　戌　　寅　甲 伏吟課　自任
寅　亥　申 辰　丑　　申　巳 丑　戌　　巳　甲 始入課	寅　未　子 子　巳　　辰　酉 巳　戌　　酉　甲 知一課	戌　亥　子 申　酉　　子　丑 酉　戌　　丑　甲 比用課　退茹
申　午　辰 寅　子　　午　辰 子　戌　　辰　甲 涉害課　間傳	寅　申　寅 戌　辰　　寅　申 辰　戌　　申　甲 返吟課　無依　重審	寅　辰　午 午　申　　戌　子 申　戌　　子　甲 涉害課　見機　間傳
午　巳　辰 子　亥　　辰　卯 亥　戌　　卯　甲 比用課　進茹	戌　巳　子 申　卯　　子　未 卯　戌　　未　甲 比用課	寅　巳　申 辰　未　　申　亥 未　戌　　亥　甲 嚆矢課

卯　亥　未 未　卯　　子　申 卯　亥　　申　乙 重審課　曲直	亥　卯　未 卯　未　　申　子 未　亥　　子　乙 涉害課　曲直　見機	巳　亥　辰 亥　亥　　辰　辰 亥　亥　　辰　乙 伏吟課　杜傳　始入	（十二）乙亥日十二局
丑　戌　未 巳　寅　　戌　未 寅　亥　　未　乙 始入課　稼穡	申　丑　午 丑　午　　午　亥 午　亥　　亥　乙 重審課　不備	申　酉　戌 酉　戌　　寅　卯 戌　亥　　卯　乙 元首課	
子　戌　申 卯　丑　　申　午 丑　亥　　午　乙 重審課　間傳	巳　亥　巳 亥　巳　　辰　戌 巳　亥　　戌　乙 返吟課　無依　比用	巳　未　酉 未　酉　　子　寅 酉　亥　　寅　乙 嚆矢課	日貴子 夜貴申
卯　寅　丑 丑　子　　午　巳 子　亥　　巳　乙 元首課　連茹	子　未　寅 酉　辰　　寅　酉 辰　亥　　丑　乙 重審課　不備	未　戌　丑 巳　申　　戌　丑 申　亥　　丑　乙 重審課　稼穡	申酉空

巳 丑 酉 申 辰 丑 酉 辰 子 酉 丙 重審課 從革	子 辰 申 辰 申 酉 丑 申 子 丑 丙 彈射課 潤下	寅 申 巳 子 子 巳 巳 子 子 巳 丙 伏吟課 自任	（十三）丙子日十二局
寅 亥 申 午 卯 亥 申 卯 子 申 丙 始入課	寅 未 子 寅 未 未 子 未 子 子 丙 涉害課 不備 見機	申 酉 戌 戌 亥 卯 辰 亥 子 辰 丙 知一課 退茹	
申 午 辰 辰 寅 酉 未 寅 子 未 丙 始入課 間傳	午 子 午 子 午 巳 亥 午 子 亥 丙 返吟課 比用 無依	酉 亥 丑 申 戌 丑 卯 戌 子 卯 丙 重審課	日貴亥 夜貴酉
辰 卯 寅 寅 丑 未 午 丑 子 午 丙 知一課 進茹	卯 戌 巳 戌 巳 卯 戌 巳 子 戌 丙 重審課 不備	子 卯 午 午 酉 亥 寅 酉 子 寅 丙 元首課	申酉空

巳　丑　酉 酉　巳　卯　亥 巳　丑　亥　丁 重審課　從革	酉　丑　巳 巳　酉　亥　卯 酉　丑　卯　丁 元首課　從革	未　戌　丑 丑　丑　未　未 丑　丑　未　丁 伏吟課　自信　稼穡	（十四）丁丑日十二局
辰　戌　午 未　辰　丑　戌 辰　丑　戌　丁 昴星課　掩目	巳　戌　卯 卯　申　酉　寅 申　丑　寅　丁 重審課	戌　亥　子 亥　子　巳　午 子　丑　午　丁 始入課　退茹	
丑　亥　酉 巳　卯　亥　酉 卯　丑　酉　丁 重審課　間傳	丑　未　亥 丑　未　未　丑 未　丑　丑　丁 返吟課　無親	未　酉　亥 酉　亥　卯　巳 亥　丑　巳　丁 始入課　間傳	日貴亥 夜貴酉
戌　酉　申 卯　寅　酉　申 寅　丑　申　丁 重審課　進茹	卯　戌　巳 亥　午　巳　子 午　丑　子　丁 重審課	戌　辰　子 未　戌　丑　辰 戌　丑　辰　丁 昴星課　掩目	申酉空

（十五）戊寅日十二局

日貴丑　夜貴未

申酉空

酉　午　丑 戌午　丑酉 午寅　酉戌 昴星課 虎視	寅　午　戌 午戌　酉丑 戌寅　丑戌 始入課 炎上	寅　申　巳 寅寅　巳巳 寅寅　巳戌 伏吟課 自任
寅　亥　申 申巳　亥申 巳寅　申戌 始入課 不備	寅　未　子 辰酉　未子 酉寅　子戌 重審課	戌　亥　子 子丑　卯辰 丑寅　辰戌 比用課 退茹
申　午　辰 午辰　酉未 辰寅　未戌 始入課 間傳	寅　申　寅 寅申　巳亥 申寅　亥戌 返吟課 無依 比用	酉　亥　丑 戌子　丑卯 子寅　卯戌 重審課 間傳
午　巳　辰 辰卯　未午 卯寅　午戌 始入課 進茹	戌　巳　子 子未　卯戌 未寅　戌戌 比用課	申　亥　寅 申亥　亥寅 亥寅　寅戌 元首課 不備

(十六)己卯日十二局

日貴子
夜貴申

申酉空

午　子　卯

卯　卯　未　未
卯　卯　未　己

伏吟課
杜傳

亥　卯　未

未　亥　亥　卯
亥　卯　卯　己

涉害課
曲直
不備
見機

未　卯　亥

亥　未　卯　亥
未　卯　亥　己

涉害課
曲直
不備

亥　子　丑

丑　寅　巳　午
寅　卯　午　己

始入課
退茹

子　巳　戌

巳　戌　酉　寅
戌　卯　寅　己

重審課

卯　子　酉

酉　午　丑　戌
午　卯　戌　己

始入課

未　酉　亥

亥　丑　卯　巳
丑　卯　巳　己

涉害課
間傳

卯　酉　卯

卯　酉　未　丑
酉　卯　丑　己

返吟課
無依
重審

卯　丑　亥

未　巳　亥　酉
巳　卯　酉　己

遙剋課
彈射
間傳

午　酉　子

酉　子　丑　辰
子　卯　辰　己

彈射課

卯　戌　巳

丑　申　巳　子
申　卯　子　己

比用課

午　巳　辰

巳　辰　酉　申
辰　卯　申　己

始入課
進茹

（十七）庚辰日十二局

日貴丑　夜貴未

申酉空

子　申　辰 子　申　辰　子 申　辰　子　庚 元首課 潤下 不備	辰　申　子 申　子　子　辰 子　辰　辰　庚 重審課 潤下 不備	巳　寅　申 辰　辰　申　申 巳　巳　申　庚 伏吟課 自任
申　巳　寅 戌　未　寅　亥 未　辰　亥　庚 彈射課	申　丑　午 午　亥　戌　卯 亥　辰　卯　庚 涉害課	丑　寅　卯 寅　卯　午　未 卯　辰　未　庚 元首課 退茹
子　戌　申 申　午　子　戌 午　辰　戌　庚 涉害課 間傳	寅　申　寅 辰　戌　申　寅 戌　辰　寅　庚 返吟課 無依 重審	戌　子　寅 子　寅　辰　午 寅　辰　午　庚 涉害課 見機 間傳
申　未　午 午　巳　戌　酉 巳　辰　酉　庚 嚆矢課 進茹	子　未　寅 寅　酉　午　丑 酉　辰　丑　庚 始入課	亥　寅　巳 戌　丑　寅　巳 丑　辰　巳　庚 元首課

（十八）辛巳日十二局

日貴寅　夜貴午

申酉空

巳　丑　酉 丑　酉　午　寅 酉　巳　寅　辛 比用課 從革	戌　寅　午 酉　丑　寅　午 丑　巳　午　辛 元首課 炎上	寅　申　巳 巳　巳　戌　戌 巳　巳　戌　辛 伏吟課 自信
寅　亥　申 亥　申　辰　丑 申　巳　丑　辛 始入課	酉　寅　未 未　子　子　巳 子　巳　巳　辛 涉害課 不備	丑　寅　卯 卯　辰　申　酉 辰　巳　酉　辛 元首課 退茹
午　辰　寅 酉　未　寅　子 未　巳　子　辛 遙剋課 彈射 間傳	巳　亥　巳 巳　亥　戌　辰 亥　巳　辰　辛 返吟課 無依 重審	酉　亥　丑 丑　卯　午　申 卯　巳　申　辛 重審課 間傳
申　未　午 未　午　子　亥 午　巳　亥　辛 遙剋課 蒿矢 進茹	丑　申　卯 卯　戌　申　卯 戌　巳　卯　辛 重審課 不備	申　亥　寅 亥　寅　辰　未 寅　巳　未　辛 遙剋課 彈射

（十九）壬午日十二局

日貴卯 夜貴巳

申酉空

卯 亥 未 寅 戌 未 卯 戌 午 卯 壬 重審課 曲直	寅 午 戌 戌 寅 卯 未 寅 午 未 壬 重審課 炎上	子 午 亥 午 午 亥 亥 午 午 亥 壬 伏吟課 杜傳
卯 子 酉 子 酉 巳 寅 酉 午 寅 壬 始入課	申 丑 午 申 丑 丑 午 丑 午 午 壬 始入課 不備	申 酉 戌 丑 巳 酉 戌 巳 午 戌 壬 元首課 退茹
子 戌 申 戌 申 卯 丑 申 午 丑 壬 重審課 間傳	午 子 午 午 子 亥 巳 子 午 巳 壬 返吟課 比用 無依	戌 子 寅 寅 辰 未 酉 辰 午 酉 壬 元首課 間傳
卯 寅 丑 申 未 丑 子 未 午 子 壬 元首課 進茹	寅 酉 辰 辰 亥 酉 辰 亥 午 辰 壬 知一課 不備	亥 寅 巳 子 卯 巳 申 卯 午 申 壬 元首課

（二十）癸未日十二局

日貴卯　夜貴巳

申酉空

巳 丑 酉 卯 亥 酉 巳 亥 未 巳 癸 涉害課 從革	未 亥 卯 亥 卯 巳 酉 卯 未 酉 癸 涉害課 曲直	未 戌 丑 未 未 丑 丑 未 未 丑 癸 伏吟課 不虞 元首
戌 未 辰 丑 戌 未 辰 戌 未 辰 癸 元首課 稼穡	巳 戌 卯 酉 寅 卯 申 寅 未 申 癸 重審課	卯 辰 巳 巳 午 亥 子 午 未 子 癸 彈射課 退茹
酉 未 巳 亥 酉 巳 卯 酉 未 卯 癸 遙剋課 彈射 間傳	未 丑 未 未 丑 丑 未 丑 未 未 癸 返吟課 稼穡 無依 元首	丑 卯 巳 卯 巳 酉 亥 巳 未 亥 癸 彈射課 間傳
申 寅 申 酉 申 卯 寅 申 未 寅 癸 昴星課 掩目	卯 戌 巳 巳 子 亥 午 子 未 午 癸 比用課	辰 未 戌 丑 辰 未 戌 辰 未 戌 癸 元首課 稼穡

（二一）甲申日十二局

日貴丑　夜貴未

午未空

子　申　辰 辰　子　戌　午 子　申　午　甲 元首課 潤下	庚　申　子 子　辰　午　戌 辰　申　戌　甲 涉害課 炎上	申　巳　寅 申　申　寅　寅 申　申　寅　甲 伏吟課 自任
寅　亥　申 寅　亥　申　巳 亥　申　巳　甲 始入課	子　巳　戌 戌　卯　辰　酉 卯　申　酉　甲 比用課	戌　亥　子 午　未　子　丑 未　申　丑　甲 比用課 退茹
申　午　辰 子　戌　午　辰 戌　申　辰　甲 涉害課 間傳	寅　申　寅 申　寅　寅　申 寅　申　申　甲 返吟課 重審 無依	寅　辰　午 辰　午　戌　子 午　申　子　甲 涉害課 間傳
午　巳　辰 戌　酉　辰　卯 酉　申　卯　甲 始入課 進茹	戌　巳　子 午　丑　子　未 丑　申　未　甲 比用課	亥　寅　巳 寅　巳　申　亥 巳　申　亥　甲 元首課

（二二）乙酉日十二局

日貴子
夜貴申

午未空

卯 酉 辰

酉 酉 辰 辰
酉 酉 辰 乙

伏吟課 杜傳 始入

午 未 申

未 申 寅 卯
申 酉 卯 乙

遙剋課 嚆矢 退茹

卯 巳 未

巳 未 子 寅
未 酉 寅 乙

彈射課 間傳

未 戌 丑

卯 午 戌 丑
午 酉 丑 乙

重審課 稼穡

酉 丑 巳

丑 巳 申 子
巳 酉 子 乙

元首課 從革

丑 午 亥

亥 辰 午 亥
辰 酉 亥 乙

比用課 不備

卯 酉 卯

酉 卯 辰 戌
卯 酉 戌 乙

返吟課 無依 比用

巳 子 未

未 寅 寅 酉
寅 酉 酉 乙

比用課 不備

辰 子 申

巳 丑 子 申
丑 酉 申 乙

元首課 潤下

丑 戌 未

卯 子 戌 未
子 酉 未 乙

始入課 稼穡

子 戌 申

丑 亥 申 午
亥 酉 午 乙

重審課 間傳

丑 子 亥

亥 戌 午 巳
戌 酉 巳 乙

始入課 進茹

巳 丑 酉 午 寅 丑 酉 寅 戌 酉 丙 重審課 從革	丑 巳 酉 寅 午 酉 丑 午 戌 丑 丙 彈射課 從革	寅 申 巳 戌 戌 巳 巳 戌 戌 巳 丙 伏吟課 自任	（二三）丙戌日十二局
寅 亥 申 辰 丑 亥 申 丑 戌 申 丙 始入課	寅 未 子 子 巳 未 子 巳 戌 子 丙 知一課 不備	丑 寅 卯 申 酉 卯 辰 酉 戌 辰 丙 元首課 退茹	日貴亥 夜貴酉
辰 寅 子 寅 子 酉 未 子 戌 未 丙 始入課 間傳	巳 亥 巳 戌 辰 巳 亥 辰 戌 亥 丙 返吟課 無依 重審	酉 亥 丑 午 申 丑 卯 申 戌 卯 丙 重審課 間傳	
丑 子 亥 子 亥 未 午 亥 戌 午 丙 始入課 進茹	午 丑 申 申 卯 卯 戌 卯 戌 戌 丙 知一課 不備	巳 申 亥 辰 未 亥 寅 未 戌 寅 丙 嚆矢課	午未空

（二四）丁亥日十二局

日貴亥　夜貴酉

午未空

卯　亥　未 未　卯　卯　亥 卯　亥　亥　丁 重審課　曲直　不備	亥　卯　未 卯　未　亥　卯 未　亥　卯　丁 涉害課　曲直　不備　見機	丑　未　亥 亥　亥　未　未 亥　亥　未　丁 伏吟課　杜傳
寅　戌　午 巳　寅　丑　戌 寅　亥　戌　丁 昴星課　炎上　掩目	申　丑　午 丑　午　酉　寅 午　亥　寅　丁 重審課	申　酉　戌 酉　戌　巳　午 戌　亥　午　丁 元首課
丑　亥　酉 卯　丑　亥　酉 丑　亥　酉　丁 重審課　間傳	巳　亥　巳 亥　巳　未　丑 巳　亥　丑　丁 返吟課　無依　重審	巳　未　酉 未　酉　卯　巳 酉　亥　巳　丁 彈射課　間傳
戌　酉　申 丑　子　酉　申 子　亥　申　丁 重審課　進茹	卯　戌　巳 酉　辰　巳　子 辰　亥　子　丁 重審課	亥　寅　巳 巳　申　丑　辰 申　亥　辰　丁 元首課

（二五）戊子日十二局

日貴丑　夜貴未

午未空

子　申　辰 申辰　丑酉 辰子　酉戊 元首課 潤下	丑　申　巳 辰申　酉丑 申子　丑戊 昴星課 虎視	寅　申　巳 子子　巳巳 子子　巳戊 伏吟課 自任
酉　午　卯 午卯　亥申 卯子　申戊 嚆矢課	寅　未　子 寅未　未子 未子　子戊 重審課 不備	申　酉　戌 戌亥　卯辰 亥子　辰戊 知一課 逆茹
申　午　辰 辰寅　酉未 寅子　未戊 始入課	午　子　午 子午　巳亥 午子　亥戊 返吟課 無依 比用	酉　亥　丑 申戌　丑卯 戌子　卯戊 重審課 間傳
辰　卯　寅 寅丑　未午 丑子　午戊 知一課 進茹	卯　戌　巳 戌巳　卯戌 巳子　戌戊 重審課	申　亥　寅 午酉　亥寅 酉子　寅戊 涉害課

巳　丑　酉 酉　巳　卯　亥 巳　丑　亥　己 涉害課 從革	未　亥　卯 巳　酉　亥　卯 酉　丑　卯　己 涉害課 曲直	未　戌　丑 丑　丑　未　未 丑　丑　未　己 伏吟課 稼穡 自信	（二六）己丑日十二局
辰　戌　午 未　辰　丑　戌 辰　丑　戌　己 昴星課 掩目	巳　戌　卯 卯　申　酉　寅 申　丑　寅　己 重審課	戌　亥　子 亥　子　巳　午 子　丑　午　己 始入課 退茹	日貴子 夜貴申
未　巳　卯 巳　卯　亥　酉 卯　丑　酉　己 元首課 間傳	丑　未　亥 丑　未　未　丑 未　丑　丑　己 返吟課 無親	未　酉　亥 酉　亥　卯　巳 亥　丑　巳　己 始入課 間傳	
辰　卯　寅 卯　寅　酉　申 寅　丑　申　己 元首課 進茹	卯　戌　巳 亥　午　巳　子 午　丑　子　己 比用課	戌　辰　子 未　戌　丑　辰 戌　丑　辰　己 昴星課 掩目	午未空

（二七）庚寅日十二局

日貴丑　夜貴未

午未空

子 申 辰 戌 午 辰 子 午 寅 子 庚 元首課 潤下	辰 申 子 午 戌 子 辰 戌 寅 辰 庚 涉害課 潤下	巳 寅 申 寅 寅 申 申 寅 寅 申 庚 伏吟課 自任
寅 亥 申 申 巳 寅 亥 巳 寅 亥 庚 始入課	子 巳 戌 辰 酉 戌 卯 酉 寅 卯 庚 比用課	戌 亥 子 子 丑 午 未 丑 寅 未 庚 比用課 退茹
申 午 辰 午 辰 子 戌 辰 寅 戌 庚 涉害課 間傳	寅 申 寅 寅 申 申 寅 申 寅 寅 庚 返吟課 無依 重審	寅 辰 午 戌 子 辰 午 子 寅 午 庚 涉害課 間傳
午 巳 辰 辰 卯 戌 酉 卯 寅 酉 庚 始入課 進茹	戌 巳 子 子 未 午 丑 未 寅 丑 庚 比用課	亥 寅 巳 申 亥 寅 巳 亥 寅 巳 庚 元首課

（二八）辛卯日十二局

日貴寅 夜貴午

午未空

未 卯 亥 亥 未 午 寅 未 卯 寅 辛 涉害課 曲直	亥 卯 未 未 亥 寅 午 亥 卯 午 辛 知一課 曲直	午 子 卯 卯 卯 戌 戌 卯 卯 戌 辛 伏吟課 杜傳
卯 子 酉 酉 午 辰 丑 午 卯 丑 辛 始入課	子 巳 戌 巳 戌 子 巳 戌 卯 巳 辛 重審課 不備	亥 子 丑 丑 寅 申 酉 寅 卯 酉 辛 始入課
酉 未 巳 未 巳 寅 子 巳 卯 子 辛 嚆矢課 間傳	卯 酉 卯 卯 酉 戌 辰 酉 卯 辰 辛 返吟課 無依 重審	未 酉 亥 亥 丑 午 申 丑 卯 申 辛 涉害課 間傳
午 巳 辰 巳 辰 子 亥 辰 卯 亥 辛 始入課 進茹	丑 申 卯 丑 申 申 卯 申 卯 卯 辛 重審課 不備	子 未 子 酉 子 辰 未 子 卯 未 辛 昴星課 掩目

（二九）壬辰日十二局

日貴卯　夜貴巳

午未空

戌　辰　亥

辰　辰　亥　亥
辰　辰　亥　壬

伏吟課　杜傳

辰　申　子

申　子　卯　未
子　辰　未　壬

重審課　潤下

卯　亥　未

子　申　未　卯
申　辰　卯　壬

始入課　曲直

申　酉　戌

寅　卯　酉　戌
卯　辰　戌　壬

知一課

申　丑　午

午　亥　丑　午
亥　辰　午　壬

比用課　不備

辰　丑　戌

戌　未　巳　寅
未　辰　寅　壬

遙剋課　稼檣　嚆矢

戌　子　寅

子　寅　未　酉
寅　辰　酉　壬

元首課　間傳

巳　亥　巳

辰　戌　亥　巳
戌　辰　巳　壬

返吟課　無依　重審

子　戌　申

申　午　卯　丑
午　辰　丑　壬

重審課

亥　寅　巳

戌　丑　巳　申
丑　辰　申　壬

元首課

子　未　寅

寅　酉　酉　辰
酉　辰　辰　壬

重審課　不備

卯　寅　丑

午　巳　丑　子
巳　辰　子　壬

元首課　進茹

（三十）癸巳日十二局

日貴卯　夜貴巳

午未空

巳　丑　酉 丑　酉　　酉　巳 酉　巳　　巳　癸 涉害課 從革 不備	酉　丑　巳 酉　丑　　巳　酉 丑　巳　　酉　癸 元首課 從革	未　戌　丑 巳　巳　　丑　丑 巳　巳　　丑　癸 伏吟課 稼穡 不虞 元首
寅　亥　申 亥　申　　未　辰 申　巳　　辰　癸 重審課	巳　戌　卯 未　子　　卯　申 子　巳　　申　癸 重審課	丑　寅　卯 卯　辰　　亥　子 辰　巳　　子　癸 元首課 退茹
亥　酉　未 酉　未　　巳　卯 未　巳　　卯　癸 遙剋課 蒿矢	巳　亥　巳 巳　亥　　丑　未 亥　巳　　未　癸 返吟課 無依 重審	酉　亥　丑 丑　卯　　酉　亥 卯　巳　　亥　癸 始入課 間傳
酉　申　未 未　午　　卯　寅 午　巳　　寅　癸 遙剋課 蒿矢 進茹	辰　亥　午 卯　戌　　亥　午 戌　巳　　午　癸 重審課	辰　未　戌 亥　寅　　未　戌 寅　巳　　戌　癸 元首課 稼穡

戌　午　寅 寅　戌　戌　午 戌　午　午　甲 元首課 炎上	寅　午　戌 戌　寅　午　戌 寅　午　戌　甲 重審課 炎上	申　巳　寅 午　午　寅　寅 午　午　寅　甲 伏吟課 自任	（三一）甲午日十二局
寅　亥　申 子　酉　申　巳 酉　午　巳　甲 比用課	亥　辰　酉 申　丑　辰　酉 丑　午　酉　甲 元首課	戌　亥　子 丑　巳　子　丑 巳　午　丑　甲 比用課 退茹	日貴丑 夜貴未
申　午　辰 戌　申　午　辰 申　午　辰　甲 涉害課 間傳	寅　申　寅 午　子　寅　申 子　午　申　甲 返吟課 涉害 無依	戌　子　寅 寅　辰　戌　子 辰　午　子　甲 涉害課 間傳	
午　巳　辰 申　未　辰　卯 未　午　卯　甲 始入課 進茹	戌　巳　子 辰　亥　子　未 亥　午　未　甲 比用課	寅　巳　申 子　卯　申　亥 卯　午　亥　甲 遙剋課 嚆矢	辰巳空

未　卯　亥 卯　亥　子　申 亥　未　申　乙 重審課 曲直	未　亥　卯 亥　卯　申　子 卯　未　子　乙 元首課 曲直	丑　未　辰 未　未　辰　辰 未　未　辰　乙 伏吟課 杜傳 稼穡 始入	（三二）乙未日十二局
丑　戌　未 丑　戌　戌　未 戌　未　未　乙 始入課 稼穡 不備	申　丑　午 酉　寅　午　亥 寅　未　亥　乙 重審課	午　卯　戌 巳　午　寅　卯 午　未　卯　乙 昴星課 掩目	日貴子 夜貴申
子　戌　申 亥　酉　申　午 酉　未　午　乙 始入課 間傳	戌　辰　戌 未　丑　辰　戌 丑　未　戌　乙 返吟課 無依 稼穡 始入	巳　寅　亥 卯　巳　子　寅 巳　未　寅　乙 昴星課 掩目	
亥　戌　酉 酉　申　午　巳 申　未　巳　乙 遙剋課 嚆矢 進茹	卯　戌　巳 巳　子　寅　酉 子　未　酉　乙 比用課	未　戌　丑 丑　辰　戌　丑 辰　未　丑　乙 始入課 稼穡	辰巳空

<table>
<tr>
<td>巳　丑　酉

辰　子　丑　酉
子　申　酉　丙

重審課　從革</td>
<td>辰　申　子

子　辰　酉　丑
辰　申　丑　丙

始入課　潤下</td>
<td>寅　申　巳

申　申　巳　巳
申　申　巳　丙

伏吟課　自任</td>
<td rowspan="2">（三三）丙申日十二局</td>
</tr>
<tr>
<td>寅　亥　申

寅　亥　亥　申
亥　申　申　丙

始入課　不備</td>
<td>子　巳　戌

戌　卯　未　子
卯　申　子　丙

比用課</td>
<td>丑　寅　卯

午　未　卯　辰
未　申　辰　丙

元首課　退茹</td>
</tr>
<tr>
<td>辰　寅　子

子　戌　酉　未
戌　申　未　丙

始入課　間傳</td>
<td>寅　申　寅

申　寅　巳　亥
寅　申　亥　丙

返吟課　無依　比用</td>
<td>酉　亥　丑

辰　午　丑　卯
午　申　卯　丙

重審課　間傳</td>
<td rowspan="2">日貴亥
夜貴酉

辰巳空</td>
</tr>
<tr>
<td>亥　戌　酉

戌　酉　未　午
酉　申　午　丙

遙剋課　彈射　進茹</td>
<td>丑　申　卯

午　丑　卯　戌
丑　申　戌　丙

元首課</td>
<td>亥　寅　巳

寅　巳　亥　寅
巳　申　寅　丙

元首課　不備</td>
</tr>
</table>

（三四）丁酉日十二局

日貴亥
夜貴酉

辰巳空

未 卯 亥 巳 丑 卯 亥 丑 酉 亥 丁 元首課 曲直	酉 丑 巳 丑 巳 亥 卯 巳 酉 卯 丁 元首課 從革	丑 未 酉 酉 酉 未 未 酉 酉 未 丁 伏吟課 杜傳
午 卯 子 卯 子 丑 戌 子 酉 戌 丁 遙剋課 嚆矢	丑 午 亥 亥 辰 酉 寅 辰 酉 寅 丁 重審課	午 未 申 未 申 巳 午 申 酉 午 丁 遙剋課 彈射 退茹
丑 亥 酉 丑 亥 亥 酉 亥 酉 酉 丁 重審課 不備 間傳	卯 酉 卯 酉 卯 未 丑 卯 酉 丑 丁 返吟課 無依 重審	巳 巳 丑 巳 未 卯 巳 未 酉 巳 丁 別責課 不備
丑 子 亥 亥 戌 酉 申 戌 酉 申 丁 比用課 進茹	巳 子 未 未 寅 巳 子 寅 酉 子 丁 涉害課	子 卯 午 卯 午 丑 辰 午 酉 辰 丁 元首課

（三五）戊戌日十二局

日貴丑　夜貴未

辰巳空

戌 午 寅 午 寅 丑 酉 寅 戌 酉 戌 元首課 炎上	午 戌 寅 寅 午 酉 丑 午 戌 丑 戌 遙剋課 嚆矢 炎上	寅 申 巳 戌 戌 巳 巳 戌 戌 巳 戌 伏吟課 自任
巳 寅 亥 辰 丑 亥 申 丑 戌 申 戌 遙剋課 彈射	寅 未 子 子 巳 未 子 巳 戌 子 戌 重審課 不備	丑 寅 卯 申 酉 卯 辰 酉 戌 辰 戌 元首課 退茹
辰 寅 子 寅 子 酉 未 子 戌 未 戌 始入課 間傳	亥 巳 亥 戌 辰 巳 亥 辰 戌 亥 戌 返吟課 無依	酉 亥 丑 午 申 丑 卯 申 戌 卯 戌 重審課
丑 子 亥 子 亥 未 午 亥 戌 午 戌 始入課 進茹	午 丑 申 申 卯 卯 戌 卯 戌 戌 戌 知一課 不備	申 亥 寅 辰 未 亥 寅 未 戌 寅 戌 元首課

（三六）己亥日十二局

日貴子　夜貴申

辰巳空

未　卯　亥 未　卯　　卯　亥 卯　亥　　亥　己 涉害課　曲直　不備	亥　卯　未 卯　未　　亥　卯 未　亥　　卯　己 涉害課　曲直　不備　見機	丑　未　亥 亥　亥　　未　未 亥　亥　　未　己 伏吟課　杜傳
申　巳　寅 巳　寅　　丑　戌 寅　亥　　戌　己 遙剋課　嚆矢	申　丑　午 丑　午　　酉　寅 午　亥　　寅　己 重審課	申　酉　戌 酉　戌　　巳　午 戌　亥　　午　己 元首課　退茹
巳　卯　丑 卯　丑　　亥　酉 丑　亥　　酉　己 涉害課　間傳	巳　亥　巳 亥　巳　　未　丑 巳　亥　　丑　己 返吟課　無依　重審	亥　丑　卯 未　酉　　卯　巳 酉　亥　　巳　己 遙剋課　嚆矢　間傳
卯　寅　丑 丑　子　　酉　申 子　亥　　申　己 元首課　進茹	卯　戌　巳 酉　辰　　巳　子 辰　亥　　子　己 比用課	亥　寅　巳 巳　申　　丑　辰 申　亥　　辰　己 元首課

（三七）庚子日十二局

日貴未　夜貴丑

辰巳空

子　申　辰 申　辰　辰　子 辰　子　子　庚 元首課 潤下	辰　申　子 辰　申　子　辰 申　子　辰　庚 始入課 潤下 不備	巳　寅　申 子　子　申　申 子　子　申　庚 伏吟課 自任
子　酉　午 午　卯　寅　亥 卯　子　亥　庚 遙剋課 嚆矢	子　巳　戌 寅　未　戌　卯 未　子　卯　庚 比用課	申　酉　戌 戌　亥　午　未 亥　子　未　庚 元首課 退茹
申　午　辰 辰　寅　子　戌 寅　子　戌　庚 涉害課 間傳	寅　申　寅 子　午　申　寅 午　子　寅　庚 返吟課 無依 涉害	寅　辰　午 申　戌　辰　午 戌　子　午　庚 涉害課 間傳
辰　卯　寅 寅　丑　戌　酉 丑　子　酉　庚 知一課 進茹	卯　戌　巳 戌　巳　午　丑 巳　子　丑　庚 始入課	子　卯　午 午　酉　寅　巳 酉　子　巳　庚 知一課

（三八）辛丑日十二局

日貴寅　夜貴午

辰巳空

巳　丑　酉 酉　巳　午　寅 巳　丑　寅　辛 比用課 從革	酉　丑　巳 巳　酉　寅　午 酉　丑　午　辛 知一課 從革	未　戌　丑 丑　丑　戌　戌 丑　丑　戌　辛 伏吟課 稼穡 自信
丑　丑　巳 未　辰　辰　丑 辰　丑　丑　辛 別責課 不備	巳　戌　卯 卯　申　子　巳 申　丑　巳　辛 重審課	戌　亥　子 亥　子　申　酉 子　丑　酉　辛 始入課 退茹
未　巳　卯 巳　卯　寅　子 卯　丑　子　辛 元首課	辰　未　亥 丑　未　戌　辰 未　丑　辰　辛 返吟課 無親 井欄	未　酉　亥 酉　亥　午　申 亥　丑　申　辛 重審課 間傳
辰　卯　寅 卯　寅　子　亥 寅　丑　亥　辛 元首課 進茹	丑　申　卯 亥　午　申　卯 午　丑　卯　辛 重審課	未　未　巳 未　戌　辰　未 戌　丑　未　辛 別責課 不備

（三九）壬寅日十二局

日貴卯 夜貴巳

辰巳空

卯 亥 未 戌 午 未 卯 午 寅 卯 壬 始入課 曲直	寅 午 戌 午 戌 卯 未 戌 寅 未 壬 重審課 炎上	巳 寅 亥 寅 寅 亥 亥 寅 寅 亥 壬 伏吟課 杜傳
寅 亥 申 申 巳 巳 寅 巳 寅 寅 壬 始入課 不備	申 丑 午 辰 酉 丑 午 酉 寅 午 壬 重審課	戌 亥 子 子 丑 酉 戌 丑 寅 戌 壬 比用課 退茹
申 午 辰 午 辰 卯 丑 辰 寅 丑 壬 重審課 間傳	寅 申 寅 寅 申 亥 巳 申 寅 巳 壬 返吟課 無依 比用	午 申 戌 戌 子 未 酉 子 寅 酉 壬 元首課 間傳
午 巳 辰 辰 卯 丑 子 卯 寅 子 壬 重審課 進茹	戌 巳 子 子 未 酉 辰 未 寅 辰 壬 比用課	亥 寅 巳 申 亥 巳 申 亥 寅 申 壬 元首課 不備

(四十)癸卯日十二局

日貴卯　夜貴巳

辰巳空

巳　丑　酉 亥未　酉巳 未卯　巳癸 涉害課　從革	亥　卯　未 未亥　巳酉 亥卯　酉癸 涉害課　曲直	未　戌　丑 卯卯　丑丑 卯卯　丑癸 伏吟課　稼穡　不虞　元首
卯　子　酉 酉午　未辰 午卯　辰癸 重審課	巳　戌　卯 巳戌　卯申 戌卯　申癸 比用課	亥　子　丑 丑寅　亥子 寅卯　子癸 始入課　退茹
亥　酉　未 未巳　巳卯 巳卯　卯癸 遙剋課　蒿矢　不備	卯　酉　卯 卯酉　丑未 酉卯　未癸 返吟課　無依　重審	未　酉　亥 亥丑　酉亥 丑卯　亥癸 涉害課　間傳
午　巳　辰 巳辰　卯寅 辰卯　寅癸 始入課　進茹	辰　亥　午 丑申　亥午 申卯　午癸 重審課	辰　未　戌 酉子　未戌 子卯　戌癸 元首課　稼穡

辰 子 申 子 申 戌 午 申 辰 午 甲 遙剋課 潤下 嚆矢	辰 申 子 申 子 午 戌 子 辰 戌 甲 涉害課 潤下	申 巳 寅 辰 辰 寅 寅 辰 辰 寅 甲 伏吟課 自任	（四一）甲辰日十二局
寅 亥 申 戌 未 申 巳 未 辰 巳 甲 始入課	申 丑 午 午 亥 辰 酉 亥 辰 酉 甲 比用課	戌 亥 子 寅 卯 子 丑 卯 辰 丑 甲 比用課 退茹	日貴 丑 夜貴 未
申 午 辰 申 午 午 辰 午 辰 辰 甲 涉害課 間傳	寅 申 寅 辰 戌 寅 申 戌 辰 申 甲 返吟課 無依 重審	戌 子 寅 子 寅 戌 子 寅 辰 子 甲 涉害課 間傳	
午 巳 辰 午 巳 辰 卯 巳 辰 卯 甲 始入課 進茹	戌 巳 子 寅 酉 子 未 酉 辰 未 甲 涉害課	寅 巳 申 戌 丑 申 亥 丑 辰 亥 甲 嚆矢課	寅卯空

（四二）乙巳日十二局

日貴子 夜貴申

寅卯空

巳 丑 酉 丑 酉 子 申 酉 巳 申 乙 重審課 從革	丑 巳 酉 酉 丑 申 子 丑 巳 子 乙 遙剋課 嗃矢 從革	申 巳 辰 巳 巳 辰 辰 巳 巳 辰 乙 伏吟課 杜傳 始入
丑 戌 未 亥 申 戌 未 申 巳 未 乙 比用課 稼穡	申 丑 午 未 子 午 亥 子 巳 亥 乙 重審課	丑 寅 卯 卯 辰 寅 卯 辰 巳 卯 乙 元首課 退茹 不備
子 戌 申 酉 未 申 午 未 巳 午 乙 始入課 間傳	巳 亥 巳 巳 亥 辰 戌 亥 巳 戌 乙 返吟課 無依 比用	酉 亥 丑 丑 卯 子 寅 卯 巳 寅 乙 始入課 間傳
酉 申 未 未 午 午 巳 午 巳 巳 乙 遙剋課 彈射 進茹 不備	子 未 寅 卯 戌 寅 酉 戌 巳 酉 乙 重審課	未 戌 丑 亥 寅 戌 丑 寅 巳 丑 乙 始入課 稼穡

巳 丑 酉 寅 戌 丑 酉 戌 午 酉 丙 重審課 從革	寅 午 戌 戌 寅 酉 丑 寅 午 丑 丙 始入課 炎上	寅 申 巳 午 午 巳 巳 午 午 巳 丙 伏吟課 自任	（四三）丙午日十二局
寅 亥 申 子 酉 亥 申 酉 午 申 丙 比用課	寅 未 子 申 丑 未 子 丑 午 子 丙 知一課	丑 寅 卯 辰 巳 卯 辰 巳 午 辰 丙 元首課 退茹 不備	
子 戌 申 戌 申 酉 未 申 午 未 丙 始入課 間傳	午 子 午 午 子 巳 亥 子 午 亥 丙 返吟課 無依 比用	酉 亥 丑 寅 辰 丑 卯 辰 午 卯 丙 重審課 間傳	日貴亥 夜貴酉
戌 酉 申 申 未 未 午 未 午 午 丙 彈射課 進茹 不備	寅 酉 辰 辰 亥 卯 戌 亥 午 戌 丙 知一課	午 酉 子 子 卯 亥 寅 卯 午 寅 丙 嚆矢課	寅卯空

（四四）丁未日十二局

日貴亥 夜貴酉

寅卯空

未 卯 亥 卯 亥 卯 亥 亥 未 亥 丁 重審課 曲直	未 亥 卯 亥 卯 亥 卯 卯 未 卯 丁 元首課 曲直	戌 丑 未 未 未 未 未 未 未 未 丁 伏吟課 稼穡 自信
戌 戌 亥 丑 戌 丑 戌 戌 未 戌 丁 八專課 帷薄	亥 辰 酉 酉 寅 酉 寅 寅 未 寅 丁 知一課	午 午 卯 巳 午 巳 午 午 未 午 丁 八專課 帷薄
丑 亥 酉 亥 酉 亥 酉 酉 未 酉 丁 始入課 間傳	丑 丑 巳 未 丑 未 丑 丑 未 丑 丁 八專課 返吟 無親	巳 巳 丑 卯 巳 卯 巳 巳 未 巳 丁 八專課 帷薄
戌 酉 申 酉 申 酉 申 申 未 申 丁 始入課 進茹	卯 戌 巳 巳 子 巳 子 子 未 子 丁 比用課	辰 辰 亥 丑 辰 丑 辰 辰 未 辰 丁 八專課 帷薄

子　申　辰 辰　子　丑　酉 子　申　酉　戊 元首課 潤下	辰　申　子 子　辰　酉　丑 辰　申　丑　戊 始入課 潤下	寅　申　巳 申　申　巳　巳 申　申　巳　戊 伏吟課 自任	（四五）戊申日十二局
申　巳　寅 寅　亥　亥　申 亥　申　申　戊 嚆矢課 不備	寅　未　子 戌　卯　未　子 卯　申　子　戊 涉害課	丑　寅　卯 午　未　卯　辰 未　申　辰　戊 元首課 退茹	日貴丑 夜貴未
辰　寅　子 子　戌　酉　未 戌　申　未　戊 始入課	寅　申　寅 申　寅　巳　亥 寅　申　亥　戊 返吟課 無依 比用	酉　亥　丑 辰　午　丑　卯 午　申　卯　戊 重審課	
午　酉　戌 戌　酉　未　午 酉　申　午　戊 昴星課 虎視	丑　申　卯 午　丑　卯　戌 丑　申　戌　戊 元首課	申　亥　寅 寅　巳　亥　寅 巳　申　寅　戊 知一課 不備	寅卯空

（四六）己酉日十二局

日貴子　夜貴申

辰巳空

未 卯 亥 巳 丑 卯 亥 丑 酉 亥 己 始入課　曲直	未 亥 卯 丑 巳 亥 卯 巳 酉 卯 己 涉害課　曲直	丑 未 酉 酉 酉 未 未 酉 酉 未 己 伏吟課　杜傳
酉 午 卯 卯 子 丑 戌 子 酉 戌 己 嚆矢課	丑 午 亥 亥 辰 酉 寅 辰 酉 寅 己 重審課	申 午 戌 未 申 巳 午 申 酉 午 己 昴星課　掩目
巳 卯 丑 丑 亥 亥 酉 亥 酉 酉 己 元首課　不備　間傳	卯 酉 卯 酉 卯 未 丑 卯 酉 丑 己 返吟課　無依　重審	亥 丑 卯 巳 未 卯 巳 未 酉 巳 己 嚆矢課　不備
丑 子 亥 亥 戌 酉 申 戌 酉 申 己 始入課　進茹	巳 子 未 未 寅 巳 子 寅 酉 子 己 涉害課	子 卯 午 卯 午 丑 辰 午 酉 辰 己 元首課

子　申　辰 午　寅　辰　子 寅　戌　子　庚 涉害課　潤下　察微	辰　申　子 寅　午　子　辰 午　戌　辰　庚 始入課　潤下	巳　寅　申 戌　戌　申　申 戌　戌　申　庚 伏吟課　自任	（四七）庚戌日十二局
申　巳　寅 辰　丑　寅　亥 丑　戌　亥　庚 彈射課	子　巳　戌 子　巳　戌　卯 巳　戌　卯　庚 比用課	辰　巳　午 申　酉　午　未 酉　戌　未　庚 嚆矢課　退茹	日貴丑 夜貴未
辰　寅　子 寅　子　子　戌 子　戌　戌　庚 重審課　間傳　不備	寅　申　寅 戌　辰　申　寅 辰　戌　寅　庚 返吟課　無依　重審	寅　辰　午 午　申　辰　午 申　戌　午　庚 元首課　不備	
丑　子　亥 子　亥　戌　酉 亥　戌　酉　庚 始入課　進茹	午　丑　申 申　卯　午　丑 卯　戌　丑　庚 知一課	亥　寅　巳 辰　未　寅　巳 未　戌　巳　庚 元首課	寅卯空

（四八）辛亥日十二局

日貴寅　夜貴午

辰巳空

卯 亥 未 未 卯 午 寅 卯 亥 寅 辛 比用課 曲直	亥 卯 未 卯 未 寅 午 未 亥 午 辛 涉害課 曲直 見機	未 戌 亥 亥 亥 戌 戌 亥 亥 戌 辛 伏吟課 杜傳
亥 申 巳 巳 寅 辰 丑 寅 亥 丑 辛 嚆矢課	申 丑 午 丑 午 子 巳 午 亥 巳 辛 重審課	申 酉 戌 酉 戌 申 酉 戌 亥 酉 辛 元首課 退茹
巳 卯 丑 卯 丑 寅 子 丑 亥 子 辛 涉害課 間傳	巳 亥 巳 亥 巳 戌 辰 巳 亥 辰 辛 返吟課 無依 重審	寅 辰 午 未 酉 午 申 酉 亥 申 辛 元首課 間傳
卯 寅 丑 丑 子 子 亥 子 亥 亥 辛 元首課 進茹 不備	丑 申 卯 酉 辰 申 卯 辰 亥 卯 辛 重審課	亥 寅 巳 巳 申 辰 未 申 亥 未 辛 元首課

卯 亥 未 申 辰 未 卯 辰 子 卯 壬 重審課 曲直	亥 卯 未 辰 申 卯 未 申 子 未 壬 涉害課 曲直 見機	卯 子 亥 子 子 亥 亥 子 子 亥 壬 伏吟課 杜傳	（四九）壬子日十二局
子 酉 午 午 卯 巳 寅 卯 子 寅 壬 彈射課	申 丑 午 寅 未 丑 午 未 子 午 壬 重審課	申 酉 戌 戌 亥 酉 戌 亥 子 戌 壬 元首課 退茹 不備	日貴卯 夜貴巳
申 午 辰 辰 寅 卯 丑 寅 子 丑 壬 重審課 間傳	午 子 午 子 午 亥 巳 午 子 巳 壬 返吟課 無依 比用	午 申 戌 申 戌 未 酉 戌 子 酉 壬 元首課 間傳	
辰 卯 寅 寅 丑 丑 子 丑 子 子 壬 知一課 進茹 不備	卯 戌 巳 戌 巳 酉 辰 巳 子 辰 壬 重審課	子 卯 午 午 酉 巳 申 酉 子 申 壬 知一課	寅卯空

巳 丑 酉 酉 巳 酉 巳 巳 丑 巳 癸 涉害課 從革	酉 丑 巳 巳 酉 巳 酉 酉 丑 酉 癸 元首課 從革	未 戌 丑 丑 丑 丑 丑 丑 丑 丑 癸 伏吟課 元首 不虞	（五十）癸丑日十二局
戌 未 辰 未 辰 未 辰 辰 丑 辰 癸 元首課 稼穡	巳 戌 卯 卯 申 卯 申 申 丑 申 癸 重審課	戌 亥 子 亥 子 亥 子 子 丑 子 癸 始入課 退茹	
未 巳 卯 巳 卯 巳 卯 卯 丑 卯 癸 元首課 不備 間傳	未 丑 未 丑 未 丑 未 未 丑 未 癸 返吟課 稼穡 無依 元首	未 酉 亥 酉 亥 酉 亥 亥 丑 亥 癸 始入課	日貴卯 夜貴巳
辰 卯 寅 卯 寅 卯 寅 寅 丑 寅 癸 元首課 進茹	辰 亥 午 亥 午 亥 午 午 丑 午 癸 重審課 八專	辰 未 戌 未 戌 未 戌 戌 丑 戌 癸 元首課 稼穡	寅卯空

（五一）甲寅日十二局

日貴丑　夜貴未

子丑空

午 午 申 戌 午 戌 午 午 寅 午 甲 八專課 帷薄	寅 午 戌 午 戌 午 戌 戌 寅 戌 甲 重審課 炎上	申 巳 寅 寅 寅 寅 寅 寅 寅 寅 甲 伏吟課 自任
寅 亥 申 申 巳 申 巳 巳 寅 巳 甲 重審課	亥 辰 酉 辰 酉 辰 酉 酉 寅 酉 甲 元首課	戌 亥 子 子 丑 子 丑 丑 寅 丑 甲 比用課 退茹
申 午 辰 午 辰 午 辰 辰 寅 辰 甲 重審課 間傳	寅 申 寅 寅 申 寅 申 申 寅 申 甲 返吟課 無依 重審	午 申 戌 戌 子 戌 子 子 寅 子 甲 元首課 間傳
午 巳 辰 辰 卯 辰 卯 卯 寅 卯 甲 重審課 進茹	戌 巳 子 子 未 子 未 未 寅 未 甲 比用課	亥 亥 丑 申 亥 申 亥 亥 寅 亥 甲 八專課

未　卯　亥 亥　未　子　申 未　卯　申　乙 涉害課　曲直	亥　卯　未 未　亥　申　子 亥　卯　子　乙 元首課　曲直	子　卯　辰 卯　卯　辰　辰 卯　卯　辰　乙 伏吟課　杜傳　始入	（五二）乙卯日十二局
卯　子　酉 酉　午　戌　未 午　卯　未　乙 涉害課	申　丑　午 巳　戌　午　亥 戌　卯　亥　乙 涉害課	亥　子　丑 丑　寅　寅　卯 寅　卯　卯　乙 始入課　退茹	
子　戌　申 未　巳　申　午 巳　卯　午　乙 始入課　間傳	卯　酉　卯 卯　酉　辰　戌 酉　卯　戌　乙 返吟課　無依　比用	未　酉　亥 亥　丑　子　寅 丑　卯　寅　乙 涉害課　間傳	日貴子 夜貴申
午　巳　辰 巳　辰　午　巳 辰　卯　巳　乙 始入課　進茹	子　未　寅 丑　申　寅　酉 申　卯　酉　乙 重審課	未　戌　丑 酉　子　戌　丑 子　卯　丑　乙 始入課　稼檣	子丑空

（五三）丙辰日十二局

日貴亥　夜貴酉

子丑空

巳　丑　酉 子　申　丑　酉 申　辰　酉　丙 始入課　從革	辰　申　子 申　子　酉　丑 子　辰　丑　丙 始入課　潤下	寅　申　巳 辰　辰　巳　巳 辰　辰　巳　丙 伏吟課　自信
寅　亥　申 戌　未　亥　申 未　辰　申　丙 始入課	申　丑　午 午　亥　未　子 亥　辰　子　丙 比用課	丑　寅　卯 寅　卯　卯　辰 卯　辰　辰　丙 元首課　退茹　不備
子　戌　申 申　午　酉　未 午　辰　未　丙 始入課　間傳	巳　亥　巳 辰　戌　巳　亥 戌　辰　亥　丙 返吟課　無依　重審	酉　亥　丑 子　寅　丑　卯 寅　辰　卯　丙 重審課　間傳
午　午　亥 午　巳　未　午 巳　辰　午　丙 別責課　不備	子　未　寅 寅　酉　卯　戌 酉　辰　戌　丙 重審課	巳　申　亥 戌　丑　亥　寅 丑　辰　寅　丙 遙剋課　嚆矢

（五四）丁巳日十二局

日貴亥　夜貴酉

子丑空

巳　丑　酉 丑　酉　卯　亥 酉　巳　亥　丁 重審課　從革	卯　未　亥 酉　丑　亥　卯 丑　巳　卯　丁 遙剋課　嚆矢　曲直	寅　申　巳 巳　巳　未　未 巳　巳　未　丁 伏吟課　自信
寅　亥　申 亥　申　丑　戌 申　巳　戌　丁 始入課	亥　辰　酉 未　子　酉　寅 子　巳　寅　丁 涉害課	丑　寅　卯 卯　辰　巳　午 辰　巳　午　丁 元首課　退茹
丑　亥　酉 酉　未　亥　酉 未　巳　酉　丁 始入課　間傳　不備	巳　亥　巳 巳　亥　未　丑 亥　巳　丑　丁 返吟課　無依　重審	酉　亥　丑 丑　卯　卯　巳 卯　巳　巳　丁 始入課　不備　間傳
戌　酉　申 未　午　酉　申 午　巳　申　丁 始入課　進茹	卯　戌　巳 卯　戌　巳　子 戌　巳　子　丁 重審課	巳　申　亥 亥　寅　丑　辰 寅　巳　辰　丁 遙剋課　嚆矢

戌 午 寅 寅 戌 丑 酉 戌 午 酉 戊 元首課 炎上	寅 午 戌 戌 寅 酉 丑 寅 午 丑 戊 始入課 炎上	寅 申 巳 午 午 巳 巳 午 午 巳 戊 伏吟課 自任	（五五）戊午日十二局
卯 子 酉 子 酉 亥 申 酉 午 申 戊 始入課	寅 未 子 申 丑 未 子 丑 午 子 戊 重審課	丑 寅 卯 辰 巳 卯 辰 巳 午 辰 戊 元首課 退茹 不備	日貴 丑 夜貴 未
子 戌 申 戌 申 酉 未 申 午 未 戊 始入課 間傳	午 子 午 午 子 巳 亥 子 午 亥 戊 返吟課 無依 比用	酉 亥 丑 寅 辰 丑 卯 辰 午 卯 戊 重審課 間傳	
午 午 寅 申 未 未 午 未 午 午 戊 別責課 不備	寅 酉 辰 辰 亥 卯 戌 亥 午 戌 戊 知一課	申 亥 寅 子 卯 亥 寅 卯 午 寅 戊 元首課	子丑空

（五六）己未日十二局

日貴子 夜貴申

子丑空

未 卯 亥 卯 亥 卯 亥 亥 未 亥 己 重審課 曲直	未 亥 卯 亥 卯 亥 卯 卯 未 卯 己 元首課 曲直	戌 丑 未 未 未 未 未 未 未 未 己 伏吟課 稼穡 自信
戌 戌 亥 丑 戌 丑 戌 戌 未 戌 己 八專課	亥 辰 酉 酉 寅 酉 寅 寅 未 寅 己 知一課	午 午 卯 巳 午 巳 午 午 未 午 己 八專課 帷薄
酉 酉 酉 亥 酉 亥 酉 酉 未 酉 己 八專課 獨足	丑 丑 巳 未 丑 未 丑 丑 未 丑 己 八專課 返吟 無親	巳 巳 丑 卯 巳 卯 巳 巳 未 巳 己 八專課 帷薄
申 申 未 酉 申 酉 申 申 未 申 己 八專課 帷薄	卯 戌 巳 巳 子 巳 子 子 未 子 己 比用課	辰 辰 亥 丑 辰 丑 辰 辰 未 辰 己 八專課

（五七）庚申日十二局

日貴丑　夜貴未

子丑空

子　申　辰 辰　子　辰　子 子　申　子　庚 元首課　潤下	辰　申　子 子　辰　子　辰 辰　申　辰　庚 重審課　潤下	巳　寅　申 申　申　申　申 申　申　申　庚 伏吟課　自任
亥　亥　丑 寅　亥　寅　亥 亥　申　亥　庚 八專課　帷簿	子　巳　戌 戌　卯　戌　卯 卯　申　卯　庚 比用課	未　未　酉 午　未　午　未 未　申　未　庚 八專課
辰　寅　子 子　戌　子　戌 戌　申　戌　庚 重審課	寅　申　寅 申　寅　申　寅 寅　申　寅　庚 返吟課　無依　重審	寅　辰　午 辰　午　辰　午 午　申　午　庚 元首課　間傳
酉　酉　亥 戌　酉　戌　酉 酉　申　酉　庚 八專課　帷簿	丑　丑　卯 午　丑　午　丑 丑　申　丑　庚 八專課　帷簿	亥　寅　巳 寅　巳　寅　巳 巳　申　巳　庚 元首課

（五八）辛酉日十二局

日貴寅　夜貴午

子丑空

戌　午　寅 巳　丑　午　寅 丑　酉　寅　辛 始入課　炎上	酉　丑　巳 丑　巳　寅　午 巳　酉　午　辛 知一課　從革	丑　未　酉 酉　酉　戌　戌 酉　酉　戌　辛 伏吟課　杜傳
酉　午　卯 卯　子　辰　丑 子　酉　丑　辛 遙剋課　彈射	丑　午　亥 亥　辰　子　巳 辰　酉　巳　辛 重審課	酉　酉　丑 未　申　申　酉 申　酉　酉　辛 別責課　不備
巳　卯　丑 丑　亥　寅　子 亥　酉　子　辛 元首課	卯　酉　卯 酉　卯　戌　辰 卯　酉　辰　辛 返吟課　無依　重審	寅　辰　午 巳　未　午　申 未　酉　申　辛 元首課　間傳
丑　子　亥 亥　戌　子　亥 戌　酉　亥　辛 重審課　進茹　不備	巳　子　未 未　寅　申　卯 寅　酉　卯　辛 涉害課	子　卯　午 卯　午　辰　未 午　酉　未　辛 元首課

（五九）壬戌日十二局

日貴卯　夜貴巳

子丑空

卯　亥　未 午　寅　未　卯 寅　戌　卯　壬 重審課　曲直	亥　卯　未 寅　午　卯　未 午　戌　未　壬 涉害課　曲直　見機	未　戌　亥 戌　戌　亥　亥 戌　戌　亥　壬 伏吟課　杜傳
戌　未　辰 辰　丑　巳　寅 丑　戌　寅　壬 遙剋課　嚆矢　稼穡	申　丑　午 子　巳　丑　午 巳　戌　午　壬 重審課	申　酉　戌 申　酉　酉　戌 酉　戌　戌　壬 元首課　退茹　不備
辰　寅　子 寅　子　卯　丑 子　戌　丑　壬 重審課　間傳	巳　亥　巳 戌　辰　亥　巳 辰　戌　巳　壬 返吟課　無依	寅　辰　午 午　申　未　酉 申　戌　酉　壬 元首課
丑　子　亥 子　亥　丑　子 亥　戌　子　壬 重審課　進茹	寅　酉　辰 申　卯　酉　辰 卯　戌　辰　壬 涉害課	亥　寅　巳 辰　未　巳　申 未　戌　申　壬 元首課

巳　丑　酉 未　卯　酉　巳 卯　亥　巳　癸 涉害課 從革	亥　卯　未 卯　未　巳　酉 未　亥　酉　癸 涉害課 曲直 見機	未　戌　丑 亥　亥　丑　丑 亥　亥　丑　癸 元首課 稼穡 不虞	(六十)癸亥日十二局
戌　未　辰 巳　寅　未　辰 寅　亥　辰　癸 元首課 稼穡	巳　戌　卯 丑　午　卯　申 午　亥　申　癸 比用課	申　酉　戌 酉　戌　亥　子 戌　亥　子　癸 元首課 退茹	日貴卯 夜貴巳
巳　卯　丑 卯　丑　巳　卯 丑　亥　卯　癸 涉害課 間傳 不備	巳　亥　巳 亥　巳　丑　未 巳　亥　未　癸 返吟課 無依 重審	卯　巳　未 未　酉　酉　亥 酉　亥　亥　癸 遙剋課 嚆矢 間傳 不備	
卯　寅　丑 丑　子　卯　寅 子　亥　寅　癸 元首課 進茹	辰　亥　午 酉　辰　亥　午 辰　亥　午　癸 重審課	亥　寅　巳 巳　申　未　戌 申　亥　戌　癸 知一課	子丑空

十三、遁干

三傳既得，需詳遁干，從旬干，日干求之。

六壬神課首重旬遁之干，如旬干表：

六甲旬	旬內各日之干支									旬空亡
甲子	乙丑	丙寅	丁卯	戊辰	己巳	庚午	辛未	壬申	癸酉	戌、亥
甲戌	乙亥	丙子	丁丑	戊寅	己卯	庚辰	辛巳	壬午	癸未	申、酉
甲申	乙酉	丙戌	丁亥	戊子	己丑	庚寅	辛卯	壬辰	癸巳	午、未
甲午	乙未	丙申	丁酉	戊戌	己亥	庚子	辛丑	壬寅	癸卯	辰、巳
甲辰	乙巳	丙午	丁未	戊申	己酉	庚戌	辛亥	壬子	癸丑	寅、卯
甲寅	乙卯	丙辰	丁巳	戊午	己未	庚申	辛酉	壬戌	癸亥	子、丑

例如丙寅日申時亥將，丙寅日在甲子旬內，天盤子起甲，丑起乙，寅起丙，至酉起癸，十干己盡，後續的地支戌與亥無日干可配，即為甲子旬的旬空亡（如六壬課盤三一，空亡後續章節有單獨說明）。

日之遁干為甲己之日，從甲子起。乙庚之日，從丙子起。丙辛之日，從戊子起，丁壬之日，從庚子起。戊癸之日，從壬子起。在六壬神課而言日之遁干列為參考，無足輕重。

十四、起貴人

貴人即十二天將之首，十二天將其次序不可錯亂，必須熟練牢記。即：

1.貴人，2.騰蛇，3.朱雀，4.六合，5.勾陳，6.青龍，7.天空，8.白虎，9.太常，10.玄武，11.太陰，12.天后。

然貴人有日夜之別，有順逆之分，先察占課的時辰，次看貴人的地盤。占課的時辰為卯、辰、巳、午、未、申六時者，即用日貴。如為酉、戌、亥、子、丑、寅六時者，即用夜貴。

凡貴人在地盤亥、子、丑、寅、卯、辰六位者，騰蛇、朱雀等神，依次左旋順行。

凡貴人在地盤巳、午、未、申、酉、戌六位者，騰蛇、朱雀等神，依次右旋逆行。

起貴人法依貴人歌訣：

（一）甲戊庚牛羊，乙己鼠猴鄉，丙丁豬雞位，六辛逢虎馬，壬癸兔蛇藏，此是貴人方。

詳以言之，即逢甲，戊，庚日，日貴人在天盤丑牛之位，夜貴人在天盤未羊之位。

逢乙，己日，日貴人在天盤子鼠之位，夜貴人在天盤申猴之位。

逢丙，丁日，日貴人在天盤亥豬之位，夜貴人在天盤酉雞之位。

逢六辛日，日貴人在天盤寅虎之位，夜貴人在天盤午馬之位。

逢壬癸日，日貴人在天盤卯兔之位，夜貴人在天盤巳蛇之位。

本講義以後占課悉依上項歌訣。

（二）甲戊兼牛羊，乙己鼠猴鄉，丙丁豬雞位，庚辛逢虎馬，壬癸兔蛇藏，永定貴人方。

此依清朝人葉晦亭先生改正。亦可參考用之。

（三）另有一法記載清朝人張純照先生所列，分日，夜貴人為二訣，雖不予採用。亦附誌如下：

1、日貴人歌

甲羊戊庚牛，乙猴己鼠求，丙雞丁豬位，壬兔癸蛇游，六辛逢虎上，陽貴日

中儔。

2、夜貴人歌

甲牛戊庚羊，乙鼠己猴鄉，丙豬丁雞位，壬蛇癸兔藏，六辛逢午馬，陰貴夜當時。

起貴人要擇固定的方法，心誠意正，不要朝三暮四，必有助於後續課盤的分析判斷。舉例說明起貴人及十二天將排列的方式（如六壬課盤三二至三五）。

十五、五行生剋定名

起課日之干支與課傳天將，神煞……等，向背之真偽難測。欲具眾理，而應萬事，又當知五行生剋之定名，如下表。

類別	生剋關係	陰陽互見	陰陽自見
父母	生我	正印	偏印（梟神）
子孫	我生	傷官	食神
官鬼	剋我	正官	偏官（七殺）
妻財	我剋	正財	偏財
兄弟	比和	比肩	劫財

舉例如六壬課盤三六。

十六、年命

三傳推演而出有一定之吉凶，但人有各殊的年命（行年與本命）。占課問財，三傳見財本吉，然年命見官鬼而成凶，三傳逢鬼本凶，年命見子孫而能成吉，年命的關係，其重如此，不可疏忽。

年是指求占者行年所到的十二宮位，其法分別為：

自地盤算男一歲起丙寅順數，二歲即為丁卯，三歲為戊辰……六十歲為乙丑，六十一歲復起丙寅（如男命行年表）。

丙寅 一歲	丁卯 二	戊辰 三	己巳 四	庚午 五	辛未 六	壬申 七	癸酉 八	甲戌 九	乙亥 十
丙子 十一	丁丑 十二	戊寅 十三	己卯 十四	庚辰 十五	辛巳 十六	壬午 十七	癸未 十八	甲申 十九	乙酉 二十
丙戌 二一	丁亥 二二	戊子 二三	己丑 二四	庚寅 二五	辛卯 二六	壬辰 二七	癸巳 二八	甲午 二九	乙未 三十
丙申 三一	丁酉 三二	戊戌 三三	己亥 三四	庚子 三五	辛丑 三六	壬寅 三七	癸卯 三八	甲辰 三九	乙巳 四十
丙午 四一	丁未 四二	戊申 四三	己酉 四四	庚戌 四五	辛亥 四六	壬子 四七	癸丑 四八	甲寅 四九	乙卯 五十
丙辰 五一	丁巳 五二	戊午 五三	己未 五四	庚申 五五	辛酉 五六	壬戌 五七	癸亥 五八	甲子 五九	乙丑 六十

自地盤算女一歲起壬申逆數，二歲即為辛未，三歲為庚午……六十歲為癸酉，六十一歲復起壬申（如女命行年表）。

壬申 一歲	辛未 二	庚午 三	己巳 四	戊辰 五	丁卯 六	丙寅 七	乙丑 八	甲子 九	癸亥 十
壬戌 十一	辛酉 十二	庚申 十三	己未 十四	戊午 十五	丁巳 十六	丙辰 十七	乙卯 十八	甲寅 十九	癸丑 二十
壬子 二一	辛亥 二二	庚戌 二三	己酉 二四	戊申 二五	丁未 二六	丙午 二七	乙巳 二八	甲辰 二九	癸卯 三十
壬寅 三一	辛丑 三二	庚子 三三	己亥 三四	戊戌 三五	丁酉 三六	丙申 三七	乙未 三八	甲午 三九	癸巳 四十
壬辰 四一	辛卯 四二	庚寅 四三	己丑 四四	戊子 四五	丁亥 四六	丙戌 四七	乙酉 四八	甲申 四九	癸未 五十
壬午 五一	辛巳 五二	庚辰 五三	己卯 五四	戊寅 五五	丁丑 五六	丙子 五七	乙亥 五八	甲戌 五九	癸酉 六十

命是人受生之年，所值的干支，甲子年生的人即以甲子為本命，乙丑年生，即以乙丑為本命。

年命視地盤之位而定（如六壬課盤三七）。

十七、三傳演卦

六壬神課推演的方法由占時而月將，象太極之境，陰陽相雜，由月將而干支象太極一判為二生成兩儀。由干支而四課，象兩儀生四象，由四課而發用，初傳法天，中傳法人，末傳法地，三才具五行備而神將定。象四課化生八卦，八卦相激相盪生六十四卦。

由是知，三傳可演卦，其法如下，雖非唯一的方法，但經此法所演出的卦爻，可明確提示占課的行止所宜。

占課既完成由三傳而說明如何演卦（如六壬課盤三八）。由六壬課盤三八，三傳推演得卦為澤天夬卦，變爻為九二及九四爻，夬卦九二爻辭為：惕號。莫夜有戎。勿恤。

象曰：有戎勿恤。得中道也。

九四爻辭為：臀無膚。其行次且。牽羊悔亡。聞言不言。象曰：其行次且。位不當也。聞言不言。聰不明也。

告誡居九二之位，要日夜警惕，做好準備守機待時，順應時勢，不要擔心。然居九四之位所謀的事會失敗，主要的原因在於自身或團體心志不一，雖有九二得中道，但時未到，所以需凝聚心志號召群眾，與基層相應，向下紮根創造新局，方可有成。

論斷篇（上）

為深入瞭解六壬神課占斷的重要參數，在本篇中我們來介紹它們，俾使學者建立分析與判斷所占的能力。

在《六壬眎斯》及《六壬尋原》皆同載此文：占斷之法，其門有八；曰先鋒，曰直事，曰外事，曰內事，曰發端，曰移易，曰歸計，曰變體。

正時為先鋒之門，月將為執事之門，曰干為外事之門，日支為內事之門，初傳為發端之門，中傳為移易之門，末傳為歸計之門，年命為變體之門。

我們先來論述這占斷課體的基本要則。

一、論占時

占時者，乃人之神機符合，自然機發，禍福之源，推測吉凶之首。

卒然相遇之謂機，自然符合之謂神，所以古人以占時為先鋒之門，時為日干之財，如庚，辛日，時為寅，卯，更乘旺氣，得吉神良將，上下相生，定主財帛之事。

時為曰馬，若不值天空，不落空亡，定主出入道路，攸往咸宜之事。

時為日干之三合，六合，主外事和合。時為日支之三合，六合，主內事和合。時與日

干，日支相合，應內外和合。

時為日干六害，主外憂。時為日支六害，主內憂。

時為日之空亡，事主虛詐，凡占空喜，終難成功，唯病訟以逢空亡為最吉，然新病逢空則病散，舊病逢空則人亡，此又不可不知。

時與日干相沖，主外動，時與日支相沖，主內動，或主家宅卑幼及與人相爭之事。更有日占而得夜時者，事多暗昧。病主重，訟主屈。夜占而得晝時者，則事趨有成。

二、論月將

《六壬摘要》曰；月將，太陽也，動靜之機，禍福之柄。月將為值事之門，乃每月中氣後，太陽躔次也。（日月星辰運行的軌跡）

太陽所臨，吉增凶散，若入三傳，為福不淺。係吉神更吉，係凶神則減凶，即值空亡，亦不以空亡論，蓋太陽為諸曜之主，不可得而空也。

三、論日干與日支

日干為外事之門，日支為內事之門。

凡占：「干為我，支為彼，干為外，支為內，干為動，支為靜，干為人，支為宅，干為男，支為女」，欲知進退，順逆，禍福，盛衰者，不可不注意內，外之別。

日干與日支對應的關係顯現出主客之間的對待，凡支乘干，生干，為彼就我助我。干乘支受生，為我就彼助我。支乘干受生，為彼就我脫我（我助彼，洩己的氣化）。干乘支生支，為我就彼脫我。支乘干剋干，為彼就我欺我。干乘支受剋，為我就彼受欺。

支乘干受剋，為妻財就我。干乘支剋支，為我就妻財。

干上神與日支合，支上神與日干合，為彼我和好。

支乘干比合，為彼就我與我和合。干乘支合支，為我就彼與彼相合。

干上神生干，大吉，干上神剋干，大凶。

干生上神虛耗己力，干剋上神阻隔重重。

干支受上神生者，為彼我皆利。干支受上神剋者，為彼我相傷。

干支各見旺神者，靜乃獲福，動必招尤。

干支上皆乘墓者，終日昏昏，不啻醉夢。干支皆坐墓上，自暴自棄，豈能尤人。

干支上逢沐浴，身衰宅敗，心灰意懶。
干支上值絕神，生意索然，唯宜了結舊事。干支上逢死神，禍在眉睫，唯知止不殆。
干支上見刑，見害，賓主不投，各懷嫉妒。
干支上值空亡，鏡花水月，勞而無成。
以上原則，體雖如是，用或變更，學者不可泥於課象，唯變所適。

四、論四課

六壬課盤中，四課係由日干上取兩課（第一、二課），及日支上取兩課（第三、四課），總體而言，干上兩課為事之外在客觀情勢。支上兩課為事之內在主觀力量。以各課而言，第一課為日干之陽神，第二課為日干之陰神。第三課為日支之陽神，第四課為日支之陰神。
陽神代表事之表面，陰神代表事之內在。以四課而言，第一、二課為陽神，第三、四課為陰神。四課全者，事正，順而易，四課不全者，事不正，逆而難。
大抵見生、合、德、祿、旺、相者為吉。見剋、害、刑、衝、空、墓者為凶。

五、論三傳

三傳為占事之緣起，過程與結果，含課之隱微，所以課為體，傳為用。傳吉課凶，事終吉。傳凶課吉，事少成。初傳為發端門，應事之緣起。若初傳神將比和，上下相生，又逢德，祿，舉事稱心，雖危有救。

中傳為移易門，應事之變遷，若初凶中吉，則移凶為吉。初吉中凶，則移吉為凶。中傳逢鬼為事壞，逢墓為事止，逢害為折腰，事多阻隔。逢破為中輟。逢空為斷橋，又為折腰，皆為事體不成之象。

末傳為歸計門，應事之結束。發用在初，決事在末，最為緊切。若初傳受下賊剋，而末傳能制其賊剋，終可返凶為吉。

末剋初為終來剋始，逢橫逆而不危，若加破害，則有阻隔，吉凶皆不成。逢空亡，則事無結果。

初傳為日干之長生，末傳為日干之墓庫，則有始無終。反之則為先難後易。

初傳凶，中末傳吉，初，中傳凶，末傳吉能解之。三傳均凶，行年吉，能解之。

若三傳行年俱凶，則不能解也。至於三傳神將亦因相互關係的差異而有不同的意義。

（神為十二支神：子名神后、丑名大吉、寅名功曹……，將為十二天將：貴人、螣蛇、朱

雀……。）

若將剋神（如螣蛇，朱雀屬火居申，酉之位）為外戰，雖凶可解。

若神剋將（如螣蛇，朱雀屬火居亥，子之位）為內戰，雖吉有咎。

三傳皆空，占事了無一實。如兩傳空，一傳卻逢天空亦做三傳空論。

占課三傳逢空總是不美，尤其末傳空亡為甚。若神吉，傳吉，妙不可言。神凶，傳凶，禍不旋踵。

若三傳不離日干與日支，求物得，謀事遂。若三傳不離四課，如珠走盤，謀事成。

三傳生日干百事吉，三傳剋日干百事凶。

若日干剋初傳，初傳剋中傳，中傳剋末傳者，求財大獲。

三傳與干支全逢下賊上者，訟必刑，病必死，占事必家法不正，自取其辱。

三傳與日干相待，全鬼為凶兆，若年、命、日、辰四處有子孫爻，則可制鬼。故脫氣（日干生三傳）要見父母爻，全生（三傳均生日干）不可見財爻。

三傳吉神良將，宜合，不宜逢沖破，凶逢沖破，則凶解散。以上所論，乃三傳之大旨，學者需詳審消息，擇其切要者斷之。

六、論發用（初傳）

六壬神課，極重發端。發端者，發用也。能左右四課之禍福，影響甚大，故特詳之。

凡發用在第一、二課主外事，如天乙順行，在貴人前，主事速，發用在第三、四課，如天乙逆行，在貴人後，主事遲。發用在第四課名驀越，事主驀然而至。

發用逢上剋下，主卑幼之災，事從外來。發用逢下賊上，主尊長之災，事由內起。

發用逢上剋下，而天盤又剋天將謂之內戰，憂重，凡事將成，被人擾亂。

發用逢下賊上，而天將又剋發用名逼迫煞，主身不自由，受人驅策，或被人抑勒。

發用逢日財，事因求財。發用逢日鬼，動輒得咎。

發用逢脫氣，事屬子孫。發用逢比合，事屬兄弟朋友。發用逢日印，生機蓬勃。

發用剋日，於己不利或長上官訟。發用剋辰，家宅不寧。發用剋時，憂驚疊至。

發用剋末傳，有頭無尾，先易後難。發用剋年命，百事難成。

發用逢長生，謀為發達。發用逢敗死，事必毀壞。發用逢墓庫，事多延遲。

發用逢刑、沖、破、害，重逢險惡，卒鮮收成。發用逢空亡，憂喜不成。

發用逢旺相，獲名獲利。發用逢休囚，防災，防訟。

發用與我生合，旺相為宜。發用剋洩於我，休囚不忌。

七、論遁干

《六壬摘要》曰：課傳皆以支神出現，而遁干為吉凶伏藏，最宜兼看（遁干僅視旬遁之干）。

甲主革故鼎新，重謀別用。

乙丙所在，主妖邪伏匿，凶惡潛藏，家宅得之而寧，盜賊得之而傾，利明不利暗也。

丁主變化，飛騰，占逃亡得之而遠遁。占盜賊得之而潛藏。占婚姻得之而奸淫密訂。

占病訟得之而幽暗難伸，大抵利暗不利明。戊主陰伏隱遁之象，最利逃亡遠行。

己為六陰之首，只宜保守靜觀。

庚，辛主肅殺之氣，動必死傷，唯宜捕捉盜賊，漁獵。壬者天一生水，為五行之始，寄位乎乾，為八卦之始，故易以乾為首，課以壬為名，為動之機也，遁干得此，利於勇為。

癸者數之終也，下法乎地，象主安靜，事貴收藏。上述為十干大義，仍需會通課、傳、年、命以綜斷之。

八、論空亡

甲子旬中戌亥空，甲寅旬中子丑空，甲辰旬中寅卯空，甲午旬中辰巳空，甲申旬中午未空，甲戌旬中申酉空。十天干配十二地支，每旬之中定有二地支無天干可配，所以產生了空亡，例如甲子旬，干支配至癸酉而止，餘戌亥二地支，無天干可配，故名空亡。餘旬仿此，皆以日干為主。

空亡又逢氣化休囚死為真空亡。空亡逢氣化旺相為半空亡。真空亡逢課傳神將俱吉，則吉減十分之七。半空亡逢課傳神將俱吉，則吉減十分之三。

凶神逢真空亡，則凶減十分之七。凶神逢半空亡，則凶減十分之三。

如有扶助，則真空亡同於半空亡。更逢沖剋，則半空亡同於真空亡。

陽日尤重陽空，陰日尤重陰空，如甲子日陽干，則戌空尤重，此亦近理。

又有所謂地盤空亡甚於天盤空亡，地盤空亡乃落底空，吉凶乃主十分。天盤空亡，乃游行空亡，吉凶尚有七、八分。天盤，地盤以時、位來分，失時不失位一時橫逆，失位不失時無根之花終難長久。

又有所謂太歲，月建，月將，年命雖值空亡，不以空亡論，此即空亡填實之義，唯占時空亡，百事不成。

九、論五行生剋定名

術數家多以五行相互對待，生、剋、制、化等關係來顯示占事之吉凶悔吝。生我者為父母，我生者為子孫。剋我者為官鬼，我剋者為妻財。同類者為兄弟，五行生剋之定名，要亦不出人情物理之中。

畢法賦云：財爻現卦，必憂父母，如庚辛金日，以木為財爻，土為父母。若三傳中財爻木多，轉而剋父母爻土，所以必憂父母。又云：父母爻現，必憂子息。子息爻現，必憂官事。官鬼爻現，必憂己身及兄弟。兄弟爻現，必憂妻財及耗財。此皆同理也。

雖是如此，然而在日辰年命之上能得制伏之神，亦可化險為夷，當憂不憂。甚麼是制伏？如木多剋土，則以金為制伏，由土生金，共同合而剋木。火多剋金，則水為制伏。土多剋水，則木為制伏。金多剋木，則火為制伏。水多剋火，則土為制伏。此皆說明制伏之意。

生我為扶助，盜我為脫耗，剋我為官訟，我剋為財到，同類為劫耗，此皆概論。必須依課盤內占時、日干、日支、三傳、年、命，及所乘神將、氣化強弱……等參數的消息盈虛，始可決其休咎。

十、論十二支神及十二天將

六壬吉凶，全憑生剋。萬事否泰，皆責貴神。雖神將各具五行，而斷課多以乘神為主。我們先來介紹神將的五行如六壬課盤三九、四十。

例如貴人本屬己丑土神，若乘神后，則以子水論之。除了乘神亦需查其所臨地盤之神，來定吉凶。為生抑為剋，為旺相抑為休囚，喜則宜旺相，忌則宜剋宜休囚。十二天將總以龍、合最吉，太常次之，虎、蛇為至凶之神，勾、玄次之。天乙雖貴，黎庶難當。后，陰平和，唯嫌幽暗。朱雀文字之祥，所防者口舌。

天空吉凶無成，獨長於奏對、規劃。擇要而言，吉將雖吉，而受制則不為吉。凶將雖凶，而被剋則不能凶。所以說吉將如生合日干，則吉者愈吉。凶將如刑剋日干，則凶者加凶。

十二支神及十二天將細部分析如下：

（一）十二支神：

十二支神有陰陽之分，各司其事。子、午為陰陽之極，卯、酉為日、月之門，寅、申為道路之神，辰、戌為牢獄之地，丑、未為天廚之所，巳、亥為堂廟之官。

十二支神以登明亥為首，逆佈，亦謂之月將，六壬神課取用配合，皆視十二支神與日辰年命，對待的關係。或生或尅，或刑或合，依以分析休咎。

十二支神除各有所屬外，又各有所類，由十二支神所含之性質比附而得之事物也，謂之類神。如六壬課盤四一至五二。

（二）十二天將：

十二天將佈於天盤，又名十二天官，在天應十二神，在地表十二分野。在歲配十二月，在人主十二經。

以天乙貴人為主居中，前有五位，一為騰蛇，二為朱雀，三為六合，四為勾陳，五為青龍。此木，火，土之神，居左方者。後亦有五位，一為天后，二為太陰，三為玄武，四為太常，五為白虎。此金，水，土之神居右方者。

對沖者為天空，雖云居於後六位，實則有名而無物。蓋貴人相對之位，無神敢處也。

諸天將雖各有其所屬的五行，然實為天盤之附屬品，故五行之生尅，以所乘之神為斷。

例如：貴人本屬土，若乘亥子則變為水矣，生尅皆以水論，大抵生日干為吉，雖凶將亦吉，尅日干為凶，雖吉將亦凶，緊要不離生尅二字。

吉將喜生扶，忌制剋。凶將反此。更需詳參所臨地盤之神，為生抑為剋，為旺相抑為休囚。喜則宜生宜旺相，忌則宜剋宜休囚。

四課三傳雖有一定，而天將之配置則如四時運轉而無窮。人皆言青龍為吉，白虎為凶，太常主飲食，勾陳主稽留。然龍無鱗則傷身之害至，折角則鬥訟之愆生。白虎登山則秉權於閫外，銜牒則通信於道途。太常荷項則受罰，勾陳捧印則轉職。

諸如此類，結果適得其反，若不細參，蓋未有不謬誤者矣。

1、天乙貴人：

天干為己，地支為丑，己丑均為土，故為土神。丑位後天卦位艮，成始成終，艮納土，故丑為土，丑遁己土、辛金、癸水，故能滋潤萬物，故主生。

丑為十二月，於時為冬，隱藏金，冬金氣寒，萬物歸根，收藏萬物故又主殺。丑土能生萬物，亦能殺萬物，猶人之君主有生殺之權故至尊至貴。

貴人為十二天將之主，順佈者吉，逆佈者凶。與所乘之神相生或比和者吉，相剋者凶。

貴人順佈更與日干相生，雖課傳中見騰蛇，勾陳凶將不為深害。

貴人逆佈更剋日干，雖課傳中見六合，青龍吉將不為深喜。

貴人得地則貴，失地則賤，故臨君子之命則降福，臨小人之命反生殃。

貴人逢空落空主當憂不憂，當喜不喜。

太歲做貴人，不必入傳亦主救助，凡事可得貴人助力，唯不救病。

貴人發用，若課體為富貴、龍德，皆主陞遷，求謀無不遂意。

貴人有日夜之分，晝占則日貴顯而夜貴隱。夜占則反之。此隱藏之貴人謂之簾幕貴人。考試占得簾幕貴人與日干相生，必得高中。又謀事遇兩貴人同入傳或一居日干上，一居日支上，必分外得力。

日夜貴人分臨卯酉謂之關，分臨子午謂之隔，唯甲戊日有之均主閉塞不通。

貴人所乘之神與所臨地盤之生剋關係，需兼考其遁干。其它天將亦同。

貴人類神為貴官、為尊長、為俸祿、為文章、為首飾、為珍寶、為穀、為麻、為牛……等。於病為寒熱頭暈，於色為黃，於數為八。

貴人臨十二支神位，其意義如六壬課盤五十三。

2、騰蛇：

天干為丁，地支為巳，丁巳均為火，故為火神。巳位後天卦位為巽。巽為風，巽納木，木生火，為火之母。巳遁丙火，巳為陰，丙為陽，故巳為體陽用陰。巳為火，巽為風，火在風上，火借風力，其光益熾，故主火光。火上之風，搖曳不定，猶人心神不定，有驚疑，恐懼之象。

火光搖曳，動盪不安，有怪異之象。火色赤如血，故有傷損流血之象。

騰蛇凶將也。主火光、驚疑、憂恐、怪異等事。與所乘之神，旺相相生或比和則吉。反是則凶。空亡減半，披刑帶煞，災病立至。

騰蛇乘旺相神更相生者，主胎產與婚姻之喜。以其為陰私，血光之神故也。若附血支、血忌，帶刑煞，占胎必墮，當產即生。占怪異遇騰蛇乘旺相神必為生物。乘死囚神必為死物。或有聲無形。

占夢與怪異。先視騰蛇及其陰神。日之干支與三傳次之。

騰蛇乘火神臨火鄉（均指巳午也）或用時下見火。主有火災。亦主口舌官事。

騰蛇所乘之神為日財，且神將旺相相生，占求財大吉。反之財主驚恐。

騰蛇臨日干日支，占進貨必得下賤之物。

騰蛇交戰。毒氣迷漫，交戰者，正月乘卯。二月乘酉。三月乘子。四月乘午。週而復始。逢之則凶。

騰蛇酣睡。鬼怪傷夷。酣睡者，春乘亥。夏乘寅。秋乘巳。冬乘申。遇之皆吉。

騰蛇類神為文字、為火光、為血光、為癇婦、為熒惑小人、為蛇、為蛟、為豆、為黍……等。於病為手足，頭目癱腫見血。於色為紫。於數為四。

騰蛇臨十二支神位，其意義如六壬課盤五十四。

3、朱雀：

天干為丙，地支為午，丙午均為火，故為火神。俗稱火神爺。

午位後天卦位離，離納火，火炎上，色赤。炎上如鳥飛，赤色稱朱，故以朱雀象之。

火主禮，禮者，以分別為體，實踐為用。能齊上下之位。別貴賤之差。以考試分別才華，以定等之，故有科考之象。古時用鳥傳遞信息、書信，火有鳥象，故主文書、信息。

離（☲）外陽而內陰，鳥吱吱喳喳的叫，有口舌是非之象。

朱雀凶將也。得地則吉。主文章、印信等事。

失地則凶。主火災、訴訟，財物損失、牲畜傷害等事。若所乘神旺相且披刑帶煞，為

害必深。反此則淺。

占公事遇朱雀逆佈。且刑剋日干，必被長官嗔責，反此無害。占考試需先視朱雀。如所乘之神為歲、月建或月將或與歲、月、日相合，且遇祿、馬及日德。臨生旺之鄉，必高中。若被刑剋或落空亡。或臨死絕之鄉，應試必不合格。但課體三傳均吉者需另行分析。

朱雀乘火神臨火鄉。用時又值火，必主火災。若係伏吟課體，神煞伏而不動，或可避免。

朱雀類神為瘋婦、為熒惑小人、為羽毛、為文章、為獐、為馬、為菓、為穀……等。於病為胸腹陰腫、為嘔血。於色為赤。於數為九。

朱雀臨十二支神位，其意義如六壬課盤五十五。

4、六合：

六合屬乙卯木，吉將也，得地則為和合之神，主婚姻、信息、交易等事。失地則為虛詐之神，主陰私、暗昧等事。六合順佈，乘神旺相相生而發用。或入傳，定主婚姻或胎產之喜。

若所乘之神死囚，且刑剋日干，則主財物口舌，或陰人纏擾。六合乘酉戌，主奴僕走失，若占盜賊則逃亡難獲。六合與天后同入傳，謂之姣童、泆女，主奸邪不正，一切事需

謹防。

六合乘申酉為內戰，主陰私婦人之事，亦主兄弟口舌。乘辰戌丑未為外戰，主事從外發，宜暗求私禱。

六合乘子、午、卯、酉，謂之不合。陰陽相雜，為陰私不明，遇之者凶。

六合類神為子孫、為朋友、為媒妁、為牙儈、為巧工、為術士、為竹、為木、為鹽、為栗。於病為陰陽不調、心腹虛損。於色為青。於數為六。

六合臨十二支神位，其意義如六壬課盤五十六。

5、勾陳：

天干為戊，地支為辰。戊辰均為土故稱土神。干支配官，洪範五行傳云：戊為功曹，有司兵，司法，故主征伐、戰鬥、訴訟、爭論之象。

辰為少府，主司金、銅、錢帑，辰與巳為夏官司馬主兵戎。兵凶戰危，故為凶將。

勾陳戊戌土，凶將也。好爭訟，蓄二心。主戰鬥訴訟等事，勾留遲滯。枝節橫生。若伏喪帶弔（逢喪門、弔客）則為不孝之神。

在官者以勾陳為印綬。旺則吉，衰則凶。占訟事，以勾陳為主。勾陳剋日，冤不得

伸。日剋勾陳，訟終得直。勾陳之陰神乘蛇雀，且帶煞剋日者，尤凶。若勾陳剋日干而勾陳之陰神乘貴人生日干，可化凶為吉，但需本人行年不落空。

占捕盜遇勾陳剋日干。主捕獲。勾陳所乘之神剋玄武所乘之神亦主捕獲盜賊。勾陳所臨之地剋玄武所臨之地。主盜賊自敗。或自首。如玄武臨申、酉，勾陳臨巳午，即其例也。

占晴雨，如遇勾陳入傳或臨日之干支。且其所乘之神適剋玄武所乘之神。定主天晴。

占軍事，如上例。勾陳剋制玄武。定主戰勝。占宅墓，則勾陳乘旺相氣。臨墓宅者（墓即日干墓，宅即日支）主安。若乘休囚氣化。且與宅墓刑剋者。主不安。

勾陳乘辰、戌、丑，未謂之交會。主禍患連綿。乘辰、戌尤凶。

正月乘巳逆佈十二支。謂之仗劍。主疾病傷殘。勾陳披刑帶煞，災禍即臨。

勾陳類神為將軍、為軍卒、為醜婦、為獄吏、為貪薄小人、為田、為龍、為水蟲……等。於病為脾虛。於色為黃。於數為五。

勾陳臨十二支神位，其意義如六壬課盤五十七。

6、青龍：

天干為甲，地支為寅，甲寅均為木，故為木神。

寅後天卦位艮，成始成終。俗稱財神爺，財為養命之源。人人喜愛，故為吉將。艮納土主生，寅於時為正月春天，一歲之計在於春。歲首開始，主在土地耕耘產物。故主米穀。以維民食。織帛為衣蔽體保暖。衣食大計，始於耕種，終於財帛。木色青曲直，故以青龍象之。青龍屬甲寅木，吉將也，得地則富貴尊崇。失地則財物外耗，主財帛米穀、喜慶等事。

占公事，以青龍為喜神。若所乘之神，披刑帶煞入傳。且剋日干，反主凶。

占婚姻以青龍為夫。天后為婦。新婦入門。占得天后剋青龍所乘之神，定主剋夫。

占求財，以青龍為主。乘旺相氣，臨旺相鄉。與日之干支相生或做三合，六合者吉。但需入傳或臨日之干支上，否則龍居閒地。仍不得力。

占婚姻胎產可依上例，又所乘神生本命主進財。剋本命主退財。

占捕盜，最忌青龍入傳。因龍有見首不見尾之象也。占行人，遇青龍入傳。亦主轉往他方。

占病，見青龍入傳。其病必因酒食或房事而得。

占官職，文視青龍。武視太常。與日干生合者吉。反此者凶。龍，常乘太歲入傳，必主遷轉。

凡青龍與煞會合沖日之干支者。主喜慶中有鬥殺。孟月乘寅，仲月乘酉，季月乘戌。謂之青龍開眼。主消災降福。春乘丑，夏乘寅，秋乘辰，冬乘巳。謂之青龍安臥，主災禍隨臨。

青龍類神為貴官、為富人、為田主、為夫、為龍、為虎、為豹、為貍貓、為雨……等。於病為肝病、為目疾。於色為碧。於數為七。

青龍臨十二支神位，其意義如六壬課盤五十八。

7、天空：

天空屬戌土，凶將也。得天地之雜氣。做人間之詐神。動無利濟之心。靜有妖毒之氣。位居天乙貴神對方。有名而無實，蓋與空亡相類。主虛偽詐巧等事。又主奏書，即報告計劃等事。此與空亡之別也。

占詞訟，發用或末傳乘天空。定主訟解。

占求財則又大忌。

占婚姻，遇天空發用，或臨日之干支，其家必有孤寡之人或祖業凋零。

占奴婢，以天空為主。若所乘之神與日干相生，合則吉。否則主逃亡。所乘之神為魁

罡（戌、辰）奴婢必非善良。

占考試，遇天空發用亦吉。因為天空為奏書之神。

託人謀事，遇天空發用或入傳，需防虛詐。

天空乘辰、戌、丑、未，謂之天空閉。可成小事不可成大事。

若遇貴人順佈或與所乘之神旺相相生。主奴婢同心，所乘之神為日財，更遇天喜。占求財，主賴小人或僧道之助。又主所獲之財由虛詐而來。

天空乘遁干壬癸。如甲子旬中乘申酉。甲戌旬中乘午，未之類。謂之天空下淚。主有死亡。

天空類神為奴婢、為醜婦、為騙子、為五穀、為狼、為金鐵空虛之物、為晴……等。於病為氣虛、為下痢。於色為黃。於數為五。

天空臨十二支神位，其意義如六壬課盤五十九。

8、白虎：

天干為庚，地支為申。庚申均為金，故為金神。申卦位坤，坤納土生金，金利能斷物，故為凶器。金為鑄刀劍之材（金者，金屬礦物之總稱也），有刀劍之象。能傷人流血

故為血光。白虎傷人為災、為病，甚或死亡。

金色白，故稱白虎。白虎屬庚申金，凶將也。得地則威猛。失地則狼狽。主刀劍血光，疾病，死亡等事。披刑帶煞，災禍立至。

白虎為威權之將。施大功，做大事，最喜白虎。如發用或入傳。其功立成。其事立就。占官爵，亦喜白虎。帶刑煞尤佳。所謂不刑而不發也。

占疾病最忌白虎。如所乘之神剋日或帶煞剋日，斗魁（丑、戌）乘白虎剋日剋行年。白虎之陰神剋日干、日支、行年、本命，皆凶。

白虎臨空亡，或附日德。可化凶為吉。但凶煞重。亦不能救。

占公事，最忌白虎及騰蛇剋日。因二者皆為血光之神也。

占墓宅，視白虎臨何方。可斷其方有岩石或神廟。

占行人，以白虎定之。乘初傳主立至。乘中傳主在途。乘末傳主失約不來。

白虎帶喪門，弔客臨支。主家中有喪服或外服入宅。

占天時，白虎發用主大風。正月乘申。二月乘寅。三月乘巳。四月乘亥。週而復始，謂之白虎仰視。主殃咎大做。

白虎乘巳，午名遭擒。主災禍潛消。

白虎類神為病人、為道路、為麥、為猿猴、為虎、為金銅鐵器……等。於病為嘔血、為心悸。於色為栗。於數為七。

白虎臨十二支神位，其意義如六壬課盤六十。

9、太常：

天干己土，地支未土。己未均為土，故為土神。未後天卦位坤，坤納土萬物於時生養。未者味也，於時六月，時物向成，皆有氣味。有收成之望，為可賀之喜。物成可食，可飲，可抽絲織衣物。故主宴會酒食，衣冠，物帛等物。

太常屬己未土，吉將也。為四時之喜神。主宴會、酒食、衣冠、文物等事。

占官最喜太常。如初末傳見太常。且遇天，驛二馬。所求必遂。傳中見河魁（戌）太常，主有兩重印綬。蓋河魁為印。太常為綬也。

太常發用，又臨日之干支。為印綬星動之象。定主喜慶。

若所乘之神旺相，而與之相生。仕宦主遷官轉職。平民主媒妁婚姻。所乘之神休囚，而與之相刑、相剋。則主財帛不安，貨物不足。

春乘辰。夏乘酉。秋乘卯。冬乘巳。謂之太常被剝。主百事銷鑠。

太常類神為武官、為酒食、為衣冠、為麻、為雁、為羊……等。於病為四肢、頭腹不適。於色為黃。於數為八。

太常臨十二支神位，其意義如六壬課盤六十一。

10、玄武：

玄武屬癸亥水，凶將也。氣當六甲之窮。位在四時之盡。為北方至陰之邪氣。主盜賊、陰私、走失、遺亡等事。

占盜賊，以玄武為主。玄武之陰神，謂之盜神。若陰神上下比和。即可斷為盜賊所匿之處。若上下相剋，則再需視盜神之陰神。盜神所生之神，為見贓物藏匿之地。

玄武之陰神與盜神之陰神遞相生。或盜神乘吉將。主難捕獲。若三神相剋。或乘凶將。則主敗露。

玄武臨日之干支。需防盜賊失脫。又主小人暗算。玄武附日德臨日之干支。占走失人物。主尋獲或自歸。昴星課，玄武臨寅卯。必主失脫。公家需防獄囚走失。玄武乘辰、戌、丑、未。謂之橫截。主有盜賊侵凌。

玄武類神為盜賊、為奸邪小人、為豆、為心險凶惡之人、為豬……等。於病為腎虧、

為血崩。於色為褐。於數為四。

玄武臨十二支神位，其意義如六壬課盤六十二。

11、太陰：

太陰屬辛酉金，吉將也。酉後天卦位為兌。為少女。為巫。為妾。得地則正直無私。失地則淫亂無恥。主陰私蔽匿，奸邪暗昧等事。

占盜賊，遇太陰入傳。或臨日干，日支，定主難獲，以太陰為天地之私門故。

占墓宅，遇太陰入傳。則其所臨之方，定有佛寺或奇美景物。

占婚姻，遇太陰臨日之干支。乘酉亥，未發用。其女必不正。太陰臨日本（日干之長生也）剋日。主淫亂。丙午日遇之，主有財。

占刑事，遇太陰入傳。與日相生。宜自首。太陰乘申酉。謂之拔劍。主暗中陷害。

太陰類神為兄弟、為姊妹、為小麥、為雞、為雉……等。於病為肺癰、為癆瘵。於色為白。於數為六。

太陰臨十二支神位，其意義如六壬課盤六十三。

12、天后：

天后屬壬子水。吉將也。婦人之象，性似柔而實剛。（卦位坎☵外柔而內剛）雖屬平和，仍嫌幽暗。（水吸光故幽暗）得地則高貴尊榮。失地則奸邪淫亂。主陰私、暗昧、蔽匿等事。

天后乘太歲臨日干。主大赦，課體為三光，三陽者尤準。

天后所乘之神，如遇下賊上，主有小人凌辱之事。

占婚姻，以天后為主。天后與日干相生。或與日干做三合，六合者成。反此則不成。天后剋日干。主女有意而男不願。日干剋天后。主男有意而女不願。若課體吉。主先阻後成。

天后遇驛馬。本命上見解神，主離婚。

天后之陰神乘玄武。主曖昧不明。天后之陰神乘白虎。主妻妾危殆。

天后乘天罡（辰）臨行年。主墮胎。天后陰日乘申，陽日乘酉。主淫亂。

天后類神為貴婦、為妻、為稻、為豆、為鼠、為蝙蝠……等。於病為下痢、為腰痛。於色為黑。於數為九。

天后臨十二支神位，其意義如六壬課盤六十四。

十一、論年命

同一課傳，除因占事不同，取象意義殊異，更因占事人年命的不同而產生了變化。有課傳凶而年命得救者，竟可轉禍為福。有神將吉而年命刑沖者，反令喜處生憂。往往同占一課，論斷各異，此皆年命不同之故。先賢以年命為變體門者，就是此意。

大要不得與歲月日干相傷。如年命上神，與太歲相刑，人主官訟憂疑。如年命上神見月將，能解諸凶。年命上神見傳送申乘白虎，主疾病爭端。見登明亥乘玄武，主覆舟溺死。年命上神見辰戌乘凶將，百事不利。年命上神見驛馬、天馬，主奔馳遠動，官職陞遷。年命上神見死絕，主人鬼相侵，驚危百出。

年命上神見財，又遇德合，主財祿盈庭。年命上神見官鬼，又乘虎勾，主田土官非。

其餘自依類而分析之。

十二、論陰神

十二貴神所乘臨之位為其陽神，現其大象，而欲究其陰微，需視其陰神。有陽不能無

陰，陰神乃事之歸宿，若不評析，豈能判吉凶之底蘊哉。

在十二貴神中，唯天乙貴人，晝夜互為陰陽。如甲日貴人乘丑，則未為陰神，甲夜貴人乘未，則丑為其陰神。例如騰蛇乘申臨子，則以所乘之位申為地盤視其天盤及所乘的天將為騰蛇的陰神（如課盤表六十五），陰神與類神併用，來分析課象，如：

占謁貴及陞遷，徵召之事，視貴人之陰神。

占小兒病況，視騰蛇之陰神。

占考選及文書及口舌，視朱雀之陰神。

占交易及婚姻，子孫，視六合之陰神。

占訴訟及田土，視勾陳之陰神。

占財利，官爵，視青龍之陰神。

占僧道，奴僕，視天空之陰神。

占道路及死亡，疾病，視白虎之陰神。

占印綬及服裝，宴會，視太常之陰神。

占捕獲及盜竊，視玄武之陰神。

占婢妾及陰私，視太陰之陰神。

占婦病及求妻，視天后之陰神。

陰神同於類神，需見於課、傳、年命之中，旺相不空，與日、辰德合相生，始可協助所謀皆通，若不入課傳或休、囚、空亡，皆無所助益。

十三、論太歲

太歲，即歲支也，乃五行之標，歲功之本，如做貴人即不入傳，亦能助福，唯不救病。太歲在傳主一年吉凶之事，行年上見太歲，即盡今年一年事。太歲生我最吉，合我次吉，我生亦吉。太歲剋我最凶，若逢救神尚可幸免。

唯日干、年命、上神剋太歲，小事反大，凶不可遏，太歲乘天乙貴神相生，吉慶非常，主加官進爵，然常人難受，反主驚危。

太歲剋日干，俱防災服。太歲臨辰上剋辰，家長不安。

歲破，月破加於日辰，破財損失，紛至沓來，可不慎乎。

十四、論旺、相、休、囚、死

此為月，季氣化消長，春木旺，夏火旺，秋金旺，冬水旺，季月土旺，如下表。

以五行木為例，春令當值為旺，冬令受生為相，夏令我生為休，季月我剋為囚，秋令剋我為死。

進而當令是為旺，將來者進是為相，功成者退是為休，退而無氣是為囚，司令殺伐是為死。

氣化消長必須視占時干支，三傳年命等處，所乘天將。孰為喜神，欲旺相不欲休囚，孰為忌煞，欲休囚不欲旺相。

然相妙於旺，旺極盛之物，其退反速。相則方長之氣，其進無涯也。休其於囚，囚則既極之勢，必將漸生。休則方退之神，未能遽復。死則棄而不論。

凡所喜所忌，宜以此意判別消息。

氣化 五行	旺	相	休	囚	死
木	春	冬	夏	季月	秋
火	夏	春	季月	秋	冬
金	秋	季月	冬	春	夏
水	冬	秋	春	夏	季月
土	季月	夏	秋	冬	春

十五、論德

德者，福佑之神也，凡臨日入傳，能轉凶為吉，其名有四，分別為天德、月德、日德、支德，其中以日德尤吉。俱宜生旺，不宜休囚。忌逢空落空，及神將外戰，如德加干發用為鬼，仍做德斷。蓋德能化鬼為吉也。

月份／類別	天德	月德	日德		支德	
正月	丁未	丙巳	甲日	寅	子日	巳
二月	坤申	甲寅	乙日	申	丑日	午
三月	壬亥	壬亥	丙日	巳	寅日	未
四月	辛戌	庚申	丁日	亥	卯日	申
五月	乾亥	丙巳	戊日	巳	辰日	酉
六月	甲寅	甲寅	己日	寅	巳日	戌
七月	癸丑	壬亥	庚日	申	午日	亥
八月	艮寅	庚申	辛日	巳	未日	子
九月	丙巳	丙巳	壬日	亥	申日	丑
十月	乙辰	甲寅	癸日	巳	酉日	寅
十一月	巽巳	壬亥			戌日	卯
十二月	庚申	庚申			亥日	辰

十六、論合

合者，和順之神也。凡臨日入傳，主有和合成就之喜。蓋陰陽配合，奇偶交逮，故凡事皆成。其名有三，分別為干合、支合及三合，以干合為主，支合次之，三合又次之。

需與德祿喜神並臨為吉，若乘凶將與凶合，則反凶矣。寅亥為破合，巳申為刑合，主謀事合而不成。

干合：甲己合，五行土，為中正之合。乙庚合，五行金，為仁義之合。丙辛合，五行水，為威權之合。丁壬合，五行木，為淫泆之合。戊癸合，五行火，為無情之合。

支合：子丑合，寅亥合，卯戌合，辰酉合，午未合，巳申合。

三合：寅午戌火合，申子辰水合，巳酉丑金合，亥卯未木合。若三合入傳而缺一神是名折腰，必待缺神值日乃成，若缺一神而日辰偶合之，是名湊合，有意外和合之事。

十七、論鬼

鬼者，賊害之神也。干支之中，陽剋陽，陰剋陰為鬼。

傳中多鬼，事事不美，謀望不成，凶災及己。

凡晝鬼，主公訟是非，夜鬼主神祇妖祟。

剋我者為鬼，又為官殺，六壬課最重日干，宜生忌剋，課中有鬼，唯官人占官祿，士人占科名，婦人占夫之類為宜，餘皆大忌。

若日干旺相逢鬼，於傳中，命上見子孫為救神亦不為凶。（例如：金受火剋逢鬼，金所生之水為子孫，若見於課傳，年命可剋火鬼。）

若發用逢鬼，又臨剋日之位，名攢眉格，主有兩事不美，即遇救神唯解其一。若發用逢鬼而生末傳。做日干長生，名鬼脫生格。主一切先凶後吉，若三傳合局為鬼，反生日干上神生日干者。主一切反凶為吉。

日干	甲	乙	丙	丁	戊	己	庚	辛	壬	癸
日鬼	庚申	辛酉	壬子	癸亥	甲寅	乙卯	丙午	丁巳	戊辰	己未

十八、論墓

墓者，五行所終，萬物所歸，伏沒之神也。凡墓入傳臨日，主一切暗昧難明，閉塞不通，然逢沖則吉，逢合則凶。若年命上神能制之，亦可解救。

辰、戌、丑、未四墓之位，然辰未為日墓，戌丑為夜墓，日墓則速，夜墓則遲，尤不可不知。

夜墓臨日，自暗投明，尚有解救，日墓臨夜，自明投暗，一切愈覺模糊。

墓有分五行墓及日干墓，六壬課著重日干，當從十干之墓，但為分別，列述如下：

五行墓如甲日未臨亥，天盤亥，地盤未，癸日未臨卯，丙戊日戌臨寅，乙日戌臨午，丁己日丑臨酉，庚日丑臨巳，壬日辰臨申，辛日辰臨子，謂長生坐墓，始雖偃蹇，終必亨通，凡占推陳出新，斷而復續。如甲日未乘亥，天盤未，地盤亥，癸日未乘卯，丙戊日戌乘寅，乙日戌乘午，丁己日丑乘酉，庚日丑乘巳，壬日辰乘申，辛日辰乘子，謂之墓乘長生，如人墮入井中，呼天不應，占病不癒，行人不來，占新事更難成功。此皆指五行之墓，特予參考。十干之墓未為甲癸之墓。戌為丙戊乙之墓。丑為庚丁己之墓。辰為壬辛之墓。日干五行生旺死墓表如P31。

十九、論破

破者散也，移也。其法以十二地支環列，陽日逆行四辰（含本身），陰日順行四辰（含本身）。如P49圖21所示。

凡破臨日，入傳，唯宜散凶事，不宜成吉事。若年命見破，主有損傷。

孟月見酉，仲月見巳，季月見丑，名破碎煞，凡占皆破損不完整。

午卯破，辰丑破，酉子破，戌未破，亥寅破，申巳破。

廿、論害

害者，阻也，鬥也。其法以十二地支從辰戌兩分，自戌至卯，自酉至辰，兩兩相交，即為六害。卯辰相害、寅巳相害、丑午相害、子未相害、申亥相害及酉戌相害。

卯←→辰	寅←→巳	丑←→午	子←→未	亥←→申	戌←→酉

凡害臨日入傳，事多阻隔，只宜守舊。

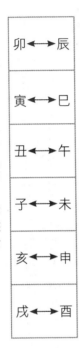

廿一、論刑

刑者，傷也，殘也。凡刑臨日入傳，必主傷殘，互刑者，子刑卯，卯刑子。無禮無義，大蕩小淫。朋刑者，寅刑巳，巳刑申，申刑寅，丑刑戌，戌刑未，未刑丑，無情無恩，威陵挾勢。

自刑者，辰刑辰，午刑午，酉刑酉，亥刑亥，自逞自做，失敗宜然。如P49圖20所示。

廿二、論沖

沖者，動也，格也。其法以十二地支，環列陰陽各相對為沖（相隔六位逢沖）。

子午沖，丑未沖，寅申沖，卯酉沖，辰戌沖，巳亥沖。

凡沖皆主動移，歲月干支皆不宜沖，而吉神尤不宜沖，凶神宜沖。

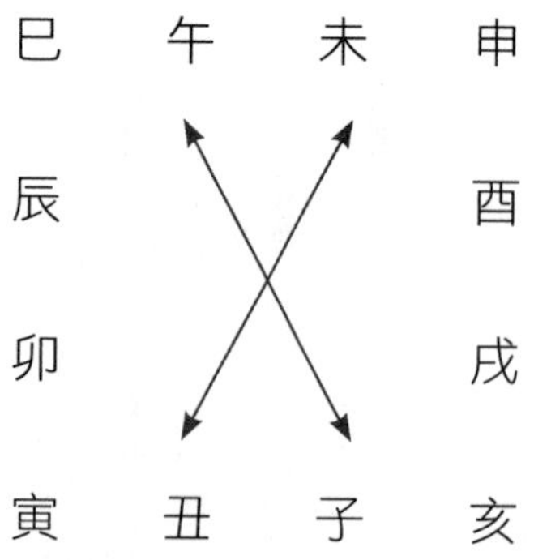

廿三、論應期

在介紹論應期之前，先介紹中黃歌，此歌載於六壬纂要，言簡意賅，中有至理，詳讀後再介紹本節，則於剋應之道，思過半矣。

從來剋應幾般期，唯有中黃另一規，先別木金火水土，即將下位上神推（凡論應期，先看發用是何支神，即以發用支神下一位之支神所臨的地盤為應期）。

若是用神為亥子，但尋丑位蒞何支（凡亥子發用，即以天盤的丑，所臨之地支為應期。例如丑臨子，則子為應期，臨寅，則寅為應期）。

用神若也歸寅卯，天罡（辰）所立更無疑（凡寅卯發用，即以天盤辰所臨的地盤為應期）。

忽然巳午初傳見，又向天盤未位思（凡巳午發用，即以天盤未所臨的地盤為應期）。

申酉二神唯近取，戌宮之下列如眉（凡申酉發用，即以天盤戌所臨的地盤為應期）。

更有季神為用者，戌中覓丑始為奇，丑看辰兮辰看未，未視河魁（戌）永不移（凡戌發用，即以天盤丑所臨的地盤為應期，丑發用看辰，辰發用看未，未發用看戌）。

從此輪流為妙訣，勸君記取勿多歧。

課傳演定，神將群分，論斷應期，擇要如下：

（一）首從發用，而吉凶究竟。

（二）散期皆決於未傳。

（三）若發用起太歲者，吉凶應在本年之內。

（四）起月建者，應在本月之內。

（五）起月將者，應在月將值事日之內。

（六）起四立者，應在一季之內。

（七）起二十四氣者，應在本氣之內。

（八）起旬首者，應在本旬之內。

（九）起七十二候者，應在本候之內。

（十）起本日干支者，應在本日。

（十一）起所占之時者，應在當時。

（十二）如歲月節候均不見發用，即以本日地支推之，如丑日，寅為初傳，應在第二日，卯為初傳，應在第三日，超出四位則不取。

（十三）又或以用神之上下為月期。

（十四）以占日愛惡之神為日期，吉課以生扶占日者為愛神。凶課以剋制占日者為惡神。如吉課，戊己日占，以卯加辰發用，則月期在第二月，以二月建卯故也。不在二月，當在三月，以卯加辰故也。其日期，宜在丙丁之日，以丙丁能生戊己，此即以占日愛神為日期也。又如凶課，甲乙日占，以巳加申為發用，則月期在四月，以四月建巳故也。若四月不應，當在七月，以巳加申為發用故也。其日期，則在庚辛之日，以庚辛能剋甲乙，此即以占日之惡神為日期也。

（十五）又或以初傳所合為成期，未傳所沖為散期。

（十六）或以發用之墓絕為應期。

（十七）或以三合少一字，則以少一字為成期。

（十八）或以空亡填實及補足課傳為成期。

此類不勝枚舉，要不外旺氣為現成，主近。相氣為將來，稍遠。休囚等皆為已往，遠甚而已。

語云：知其要者，一言而終，不知其要者，流散無窮，此在明達者之善悟也。

占斷莫神於剋應期，亦莫難於剋應期。前輩論六壬課以發用年月日時斷應期。占病看虎鬼臨處。占行人看發用墓絕。兼看末傳三六合。占數目（甲己子午9，乙庚丑未8，丙

辛寅申7，丁壬卯酉6，戊癸辰戌5，巳亥無干4）。氣化休從本數計，旺以自乘計，相從倍數計，死囚從減數，此皆學者所當知也。

然不可泥而不化，如占硯（物之使用壽限）逢太歲發用可以歲計，占筆墨，亦可以歲計乎。占墳宅可以歲計。占花草，亦可以歲計乎，如人壽難滿百，得寅辰旺相相乘，可計三百五十歲乎？此等處全在因時因事，細參課象，以計其消息，是所謂神而明知之，存乎其人。

廿四、論占事要則及類神

（一）占晴雨

以日干為天，日干上所乘之神將應天，以日支為地，日支上所乘的神將應地，以天空、騰蛇、朱雀、巳午及旬中丙丁為晴，其所乘之神應晴（天盤的地支），所臨之將應晴期（地盤的地支），以青龍、天后、亥子及旬中壬癸為雨，其所乘之神應雨，所臨之將應雨時及雨方。

（二）占墳丁

以日干為生人，日干上所乘之神將應生人。

以日支為亡人，為墳，日支上所乘之神將應亡人，應墳。

以青龍為左砂，白虎為右砂，朱雀為案山，玄武為後山，其所乘之神應之。

以印綬為父母，比劫為兄弟，財星為妻、為財，官殺為夫為官，傷食為子女，其所乘之神應之。

（三）占家宅

以日干為人，日干上所乘之神應人，以日支為宅，日支上所乘之神應宅（又以日干為舊宅，日支為新宅）。

以午為廳堂，子為內室，卯為前門，酉為後戶，其所乘之神應之。

以未為井，巳為灶，其所乘之神應之，其所臨之將應井方，灶方（朝向）。

（四）占身命

以日干為人，日干上所乘之神將應人。

以日支為業，日支上所乘之神將應業。

以長生為壽元，財星為財帛，臨官為食祿，其所乘之神應壽元，所臨之將應財帛及食祿之方。病神為病，死神為死，其所乘之神應病及死，其所臨之將應病及死日。

以印綬為父母，以比劫為兄弟，財星為妻為財，官殺為夫為官，傷食為子女，其所乘之神應之，其所臨之將應一切憂喜。

（五）占婚姻

以日干為己，日干上所乘之神將應己，以日支為彼，日支上所乘之神將應彼。

男占以天后為女方，財星為妻。

女占以六合為男方，官殺為夫。

其所乘之神應夫妻，所臨之將應嫁娶期。

以青龍為喜，六合為媒，朱雀為庚帖，太常為聘禮，其所乘之神應之。

（六）占胎產

以日干為孕婦，日干上所乘之神將應之。

以日支為胎，日支上所乘之神將應之。

以青龍、六合、傷食、胎神為胎，其所乘之神應之，所臨之將應男、女。

以天空、傷食、養神為產，其所乘之神應產，所臨之將應產期。

以孕婦本命為孕婦，其乘臨的神將應之。

（七）占考選

以日干為應試人，日干上所乘之神將應之。

以日支為題為職，日支上所乘之神將應之。

以朱雀為文字、為榜案，青龍為喜神，驛馬為前程，其所乘之神應文字及榜案次第。所臨之將應試期，發案及前程。

小試以官殺為府縣，月建為文宗。

鄉試以月建為主考，會試以月將為總裁。

殿試以太歲為君相，其所乘之神應之。

武試以巳為弓，午為馬，酉為刀石（槍），申為箭（炮），其所乘之神應之，所臨之將應試期。

選官（報升）以官殺為官，寅為吏部（文職），申為兵部（武職）月將為上司，太歲為陛見，朱雀為文憑，驛馬為前程。其所乘之神應選官、分部、陛見、領憑及到任期。

以臨官為任所，戌為印綬，其所乘之神應任所方及接印日。

（八）占商賈營運

以日干為人，日干上所乘之神將應人。

以日支為業，日支上所乘之神將應之（又以日干為本身，日支為合夥人）。

以財星為資本，其所乘之神應資本，所臨之將應賣貨方，得財期。

以類相為貨物，其所乘之神應賣貨方，所臨之將應買貨方，得貨方。

以印綬為利益，其所乘之神應利益，所臨之將應得利益期。

以驛馬為行程，其所乘之神應行程，所臨之將應行期，至期里數。

以六合為經紀，六合與所乘之神應經紀，所臨之將應經紀方。

以卯為驢騾舟車，卯與所乘之神應驢騾舟車，所臨之將應載至期。

（九）占否泰

以日干為人，日干上所乘之神將應人。

以日支為事，日支上所乘之神將應事。

以太歲為一歲，太歲上所乘之神將應一歲。

以月建為一月，月建上所乘之神將應一月。
以日支為一日，日支上所乘之神將應一日。

（十）占病醫

以日干為人，日干上所乘之神將應人。
以日支為病，日支上所乘之神將應病。
以白虎為病神、為病症，其所乘之神應病症，所臨之將應經絡。
亥子主腎，泌尿系統，巳午主心臟，寅卯主肝臟，申酉主肺臟呼吸系統，辰戌丑未主消化系統。例如：金神乘白虎，必是肝經受病，可先治肺及呼吸系統疾病，而不僅治肝。
木神乘白虎，必是消化系統受病，可先治肝，膽疾病，而不僅治胃腸。
水神乘白虎，必是心臟系統受病，可先治腎及泌尿系統疾病，而不僅治心。
火神乘白虎，必是肺及呼吸系統受病，可先治心臟疾病，而不僅治肺。
土神乘白虎，必是腎及泌尿系統受病，可先治肝臟及消化系統疾病，而不僅治腎。
又火鬼為肺臟及呼吸系統病症，金鬼為肝臟病症，土鬼為腎及泌尿系統病症，水鬼為心臟病症，木鬼為消化系統病症。

如鬼受日干剋或坐剋地又空亡，病症不治亦癒。
以病人本命及類相為病人，其上乘下臨之神應病人。
以死神，絕神為死，其所乘之神應死，所臨之將應死期。
以長生為壽，其所乘之神應壽。以臨官為祿，其所乘之神應祿，所臨之將應食祿期。
又驛馬為行動，其所乘之神應之，所臨之將應醫室及病退期。

（十一）占訟罪

以日干為己，日干上所乘之神將應己。
以日支為彼，日支上所乘之神將應彼。
以類相為訟人、為訟事，六合為中證，其所乘之神應之。
以朱雀為呈詞、為差票，其所乘之神應呈詞、差票，所臨之將應呈詞日及差票日。
以官殺為官，其所乘之神應官，所臨之將應訊期。以寅為書吏，勾陳為拘差，其所乘之神應之，所臨之將應拘期。
以絕神為息訟，其所乘之神應之，所臨之將應息訟期。
以刑煞為刑，其所乘之神應之，所臨之將應刑日、刑方。

廿五、占斷要則及金科玉律訣

按以日干日支論主客等事，固如上述若引而伸之，占呈准求事，則日干為上級，日支為我。

占交易，則日干為人，日支為物。

占出行，則日干為往為陸行，日支為往為水行，空行。

占謀望，則日干為我，日支為他，為事。

占動靜，則日干為動為來，日支為靜為應。

然此僅就干支而言，未及四課、三傳、年、命等項，不得謂為全璧。欲求辨萬事之始終，判一切之得失者，必須於四課、三傳、年、命九處，合而觀之始無差誤。即以類神言，亦必須於此九處現者，乃為有效。否則謂之類在閒地無甚裨益。

如占婚姻，以官殺，六合為男，以財星，天后為女，看此四者落在何處？又遇何神？再以德、合、祿、馬、刑、衝、破、害、生、剋、制、化及旺、相、休、囚、死、空亡等項一一衡之，則何者當令，何者有氣無氣，何者空亡不空亡，自可瞭如指掌。

據此以斷其賢愚成否，雖不命中亦不遠矣。

占課者自身當勤學，審問，慎思，明辨，篤行缺一不可，俾能平時要有心得，臨時要具天機。有心得即熟看古人條例，細察人情事故，久而疑處能悟，窒處能通。具天機即人心虛則靈，滯則不靈，能靜則明，躁則不明。故平日要不離古人，臨事要不泥古人，泥則滯矣。貴如名公巨卿，或如田夫乞丐，皆以一心應之，若有高卑之見則躁亂矣。

此如射法，不可貪中，只需心正體直，望的而發，不貪功，不近名，雖不中不遠矣。為人占課照課理而斷，靈與不靈，不可設以成心，一有成心，便無天機。

大凡天下事先要分得明，然後會得通，如治絲然，必理其緒而分之，後比其絲而合之。故一貫之道，其功不在一而在萬，不能逐事理會，便要求固一，終是囫圇混一混而已。

◎金科玉律訣：

遠溯上古軒轅聖，做為數祖六壬定，十二陰陽天地盤，太陽加向時辰正（以月將加於時辰之上以定天地盤）。

天乙順逆乾巽中，陰陽子午最有情（貴人順逆佈係以亥巳劃分）。

上下支兮合進化，二十四氣分玲瓏（地支合成十二天地盤，以應氣化消息）。

日干得祿仔細推，四正前後緩徘徊（十干寄宮於祿位，子午卯酉四正無寄宮）。

其中四課參差用，前二為陽後陰隨（四課以一、三課在前為陽，二、四課在後為陰）。　靜心指出三傳竅，九課宗首斯為要（六十花甲子共生七百二十課，發三傳之法不外九類）。　涉害一門需斟酌，逆回未位淺深妙，擇取最深發用奇，返吟伏吟有深機（發三傳之法以涉害課發用最難，稍一不察即有訛誤，返吟伏吟有剋者仍用重審，元首，知一例，無剋者取馬取刑）。別責八專皆妙理，古人立法不能違（別責，陰陽不同，八專，順逆各異。昴星，俯仰有別，古人創立之法皆有至理，不能或違也）。

三傳既定課乃神，就中衰旺須詳論（衰旺者，係指氣化消息，十二氣化為長生、沐浴、冠帶、臨官、帝旺、衰、病、死、墓、絕、胎、養，須於三傳詳論之）。

披神帶煞有元解，神煞交互深意存，吉要氣興凶要衰，有根無根仔細推，深兮淺兮須解悟，莫把死生一樣排，一層深入一層去，開三撥五須詳細，逆則吉兮吉不全，順則凶兮凶不畏（吉凶神煞，固宜互觀，而有根無根，及陰陽死生，輕重從違之道，尤不可不知）。

猶恐三傳未易評，三干遁處有重輕，其中揀取臨生旺，透天一竅最通靈（遁干有三，曰旬干遁，五虎遁，五鼠遁是也，最重要的為旬干遁，餘次之）。

切忌刑沖與穿破，不分凶吉要安閒（逢刑沖穿破，皆不安閒）。

縱橫天地盤中出，貫通四課與三傳，詳察秋冬與春夏，五行配之須變化，旬有陰陽遁有干，唯有時支居在下（遁干固當留意，而時為先鋒，亦需重視，不可以其居下而忽視之）。

兩意從教著意輪，日時年月共均分（年月日時有著密切的關係，吉反為凶，凶轉成吉者，比比皆是，需著意論之，毋固執也）。

但將始事推終事，吉與凶兮莫誤人，更詳掌中上及下，靜事地中動天旺（天盤流行不居主動，地盤固定不變主靜）。

貴人亦有天地分，陰陽兩盤須得當，本命行年細細營，幾人共課不雷同，寅上起男申上女，陰陽分派順逆蹤（行年推算男女各異，男由丙寅起一歲順數，女由壬申起一歲逆數）。

更從年上起生月，一年十二皆詳閱（從行年上起生月，又深一層，此法知者鮮矣）。

參天兩地論神祇，起伏制剋休咎別（三傳，天地盤論干支神祇，分析其起伏制剋，則休咎自可鑒別矣）。

陽課為我陰課人，動事屬此靜為陰。箇中消息真元妙，剖盡人間萬事因（日干為我，又主動。日支為人，又主靜，天下事物變化，俱不出此範圍）。

廿六、課體綱要

語云，欲究吉凶，需詳課體，課體不明，吉凶難測，課體關係不綦重乎。茲提綱挈領列之：

曰乾坤，上剋下，臣忠子孝，下賊上，子逆臣乖（一上剋下發用名元首，一下賊上發用名始入，一上剋下，又有一下賊上，以下賊上發用名重審）。

曰知一，事有兩歧，擇善而從，人有親疏，就近棄遠。

曰涉害，取所涉深者，事多艱難，風霜盡歷。取四孟者，事屬猶疑，見機急改。取四仲者，事防謀害，知著察微。取干上神者，事應交爭，久延乃得。

曰遙剋，神遙剋日者，先驚恐而後安然，日遙剋神者，遠圖難而近取易。

曰昴星，驚危百出，耐守方佳。

曰別責，殘缺不全，另謀始妥。

曰八專，二人同心，其利斷金，陽主進速，陰主退遲。

曰返吟，沖動不安，唯利舊事。

曰伏吟，俯伏如常，緩圖新局。

此以賊剋論者。

曰歸福，（日支加日干上生日干）生我者眾，大都從心。
曰俯就，（日干加日支上受生）求彼者多，不盡如意。
曰脫我，（一名偃蹇，日支加在日干上受生）人來做盜，預防減輕。
曰欺我，（日支加日干上，剋日干）小人道長，橫逆相加。
曰取辱，（日干加日支上受剋）君子道消，咎由自取。
曰招夫，（日支加日干上受剋）得非分之財。
曰贅婿，（日干加日支上剋日支）受他人之利。
曰壯基，（日支加日干上與日干相比）得道多助。
曰培本，（日干加日支上與日支相比）樂成人美。
曰歸合，（日支加日干上與日干合）不勞而獲。
曰求合，（日干加日支上與日支合）屈志從人。

此以干支論者。

曰連茹，（三傳亥子丑，子丑寅之類為進連茹，亥戌酉，戌酉申之類為退連茹）順茹，主牽連引進，逆茹，主牽連引退，吉則愈吉，凶則愈凶。然順茹而末傳

空亡者反以退論，逆茹而末傳又逢空亡者，當做進言。若初傳逢空，則進不能進，退不能退矣。

曰間斷，（三傳亥、丑、卯、子、寅、辰之類為進間斷。亥、酉、未、戌、申、午之類為退間斷）順間斷則前進多阻，逆間斷則後退有妨。一見空亡，不拘此說。此以三傳連茹論者。

曰玄胎，（三傳寅、申、巳、亥之類）主生機逢勃，攸往咸宜。

曰關隔，（一名三交，三傳子、午、卯、酉之類）主門戶破傷，陰私暗昧。

曰稼穡，（一名遊子，三傳辰、戌丑、未之類，見丁神）主耕耘田地，動吉靜凶。

曰木局，（三傳亥、卯、未之類）主仁政遠敷，甘棠成陰。

曰火局，（三傳寅、午、戌之類）主文明有象，照燭無遺。

曰金局，（三傳巳、酉、丑之類）主鋒刃肅煞，革故鼎新。

曰水局，（三傳申、子、辰之類）主源流不息，灌溉功深。

此以十二地支五行論者。

曰印綬，（三傳生日干，三傳合局生日干，日干上神生日支，日支上神生日干，初傳

生中傳，中傳生末傳，末傳生日干。末傳生中傳，中傳生初傳，初傳生日干等皆是。）主扶持得力，相輔相成。或事因父母，或因子女生成。

曰傷食，（初傳受日干生，三傳合局受日干生，日支上神受日支生，日干上神受日干生，日干生初傳，初傳生中傳，中傳生末傳。日干生末傳，末傳生中傳，中傳生初傳等皆是）主脫賺為殃，事有所失。或事因子女，或喪夫失職。

曰官鬼，（初傳剋日干，三傳合局剋日干，日支上神剋日支，日干上神剋日干，日支上神剋日干，日干上神剋日支，初傳剋中傳，中傳剋末傳，末傳剋日干，末傳剋中傳，中傳剋初傳，初傳剋日干等皆是）主官鬼當權，或事因夫星官職，或昆弟災驚。

曰財星，（初傳受日干剋，三傳合局受日干剋，日支受日干剋，日支上神受日干剋，日干上神受日支剋，日干剋初傳，初傳剋中傳，中傳剋末傳，日干剋末傳，末傳剋中傳，中傳剋初傳等皆是）主辛勞得利，或事因妻財，或父母災驚。

曰比劫，（初傳與日干相比，三傳合局與日干相比，日支上神與日支相比，日干上神與日干相比，三傳干支合局與日干相比，比者五行、陰陽俱同）主勢均力敵，或昆弟爭財，或妻妾災驚。

此以生剋定名論者。

曰遐齡，（長生乘青龍為初傳）主喜慶，又應望重年高。
曰潔己，（沐浴乘玄武為初傳）主萎靡，又應潔身去垢。
曰凶服，（冠帶乘白虎為初傳）主憂驚，又應喪服齊衰。
曰衣祿，（臨官乘太常為初傳）主財帛，又應食祿出仕。
曰崇位，（帝旺乘貴人為初傳）主尊榮，又應廟堂貴顯。
曰荒淫，（衰乘天后為初傳）主破敗，又應好色妝身。
曰久患，（病乘勾陳為初傳）主挫折，又應疾病纏綿。
曰暗死，（死乘太陰為初傳）主昏瞶，又應死亡不明。
曰禁繫，（墓乘天空為初傳）主違法，又應困守樊籠。
曰決絕，（絕乘雀為初傳）主廢除，又應斷絕難續。
曰孕童，（胎乘六合為初傳）主生氣，又應隱匿懷胎。
曰異產，（養乘騰蛇為初傳）主完美，又應進步添丁。

此以長生，沐浴論者。

曰刑傷，（初傳刑日干，干支相刑，干支上神相刑，支上神刑支，干上神刑支，支上

神刑干，干上神刑支。初傳刑中傳，中傳刑末傳。末傳刑中傳，中傳刑初傳等皆是）必致離異。

曰搖動，（初傳沖日干，干支相沖，干支上神相沖，支上神沖日干，干上神沖日干，干上神沖日支，支上神沖日支。初傳沖中傳，中傳沖末傳。末傳沖中傳，中傳沖初傳等皆是）必致變遷。

曰破損，（初傳破日干，干支相破，干支上神相破，支上神破日支，干上神破日干，干上神破日支，支上神破日干。初傳破中傳，中傳破末傳。末傳破中傳，中傳破初傳等皆是）必致傷亡。

曰仇害，（初傳害日干，干支相害，干支上神相害，支上神害日支，干上神害日干，干上神害日支，支上神害日干。初傳害中傳，中傳害末傳。末傳害中傳，中傳害初傳等皆是）必致傾軋。

曰和合，（初傳合日干，干支相合，干支上神相合，支上神合日支，干上神合日干，干上神合日支，支上神合日干。初傳合中傳，中傳合末傳。末傳合中傳，中傳合初傳等皆是）必致歡欣，顧名思義，可以得之。

此以刑沖、破、害、合、論者。

曰前程，（馬為初傳）應勞動出行。

曰天恩，（太歲為初傳，乘貴人、六合、青龍、太常、朱雀、天后與日干相生、合）應極尊極貴。

曰天禍，（太歲為初傳，乘騰蛇、白虎、太陰、勾陳、玄武、天空與日干刑、沖、破、害）應至大至凶。

曰得勢，（一名及時，春木、夏火、秋金、冬水、季土為初傳或干支上乘此，三傳合此局）應當旺者貴。

曰失時，（春金土、夏金水、秋火木、冬火土、季月水木，為初傳或干支上神乘此，三傳合此局應功成身退。

曰既往，（春水、夏木、秋土、冬金、季月火，為初傳或干支上神乘此，三傳合此局）應事過情遷。

曰將來，（春火、夏土、秋水、冬木、季月金為初傳，或干支上神乘此，三傳合此局）。應方興未艾。

曰時泰，（月將、月建為初傳，乘貴人、六合、青龍、太常、朱雀、天后等，與日干比合、生合）應時亨運通。

曰時否，（月將、月建為初傳，乘騰蛇、白虎、勾陳、玄武、太陰、天空與日干刑、沖、破、害）應時乖運否。

此以驛馬、太歲、春、夏、秋、冬及月將、月建論者。

曰孤哀，（初傳屬印綬，或干支三傳合局見印綬，而又值空亡）主做事寡助，父母損傷。

曰螟蛉，（初傳屬傷食或干支，三傳合局見傷食而又值空亡）主受人欺詐或子女損傷。

曰盧居，（初傳屬財星或干支，三傳合局見財星而又值空亡）主利權喪失或妻妾損傷。

曰孀居，（初傳屬官殺或干支，三傳合局屬官殺而又值空亡）主官訟空爭或夫亡職替。

曰失群，（初傳屬比劫或干支，三傳合局屬比劫而又值空亡）主劫耗虛驚或昆弟損傷。

此以生剋定名值空亡論者。

曰干貴，（初傳乘貴人）主事屬官貴。
曰恐懼，（初傳乘騰蛇）主驚惶怪異。
曰文書，（初傳乘朱雀）主文章音信。
曰交合，（初傳乘六合）主往來和好。
曰爭訟，（初傳乘勾陳）主訴訟糾纏。
曰喜慶，（初傳乘青龍）主富貴吉祥。
曰朝天，（初傳乘天空）主奏對虛偽。
曰災傷，（初傳乘白虎）主疾病憂喪。
曰宴會，（初傳乘太常）主酒食衣冠。
曰逃脫，（初傳乘玄武）主盜賊失脫。
曰暗昧，（初傳乘太陰）主婢妾陰私。
曰干婦，（初傳乘天后）主事起婦女。

此以十二天將發用論者。

曰斲輪，（三傳卯、戌、巳）主職位陞遷，事當改革。

曰鑄印，（三傳巳、戌、卯）主銅符將握，只利官人。

曰軒蓋，（三傳午、卯、子）主駟馬高車，無關黎庶。

曰斬關，（辰、戌臨日干、日支發用）主奪塞斬關，一日千里。

曰六陰，（課傳全見丑、卯、巳、未、酉、亥六陰支）便小人而利私謀。需防陰極陽生。

曰六陽，（課傳全見子、寅、辰、午、申、戌六陽支）便君子而利公幹，只恐陽極陰生。

曰迴還，（三傳三神與四課同）主去而復返，終必成功。

曰一體，（三傳酉、酉、酉）主禍不單行，難乎為繼。

此以課傳大象論者。

曰斬首，（初傳空亡）主棒喝當頭，難於謀始。

曰斷橋，（中傳空亡）主中無主宰，廢於半途。

曰刖足，（末傳空亡）主事難持恆，尅終者寡。

曰始終，（初傳屬旬首，末傳屬旬尾）主首尾啣接，聲氣相通。

此以三傳空亡及旬干首尾論者。

然此不過略言課體之綱要，至於吉凶從違，當視行年本命及所乘何將，所屬何神，所臨何神，一一詳參之，始可無誤。

廿七、論十二天將乘神生剋

貴人己丑土，騰蛇丁巳火，朱雀丙午火，六合乙卯木，勾陳戊辰土，青龍甲寅木，天空戊戌土，白虎庚申金，太常己未土，玄武癸亥水，太陰辛酉金，天后壬子水。此十二天將之五行也。

然六壬課論生剋，以天將所乘的支神之五行為主，不論天將本身所屬的五行，即有之，亦不過如神剋將為內戰主憂重，例如支神子，丑剋天將騰蛇，玄武之類。將剋神，為外戰主憂輕，例如天將騰蛇，朱雀剋支神申酉之類。

又如化剋為生，主先凶後吉。

辛酉日，三傳寅，午，戌，支神合火局剋日干，然所乘的天將又為貴人，太常，勾陳

皆屬土生日干辛酉金之類。至於吉凶論斷必須以天將所乘支神之五行為準。

如貴人本屬土，乘申，酉即屬金，論生剋當以金言。

蓋十二支神，不著吉凶，生日干為吉，剋日干為凶，十二天將雖著吉凶，若乘神生日干，則凶將亦吉，乘神剋日干，則吉將亦凶。故將之吉凶不必盡泥，而神之生剋，務宜詳究。

欲辨神之生剋，先視某天將，乘何支神？某支神屬何五行？然後與日干、日支、課、傳、年命等處，互相比對，孰為相生，孰為相剋。則某人為福，某人為禍，某事可成，某事必敗，均不難推測而知矣。

經云：貴人剋日，立見責罰。日剋貴人，喜事相得。

騰蛇剋日，陰孕乖離。日剋騰蛇，疑怪交加。

朱雀剋日，火燭災殃。日剋朱雀，文書信約。

六合剋日，婦女私訟（一云，子必在外）。

日剋六合，婚姻和合。

勾陳剋日，追呼不明。日剋勾陳，官事遭迍。

青龍剋日，財物損失。日剋青龍，財利重重。

天空剋日，虛詐不實。日剋天空，不義反忠。
白虎剋日，病者多災。日剋白虎，行人道路。
太常剋日，因酒致食。日剋太常，酒食分張。
玄武剋日，立發盜賊。日剋玄武，最宜捕捉。
太陰剋日，奴婢走失。日剋太陰，喜事頻臨。
天后剋日，婦女妒嫉。日剋天后，私情酒食。

就經驗而言，不僅剋日干，即剋年命，亦當做如是觀也（按貴人為天將之主，在課盤之中貴神順佈則占事多順，貴人逆佈則占事多逆，順逆之分，吉凶係焉此尤不可不知）。

對待分析

易經講對待、平衡及用中。對待即多方面分析，能更深入的瞭解事理，然後權衡輕重，找出著力點，順遂處理問題。接下來我們討論由課盤分析課象。進而分析理，斷其數（以象分析理，以理推斷數之大小）。茲舉課象分析時，對待狀況的原則如下：

一、顯晦

類神入課傳，為顯，入年，命次之。課、傳、年、命，俱不入為晦。各隨所宜，詳其吉凶，有宜顯不宜晦者。如問官責官星，問財責財神等是也。

有宜晦不宜顯者，如問病責虎鬼，問訟責朱雀等是也。

二、虛實

旬空主虛，旬首主實。火神臨日干，日支發用，主虛。水神臨日干，日支發用，主半實半虛。唯金、木、土神臨日干、日支發用，主全實。

三、向背

吉神得地為向，不得地為背。向背如何？專看干上神，所臨之地盤。若得生合，得扶助，為得地，為向。若陷空，入墓，受剋，遇刑、沖、破、害，為不得地，為背，此大概也。

然其中有正有變，不可不知。如生我者為恩主，我生者為救神，剋我者為鬼賊，我剋者為財星，皆正也。若變而通之，則有見生不生，不如無生者。如木日，水為生，若水居旺金之上，水自戀生，不來生我。水居旺土之上，水自受剋，不能生我。

縱干，支，行年上見之，亦不能生我，若水臨空亡其凶反甚。占父母長上之病，主不救，占謁求官長，亦主徒然。有見剋不剋，不如從賊者。如木日，金為鬼，若金居旺土之上，金自戀生，不來剋我。金居旺火之上，金自受剋，不能剋我。金陷空亡亦不能剋我。

有見財無財，枉費心懷者。如木日，土為財，若土居申酉之上，生金剋木，易如反掌，此為財入鬼鄉，非為無利，而其害不可勝言。土居空亡，亦主不吉。有見救不救，災需自受者。如木日見金，得火為救，若火居旺水之上，火自受剋，不能救我。火居旺木之上，火自戀生，不能救我。火逢空亡，無力制鬼，亦不能救我。

有見盜不盜，本根無耗者。如木日火為盜洩，若火居旺土之上，火自受盜，不能盜我。火逢空亡，無力為盜，皆不言凶。

凡此之類，似向實背，吉中有凶。似背實向，凶中有吉。占者需詳究之。

即傳課見父母爻者，言憂子孫。見兄弟爻者，言憂妻財。見子孫爻者，言憂官祿。見妻財者，言憂父母。此亦大較也。殊不知課傳雖疊見妻財，父母爻亦需見於干、支、年、命上，始可言父母長上有災。或求財有妨生計。或妻妾悖逆翁姑等事。若日上神乘官鬼能生父母，盜其財爻，則父母反無咎矣。

又如三傳見父母，而干、支、年、命上見兄弟，則子孫無憂。

又如三傳見子孫，而財臨干、支，則子孫受洩，唯利遷官應試，但占訟有罪，問病難甦。

又如三傳見官鬼，而父母臨干，則己身及兄弟無憂。

又如三傳見兄弟，而子孫臨干，則子孫受生，兄弟受洩，而妻反無恙，財益豐盈矣。

此類不勝枚舉，唯智者能參之。

四、進退

三傳順行為進，逆行為退，進空宜退，退空宜進。再觀三傳，吉則宜進，凶則宜退。

五、存亡

占人得生，旺為存，死墓為亡。若問人不知存亡。專視白虎剋日支上神則亡。不剋則存。若占久出之人，行年臨孟則存，臨仲則病，臨季則亡矣。

六、男女

純陽主男，純陰主女。一陽二陰主男，一陰二陽主女。陽神臨陽位主男，陰神臨陰位主女。貴人，螣蛇，朱雀，勾陳，青龍，白虎為陽將。天后，太陰，六合，天空，太常，玄武為陰將。

七、老少

看發用所臨之地盤，臨孟為少，臨仲為壯，臨季為老。又看其氣化強弱，有氣為少，無氣為老。

八、新舊

發用起旺相為新，休囚為舊。長生為新，墓神為舊。孟神為新，仲神為半新，季神為舊。

陽日發用起長生為新，起墓神為舊。陰日視日德，日德之長生為新，日德之墓為舊。如發用新，陰神舊或發用舊，陰神新，皆主新舊參半。

占物，新神發用為新物，舊神發用為舊物。為已死之物。

占六畜，旺相無刑，為畜養之物，休囚死墓，或逢刑，為已殺之物。

九、貴賤

旺氣為貴，衰氣為賤。天乙為貴，騰蛇為賤。太歲至尊，併月建為官長，皆旺氣也。然得地為貴，敗、絕、空亡為賤。

貴人坐印為有祿，是貴。敗、絕、空亡，是賤。坐印，如甲子日，以乙丑為貴，見壬申，壬為甲的印，故為坐印，乃有祿之人來生我也。

又如甲子日，以辛未為貴，見戊辰，戊為甲的財，為坐財，似可言吉，其實戊能生辛金剋日干，反主有祿之人害我也。

又如庚寅日，見丙戌，丙為庚之殺，乃是日鬼，戌臨亥，為火之絕地，是害我者為貧賤人也。

十、親疏

日干為我，日支為彼。干支上下互為六合，三合或相生者，彼此相契，為親。

不聯合，不相生者，道不同不相為謀，為疏。
若干支各成三合局者，你是你，我是我，尤疏。並主各不相顧。
發用，類神，與日干同氣，為本家人。如甲日見寅卯，子日見亥之類。
發用，類神，與日干相親相近，為鄰近人。如丙午日見辰午，午日見己未之類。
若論六親「生日干者為父母。例如甲乙日以子為父，亥為母。壬癸為外翁姑。午為子，巳為女。丙丁為外甥。寅為伯，為兄。卯為叔，為弟。
甲為姊，乙為妹，辰、戌、丑、未，為妻妾之類。

十一、左右

日支左位為左，日支右位為右。如日支以子為宅則丑為左，亥為右。以午為對鄰，看其與日干或與日上神比合相生者，為順。刑剋者主不睦。
假如左右上神自剋其下，或做空亡，則是其鄰衰替。若乘火鬼剋戰，則其鄰必有火災。若乘白虎，死氣，必乘死喪。乘朱雀，必主口舌。乘玄武，必主盜失之類。

十二、高低

有氣為高，無氣為低。如辰為陵墓，有氣則主高聳，無氣則主低塌。又干上發用為高，支上發用為低。如占失物，值干上發用，則物藏高處，值支上發用，則物藏低處之類。

十三、勝負

日干剋支為我勝，日支剋干為彼勝。干支比和，彼我俱不勝。上剋下，先舉者勝。下賊上，後起者勝。

日干被上剋，尊者負。日支被上剋，卑者負。干支皆被上剋，尊卑皆負。日干被支上神剋，我負。日支被干上神剋，彼負。

凡占八專課，又當分陰陽喜忌斷之。

如己未日，己為我，見卯與六合為相剋則忌。見寅與青龍相合，則不忌。未為彼，見寅與青龍為相剋則忌，見卯與六合為三合則不忌。

切要觸類旁通，未可執一（五行相同，陰陽互異為相比，不忌）。

十四、動靜

干支主靜，三傳主動。故干支有生意宜動，若傳見凶將，則宜靜不宜動。干支見惡煞宜靜。若三傳見扶助，則宜動不宜靜。

又有以日干為剛為主動，日支為柔主靜者，其理亦通。唯必須日干坐生方，乃可動，若受剋陷，反宜靜。斬關（日干上臨辰戌）游子（三傳辰、戌、丑、未見丁神）宜動。稼穡（三傳辰、戌、丑、未無丁神）墓，合宜靜。

十五、遲速

干支在貴人前或發用在貴前或干支入傳，凡占皆速。

干支在貴人後或發用在貴人後，或干支不入傳，凡占皆遲。

斬關及傳見占時，丁神，驛馬，貴人順行或發用在日辰前者，主事速。伏吟及傳見空亡，墓，貴人逆行或發用在日辰後者主事遲。

十六、遠近

發用類神，臨干為近，臨干之陰神次之。
隔一、二、三、四位漸遠，七位極遠。逾七位，則與日干返近也。
發用類神，臨支為遠，臨支的陰神更遠。
如以干支，發用，對待言，干支為近，發用為遠。
以三傳言，初近，中遠，末更遠。並為最高，因三傳相因，皆是上神，愈傳則愈高也。
以課體言，知一，伏吟，為最近。涉害，返吟，遊子，斬關為遠。
以衰旺言，休囚為近，旺相為遠。
以天將言，貴常為近，龍合為遠。

十七、方所

子為江湖。寅卯為山林。丑為山田，墳墓。未為平田，又為井。

午為市，又為道路。巳為窯爐。申為園場，又為道路。酉為城。戌為營。辰為岡嶺，牆垣，又為衙署。亥為水邊樓臺。

如論住居，子為房，丑為牆，寅為道路，卯為大門，辰為米棧，巳為廚灶，午為廳堂，未為園井，申為庭心，天井。酉為後門。戌為浴室。亥為坑廁水溝。

又丑加亥為橋。未加亥為井。亥加寅為樓臺。如寅卯為山林，得木火旺相入課傳，林中必有時新果品。被剋者為破林斷木。休囚則為枯朽林木。乘天空則林下必多垃圾尿糞。加亥子則為叢林大溪。蓋木主曲直，水為大溪也。

又如卯為大門，有氣主門庭堅固。刑、沖、破、害則主殘缺矣。

論斷篇（下）

一、占婚姻

青龍主男，天后主女。日干主男，日支主女。

青龍旺相，男為佳兒，天后旺相，女為佳婦。青龍之陰神乘貴人則男貴，天后之陰神乘太常則女貴。青龍所乘之神生天后或與之比和，則男益乎女。天后所乘之神生青龍或與之比和，則女助乎男。

日上神旺相則男吉，支上神旺相則女吉。

日上神乘貴人則男貴，支上神乘太常則女貴。日上神生支或比和，則男與女相得。支上神生日或比和，則女與男相得。

日之陰神旺相則男宅富，辰之陰神旺相則女宅富。

青龍與天后所乘之神若相互剋制，或日干、日支上神相互剋制。男為妨婦之男，女為損夫之婦，均非佳偶也。

日干、日支比和而三傳為三合或初末傳為支合者。

龍后乘神與日、支上神無刑、沖、破、害者。

六合所乘之神與干、支上神無刑、沖、破、害者。

龍后乘卯、寅發用者。太常乘子臨丑發用者。三傳比和相生而無空亡、刑、害者（初傳為男，中傳為媒，末傳為女）。三傳中成神及喜神並見又乘龍、合、常、后者。課傳俱吉，而斗，罡加仲季者。

天后、神后入傳與日干，日支為三合、六合者。日干剋六合所乘之神或日支剋六合所乘之神者。

上項所列皆主婚姻成就之占也。而成就之期，遠者男以青龍之陰神為成年，女以天后之陰神為成年。近者，視龍后之陰神而定其月。又近者視龍后之陰神定其日。

至於結婚之日，則依大吉丑所臨之地支是也。

凡日干，日支上神不相合，龍、后、六合所乘之神與日干，日支刑、沖、破、害者。日干、日支，上下相剋，四課干支交互相剋者。三傳相刑而白虎發用者，天空或空亡發用者。日干與天后所乘之神互剋者，日干生三傳而天后，六合未見者。

男女行年上神刑、沖、破、害或相剋者。課傳不吉而斗，罡加孟者。

男占而妻財爻空亡。

女占而官鬼爻空亡者。以上皆婚姻不成之占也。

至於女方之品行、性情、容貌分別言之：

◎ 品行：

四課俱全，日支上神旺相，末傳乘吉將者正。

四課陰不備，六合乘亥、卯、未、酉。與天罡乘太陰入傳者邪。

女子命上神為日之官，乘貴人，太常兼日德或支德者正。

女子命上神為神后乘玄武，太陰與桃花者邪。

◎ 性情：

女子之性情以命上神之五行決之。

屬水為智慧，若乘凶將或為下神所剋，則詭譎輕浮。

屬火為守禮，若乘凶將或為下神所剋，則暴躁貪淫。

屬木為仁慈，若乘凶將或為下神所剋，則剛愎自用。

屬金為堅毅，若乘凶將或為下神所剋，則兇惡寡情。

屬土為端重，若乘凶將或為下神所剋，則頑愚無恥。

◎ 容貌：

女子之容貌以辰上神所乘之天將決定之。

乘貴人，尊貴美好。乘騰蛇，面多紅色，但有病。
乘朱雀，有目疾（乘亥子麻面，乘寅卯，申酉髮少，乘辰戌丑未有雀斑）。
乘六合，姣好，修長。乘勾陳，粗短，壯碩。
乘青龍，美而瘦。乘天空，醜而肥。乘白虎，醜而凶惡。
乘太常，美而好飲。乘玄武，黑而矮。乘太陰，美而艷。乘天后，美而端莊。
如日支上神為日支的六害，必有殘疾。
占課概知其容貌美者，天后、神后入課而旺相也。
知其醜者，發用子加巳或加於辰、戌、丑、未及女子命上神見魁、罡也。

◎女子有無子息要看：

六合與本命相生者有子。六合與本命相剋者無。
三傳中見子孫爻者有子，若不見則無。
子臨本命上則先女後男。午臨本命上則先男後女。
日上神乘天后，辰上神乘六合，主未娶而先孕也。
傳課循環主因親致親。

日干臨日支上主男就女家。日支臨日干上主女就男家。

子加申，酉加寅主男有二婦。申加子，寅加戌主女有二夫。

巳亥相加發用，主兩心不定。

六合所乘之神剋天后，主強橫奪妻。

如聞媒妁之言，而未知其虛實，則視六合所臨之神判別。臨孟主實，臨仲主虛實參半，臨季全虛，婚姻之占盡於是矣。

二、占胎產

胎產之占，先觀其有無，次決其男女，次卜其生產期及生產過程之吉凶。

（一）凡日干，日支上神相合，三傳旺相而發用為子孫爻者。

日干、日支上神及三傳見蛇、后、合者。

發用辰、戌，乘合、后，兼血支、血忌者。

胎神乘生氣發用，臨日干、日支、行年、本命者。

夫婦年上神為三合、六合更值天，月二德與生氣者。
夫婦行年上神為日干之子孫，而上下無空亡，六害者。
貴人臨婦人之行年而乘六合者。
以上皆主有孕。
日干、日支上神刑、沖、三傳休囚空亡，而子孫爻不見者。
課體得無祿、絕嗣。三傳為丑、亥、酉者。夫婦行年上神相刑、害、乘惡煞而子孫爻不見者。
以上皆主無孕。
若發用寅未相加、乘蛇、虎做日鬼或天鬼臨日支剋日干，雖有孕而為鬼胎也。
天后乘天罡，臨行年與子孫爻乘騰蛇帶血支、血忌或三傳剋日，雖有孕而終墮也。
子孫爻乘死氣空亡與玄胎課乘玄、虎者孕必死。
巳亥日返吟課與子孫爻乘蛇，勾而非空亡，六害者，孕易動。
上述皆占孕之有無而附及者也。

（二）決其男女：

男女之占，以孕婦行年上神決之，斯為準確。

孕婦行年上神屬陽則生男，屬陰則生女。

如就課傳論，四上剋下者生男，四下賊上者生女。

六陰者生男，六陽者生女。

三傳二陰包一陽生男，二陽包一陰生女（體多用少，以用為準）。

（三）生產之期以發用之三合定其月（如用神為亥，主卯月或未月生）。

以發用之刑，沖定其日（如用神為子，子刑卯，沖午，即卯日或午日生）。

以發用前第一個地支定其時（如用神為子，則主亥時生）。

若天空，白虎乘子孫爻發用與今日支脫日干不相合者，主當日生。其生時以日之長生定之。

（四）生產過程吉凶，凡日上神脫日支上神或三傳脫日支者。

三傳逢大煞空亡及傳退者（即退茹格）。

子加戌發用又做血支、血忌者。三傳內白虎乘子孫爻者。

日干入傳而日支脫日干者。天空臨日干，日干生三傳者。

青龍乘酉而逢沖動者。

以上皆主生產速而易。

日干上神合日支上神或三傳合日支者。

三傳逢三，六合及傳進者（即進茹格）。

發用血支、血忌，沖動浴盆煞而無水者。勾陳乘子孫爻者。

日干入傳而日支合日干者。課傳循環而不見刑、沖、空、脫者。

以上皆主生產緩而難。

日干，日支上神旺相相生乘吉將。

日干，日支上神不相剋害或初傳乘六合，中末傳乘青龍。

日支生日干或日支生三傳或三傳遞生而不乘凶將。

孕婦行年上神旺相，末傳乘吉將而日干上神亦乘吉將。凡此皆可以生產吉順斷之。

日干上神剋日支上神。六合所乘之神剋天后所乘之神。

墓神覆日支而不見刑、沖。三傳剋日支，蛇虎入傳而日支乘死氣化。

以上皆主損傷母體。

日支上神剋日干上神。天后所乘之神剋六合所乘之神。
墓神覆日干而不見刑、沖。三傳剋日干，蛇虎入傳而日干乘死氣化。
以上皆主損傷胎兒。
若日干、日支互剋，天后與六合相刑。而四課三傳又無一吉將，則主母子俱損，凡此皆當以生產凶難斷之。
三傳俱旺，末傳乘天后。四課不備而日干脫日支。主不足月而生也。
發用空亡，傳歸實地。柔日逢昴星課或伏吟，無丁神，驛馬。主過月而生也。
貴人乘四仲（辰戌丑未）臨四孟（寅申巳亥）或壬戌日逢伏吟課。主雙生也。
貴人順佈，三傳順行或戌加亥。主順生也。
貴人逆佈，三傳逆行或亥加戌。主逆生也。
辰戌乘龍，虎又做月厭發用。主非正常方式生產。
課體伏吟，而干支刑剋，神將俱內，外戰。主難產。
課體伏吟，而玄武臨日支。主生而聾啞也。
庚辛日神后（子）乘白虎或天空乘卯臨日支。主生而缺唇也。
胎產之占，盡於是矣。

三、占家宅

家宅之占，以日干為人，日支為宅，先合觀其大體，再分別詳論之。

（一）凡日干上神生日支，日支上神生日干。

日干上神見日支之旺神，日支上神見日干之旺神。
干支上神見德神貴人，而不空亡。
干支上神見三合，六合或交叉相合。
日支加日干生日干，日干加日支生日支。
貴、合、龍、常吉將乘日支上神發用。
以上皆主於人為福，於宅為吉。

（二）凡日干上神脫日支，日支上神脫日干。

日干上神剋日支，日支上神剋日干。
日干上神為日支之墓，日支上神為日干之墓。
日干上神為日支之敗氣，日支上神為日干之敗氣。

干支上神刑、沖、破、害或空亡、破碎。
日干加於日支之上受剋，日支加於日干之上剋日干。
三傳無氣，發用空亡。玄、勾、蛇、虎凶將乘干支上神發用。
以上皆主於人為禍，於宅為凶。

（三）大體既明，進而分占人宅之禍福吉凶。

凡日干上神乘吉將做日德或貴、祿。日干上神生日干。
日支上神生日干或日支加日干之上而生日干。日干上神為生氣，乘青龍。
日干上神剋日支。日干加於日支上而剋日支。日支生日干上神。
日干上神為月將又乘吉將。課體吉而三傳生日干。
三傳生日干而天將剋日干。三傳剋日干而天將生日干。
三傳遞生而生日干。三傳旺相發用，日德乘吉將。
初傳為日前一日支，末傳為日後一日支（如日之干支為丙子，前一日支為亥，後一日支為丑）。
以上皆主於人為福。

（四）凡日干上神乘凶將，為日之刑、沖、破、害。

日干上神剋日干或為日干墓（墓神覆日）。日支加於日干之上而剋日干或為日干墓。

日干上神為死氣乘白虎。日支上神剋日干。

日干加於日支之上而受剋。日支剋日干上神。

日干上神空亡或脫日干敗氣又乘凶將。

課體凶而三傳剋日干或脫日干。三傳遞剋而剋日干。

發用空亡或為日墓。發用剋日又乘凶神惡將。

以上皆主於人為禍。

（五）再以日干上神所乘之天將，視其與日干為生為剋來斷其事因。

貴人生日干，主貴人提絜。剋日干，主干謁無效。日干剋貴人，主惹禍招非。

螣蛇生日干主憂疑解散，剋日干，主小兒疾病。日干剋螣蛇，主怪夢虛驚。

朱雀生日干，主文書喜氣，剋日干，主是非口舌。日干剋朱雀主財物到門。

六合生日干，主婚姻成就，剋日干，主親長有災。日干剋六合，主添進人口。

勾陳生日干，主田土進益，剋日干主田土涉訟。日干剋勾陳，主修造動土。

青龍生日干，主官職遷擢，剋日干主家堂不安。日干剋青龍，主財喜重疊。
天空生日干，主奴婢得力，剋日干，主下人欺侮。日干剋天空，主加工修築。
白虎生日干，主宦途發達，剋日干，主孝服血災。日干剋白虎，主驟得橫財。
太常生日干，主財帛進門，剋日干，主口腹得疾。日干剋太常主，酒食徵召。
玄武生日干，主搬弄是非，剋日干，主竊盜臨門。日干剋玄武，主先驚後喜。
太陰生日干，主陰人助財，剋日干，主僧道暗算。日干剋太陰，主財物自來。
天后生日干，主妻妾懷妊，剋日干主婦人爭鬥。日干剋天后，主喜事臨門。

（六）又當以三傳全體之生剋，驗其人口。

三傳全財，不利尊長。三傳全印，不利卑幼。
三傳比劫，不利妻妾。三傳傷食，不利官祿。
三傳官鬼，不利本身與兄弟。
若有日上神剋制之，其凶可解。至於空亡之爻亦當詳審。
父母爻空，則父母有不測之虞。子孫爻空，則子孫有不測之虞。
再以陰神及行年上神參証之，禍福無遺也。

（七）凡日支上神為太歲月將，又乘吉將者。

天乙乘太歲臨日支上者（平民占得忌）。日支上神生日支者。

日支上神做生氣、乘青龍者。日支上神為支德或天喜者。

日支上神與日干上神比和或三合，六合，德合，乘吉將者。

日支上神旺相或日支自旺者。

三傳旺相發用乘吉將，支德不剋日干者。

發用為日干之長生，乘吉將而不剋日干者。

以上皆主於宅為吉。

（八）凡日支上神為休、囚、絕、墓，又乘凶將者。

日支上神雖做生氣，但剋日干者。

日支上神脫日支，敗日支，為日支墓者。

日支上神空亡或日支自為空亡者。

日支上神與日支刑、沖、破、害者。

三傳休，囚乘凶將而發用，支德值空亡者。

太歲乘白虎臨日支上者，日支上神剋日支者。
日支上神做死氣或月厭乘凶將者。
三傳盡為日支之鬼或發用為日支鬼而不生日干者。
以上皆主於宅為凶。

（九）又當視日支上神所乘天將之喜惡以定其興替。

貴人臨日支，主家道興隆，產貴子，如與凶煞會合，則小口災，多虛驚。
騰蛇臨日支，主怪異火災，妖夢鬼祟，小兒不安，若逢伏尸煞，則家有伏尸。
朱雀臨日支，主求親做書，眼疾傳染，內外喧噪，如午酉日占，則婦人不和，有口舌詛咒。
六合臨日支，主增進人口，眷屬入門，修造動做。
如戊己日占，則有人送物添丁進喜。
勾陳臨日支，主屋宇毀壞，小兒疾病，若傳見朱雀，則爭田涉訟不已。如傳見白虎，主婦人久患血病。
青龍臨日支，主横入他財，骨肉娛樂，子孫富貴，屋宇光華，如傳見六合，主進人

口，傳見三合，主積財寶。

天空臨日支，主財帛散失，奴婢掌權，陰小多災，宅神空廢，漸見凋零。

白虎臨日支，主病亡喪禍，發用乘朱雀，勾陳，主官訟。三傳見貴人，主病動，見玄武，主小兒病難治。

太常臨日支，主宅舍修飾，歌管歡呼，外家做主，女得外家財物，庫中豐滿。如發用乘蛇，虎或丁神需防孝服。

玄武臨日支，主盜賊臨門，奴婢逃亡，少婦墮胎，風水不吉，以致家長損，陰小災或有水鬼。

太陰臨日支，主異姓過房，財帛暗積，如值死囚氣，則小口削弱，財帛傷損。

天后臨日支，主產生貴女，如發用為太常，則宅有寡婦。

（十）若欲占新舊宅之吉凶，則以日干上神為舊宅，日支上神為新宅，觀其衰旺，而臧否異焉。

日干上神旺相，舊宅好，如剋日干則自不欲住矣。

日支上神旺相，新宅好，如剋日支，雖移住不久也。

日支左神為左鄰，右神為右鄰，觀其神將而善惡分焉。例如日支為子，則丑為左鄰，亥為右鄰，神將吉則善，神將凶則惡也。

青龍乘子臨辰巳，宅井有水。

天空乘太乙（丑）入傳，井灶需修也。

青龍乘日支臨日干，宅乃寄居也。

大煞臨日支，乘虎剋日干，宅有血光也。

天后太陰臨日支，而陽不備，宅掌陰人也。

龍蛇乘子午臨日支而見血支，宅有孕婦也。

子午丑未相加而乘朱雀，兄弟不合而分居也。

騰蛇乘日支臨午，床下有毒蛇也。

青龍乘生氣臨日支生日干，宅漸興旺且悠久也。

白虎乘生氣臨日支生日干，宅必驟發但不久也。

凡此皆禍福吉凶之附占也。

四、占疾病

占病之法宜慎而詳，大要有三，一曰占其死生，二曰占其病症，三曰占其醫藥，而鬼祟不與焉。

（一）占其死生

占病以日干為人，日支為病，日干上神剋日支，日支上神剋日干凶。

最忌者為白虎（病神也），白虎值死氣剋日干，日上神乘白虎剋日干，或日支乘白虎剋日干者，皆主必死。

次忌者為墓神。墓神覆日干，墓神發用，年命坐墓，若無救解亦主死亡。

此外日德、日祿發用值空亡，年命上神值空亡，日上神值空亡，亦屬死徵。

占婦女疾病忌天后，小兒疾病忌騰蛇剋日干，其凶與白虎相等。

為人占病而類神值空亡。例如占尊長病而貴神空亡，占兄弟姊妹病而太陰空亡，占夫病而青龍空亡，占妻病而天后空亡，占奴婢病而天空空亡者，皆不吉之象也。死期則以日干之絕神定之。例如甲日絕在申位，則查申下之日支。值太歲，不出一年。值月建，不出一月。值日支，不出一日。

如均非者則以絕神下之日支為死日。例如絕神乘申臨巳，則可斷定其為巳日死也。

白虎乘神雖剋日干，而日上神或白虎之陰神剋白虎。

年命雖坐墓，而墓神值生氣。課傳雖凶，而類神臨生旺之鄉。

課傳中雖填滿死神、死氣、飛魂、喪魄、月厭、大煞等凶煞。而無一剋日干者。

凡此皆為不死之徵。其病愈之期則為日干所生之日。如甲日占丙日病愈，乙日占丁日病愈，以子孫能制官鬼故也。

（二）占其病症

日支上神為病症，故欲知病症當視之。神后（子）主傷風、腎竭，天后乘之，則男子精絕、女子血絕。

登明（亥）主顛狂、濕風，玄武乘之則眼目流淚。

天魁（戌）主腹病、脾洩，天空乘之則步行艱難。

從魁（酉）主咳嗽、勞傷，太陰乘之則損肺傷脾。

傳送（申）男主脣破、女主孕危，白虎乘之則瘡腫腐骨。

小吉（未）主翻胃、嘔吐，太常乘之則氣噎癆瘵。

勝光（午）主心痛、目昏，朱雀乘之則傷風下痢。
太乙（巳）主齒痛、嘔血，騰蛇乘之則頭面疼腫。
天罡（辰）主遺漏、風癱，勾陳乘之則咽喉腫塞。
太沖（卯）主胸脅多風，六合乘之則骨肉疼痛。
功曹（寅）主目疼腹痛，青龍乘之則肝胃不合。
大吉（丑）主氣促神虛，貴人乘之則腰腿痲痺。
若欲究其得病之原因，則當視日干上神所乘之天將。
乘貴人，由思想勞苦而得也。乘騰蛇，由驚恐憂疑而得也。
乘朱雀，由口頭咒詛而得也。乘六合，由喜慶姻親而得也。
乘勾陳，由情緒，牽絆而得也。乘青龍，由經營財物而得也。
乘天空，由欺妄隱忍而得也。乘白虎，由弔喪問疾而得也。
乘太常，由酒食醉飽而得也。乘玄武，由祀神捕盜而得也。
乘太陰，由奸私暗昧而得也。乘天后，由閨房酒色而得也。
自巳至戌，白虎乘之，病在外表也。自亥至辰，白虎乘之，病在內部也。

（三）占其醫藥

男以天罡（辰）加行年。功曹（寅）之下為醫神。

女以天罡（辰）加行年，傳送（申）之下為醫神。

醫神若能剋日支或制白虎所乘之神則善矣。不然則於日干寄宮前第二支下求之，是為值日天醫（例如甲日寄宮為寅，寅前二支為辰，以辰所臨之處，即值日天醫所在之地也）。

天醫能剋日支或制白虎所乘之神則善矣。

又不然，則於天醫之對沖下求之，是為值日地醫。地醫能剋日支或制白虎所乘之神，斯又善矣。又不然則於制白虎所乘神之辰下求之（如虎乘申，則於午下求之，虎乘酉，則於巳下求之，陰陽需相比）無有不善矣。

其醫神屬木者，宜禳解。屬土者，宜丸散。屬水者，宜湯藥。屬火者，宜灸。屬金者，宜針砭。

五、占謀望

謀望之占，事非一端，情亦萬緒。大要先視類神，如求財視青龍。經商視六合，衣食視太常之類。

類神入課傳則有望，否則無望。次視干支上神如比合乘吉將而不見刑、沖、破、害為有望，否則無望。

再次視發用，如乘吉將，無內外戰，與日干相合而不落空亡，則有望，否則無望。

所喜者，貴登天門（貴人臨亥為登天門）神藏煞沒，及貴人臨日干。

所忌者，日干日支乘墓，坐墓或墓神覆，日干、日支也。

凡發用關隔（即子加卯，午加酉。蓋卯酉為關，子午為隔），復乘凶將者。

三傳均乘凶將者。類神值空亡者。破碎發用復乘凶將者。

歲破，月破同入傳，類神適為月破者。命上神剋日干上神者。

初傳剋末傳者。類神入傳而休囚者。

以上皆主謀望不成之象也。

凡日德、日合發用，又乘吉將者。

三傳均乘吉將，類神不值空亡者。類神發用而不受制者。太歲或月將做貴人發用者。
命上神或日干上神乘貴人或月將與發用相比和者。
日干上神與命上神相合或日干上神剋命上神者。
丑加巳或子加丑更乘吉將者。末傳剋初傳者。類神入傳而旺相者。
三傳中見成神，龍常臨日（地盤）發用而不剋日干者（若求官財剋日反吉，以求官喜見官鬼）。

以上皆主謀望必成之象也。

至論謀望之遲速，則類神旺相者速，類神休囚者遲。
劫煞發用者速，驛馬發用者遲。成神做初傳者速，做末傳者遲。
日德做類神而發用者速，巳亥做類神而發用者遲。類神臨卯酉者速，臨辰戌者遲。
三傳不離四課而末傳歸日干上神者速。三傳離四課而末傳值空亡者遲。
課傳六陽也，宜於公而不宜私。課傳六陰也，宜於私而不宜公。
所圖而知其實者，三傳逢三合，六合而類神見也。
所圖而知其虛者，天空乘旬空而類神伏也。
宜動而不宜靜者，丁馬並見也。宜靜而不宜動者，干支乘旺也。

自干傳支，則我去求人。自支傳干，則人來求我。
先刑後合，則初難後易。先合後刑，則初易後難。
三傳遞剋而復來剋日干，事雖小而終乖。
太歲，月將發用宜大事也。三傳平淡而乘吉將小事也。
上剋下發用則事起男子在外。下賊上發用則事起女子在內。
課逢知一，事起比鄰。日支剋日干則言真。日干剋日支則言偽。
三傳順行，貴人順佈則事順，反之則事逆。去辱喜空，求榮喜實。
此皆占時所宜附及者也。

六、占官祿

官祿之占，就天將而言，則文視青龍，武視太常。而貴人、朱雀、白虎亦需兼及。
貴人為天將之首，朱雀主文書。白虎乘官鬼為催官使者，且主威權也。
神煞方面則重太歲、月將、日德、天馬、驛馬。太歲為至尊之神，月將為福德之神，日祿為福佑之神，天、驛馬為發動之神，均為求官求祿之要素也。

所喜者，日官，日祿，印綬，軒車也（戌為印，未為綬，卯為軒車）。所忌者，空亡與沖，墓也。所主者，本命與行年也。因是以占在任之吉凶。

日干上神及發用為日德，日祿或日官上乘吉將者吉。

日干上神及發用均乘凶將或神將雖吉而沖、墓、空亡者凶。

日干上神逢天羅，日支上神逢地網發用，而年命上乘喪弔者，為丁制之凶。

日干上神發用，丁神在外，日支上神發用，丁神在內，主仕途艱難。

日干上神發用為日之墓神，或乘白虎或祿神坐閉口。或神將不吉，而中末傳值空亡。

年，命上神又乘病符等凶煞者，皆為疾病不測之凶。

三傳遞剋日干，而無日德解救或朱雀乘開口者，為論劾之凶。

德，祿，官三者值空亡，年命上神又乘凶將或乘天空者，為去位之凶。

日祿臨日支或日祿臨日支坐墓而無官德解救者，為缺折遜避之凶。

若夫占陞遷之遲速，則視青龍、太常所臨之神（文視青龍，武視太常）如臨日干、日支則佳音可翹首而待。不然視其所臨之神與日干隔若干位而定其年，與日支隔若干位而定其月。

龍常所乘之神生日干者，內除也。為日干所生者，外除也。

日祿所臨之處即食祿之方也。

若占聞報之虛實，則課傳佳而太歲在日前或日上神乘天喜，朱雀者，實也。傳課不佳，而太歲在日後或日上神空亡乘玄武者，虛也。他如太歲，月將臨日干發用，官印顯赫，祿馬扶身，貴登天門，神藏煞沒，以及甲子、庚寅日之伏吟課，皆主官尊祿厚悠久無疆者也。

七、占科考（選舉亦同）

日干為應試人，選舉為候選人。日支為試題，選舉為候選人職位。日干上神為考選單位。日支上神為考場，選舉為政見發表會場，朱雀為主考官。

（一）吉中之占

1．朱雀乘神生太歲，日干，幕官，年，命。

朱雀乘神生太歲，例如：巳，午年，六乙日占，日干上神寅，朱雀乘之，寅木生巳，午火，為朱雀乘神生太歲。

朱雀乘神生日干，例如六辛日夜占，日干上神為辰，朱雀乘之，辰土生日干辛金，為朱雀乘神生日干。

朱雀乘神生幕官（晝夜貴人，互為幕官，如用晝貴人，則夜貴人為幕官）。例如六甲日夜占，夜貴人用未，晝貴人丑為幕官。

朱雀乘神生行年，例如朱雀乘神為卯，占課人行年為巳，卯木生巳火，為朱雀乘神生行年。如占課人本命為巳，午，則朱雀乘神生本命。

2．朱雀乘太歲，月建，月將，年，命。

3．朱雀與太歲、日干相合，帶德、祿，臨生、旺之地。

4．幕官臨日干，年，命上者。

例如六甲日夜占，丑加日干寅（丑為幕官），六庚日晝占，未加日干申（未為幕官）。

5．月將加臨日干，年，命上者。

6．儀神（旬首，如甲子、甲寅、甲辰……）加臨日干，年，命上者。

例如乙丑，己巳日夜占發用為子，乙丑，己巳均為甲子旬。子為乙，己日的晝貴人（幕官）。

例如乙酉，己丑日晝占，發用為申。乙酉、己丑均為甲申旬，申為乙，己日的夜貴人（幕官）。

例如辛酉日夜占，發用為寅。辛酉日屬甲寅旬，寅為辛日的晝貴人（幕官）。

7．三傳遞生而生日干者。

例如六丙日占，三傳申，亥，寅，初傳申金生中傳亥水生末傳寅木生日干丙火自上遞生者。

例如六癸日占，三傳酉，丑，巳，末傳巳火生中傳丑土生初傳酉金生日干癸水，自下遞生者。

8．三傳龍奮者。

即初傳乘騰蛇，末傳乘青龍，蛇化為龍之象。

9．兩貴夾拱日干上神，年，命者。

初末傳為晝夜貴人，拱其干上神。例如壬子日占，干上神辰，初傳巳，末傳卯，三傳為巳，辰，卯（壬子日，卯，巳，為晝夜貴人之位）。

兩貴拱干上神（拱日干寄宮亦同）。

初末傳乘晝夜貴人，拱占課人年，命者。例如六癸日占，三傳卯戌巳，占課人

年，命在酉（寄戌），兩貴人拱年，命。

10．歲、月、日、時（謂之天心）俱見三傳之中或四課之上。

例如辛巳年戊戌月己卯日戌時卯將，三傳巳戌卯。巳為太歲，戌為月建，亦為占時，卯為日支亦為月將俱在三傳之中。

例如甲子年壬申月乙巳日酉時巳將，四課為：

一課	二課	三課	四課
子乙辰	申子	丑巳	酉丑

子年，申月，巳日，酉時，俱在四課之上。

11．四課俱上生下者：

例如甲午日占，一課亥甲寅　二課申亥　三課卯午　四課子卯

俱上生下，謂之雨露潤澤。

12．罡、魁加臨日干，年，命者。

罡為天罡辰，為領袖之神。魁為河魁戌，乃文明之宿。在科考中為吉神。

例如甲辰、甲戌兩旬中，辰戌加臨日干，年，命者。

13．從魁臨日干者。

從魁酉為北斗第二星，三月抵於酉。

14．斗魁臨日干，年，命者。

丑中有斗宿，未中有鬼宿，丑未相加，即斗加鬼合為魁字。

例如六丁、六己日占，返吟課，丁、己寄未，日干上神為丑，即丑加未上，為魁。

例如六癸日占，返吟課，癸寄丑，干上神未，即未加丑上為魁。

15．德入天門者。

謂日德加於亥上發用。

例如六壬日占，伏吟課，亥上乘亥，天盤亥為壬日的德。地盤亥為天門，為日德入天門。

例如六辛日占，返吟課，亥上乘巳，巳為辛德，亥為天門，為日德入天門也。

（二）凶，不中之兆也

1．朱雀乘神剋太歲，日干，年，命，幕官者。

2．發榜將出，忌乘丁（神）馬（驛馬），課體如吉，則另行斷之。

3．墓神覆日者。

例如甲日占，日干上神為未，為木墓。丙，丁日占，日干上神為戌，戌為火墓。

4．發用見空亡，受剋及墓者。

例如六甲日占，發用為未，未為甲（木）墓，甲木剋未土。

5．網羅纏身者。

日干前一位為天羅，日支前一位為地網，干支上神為羅，網。如年命上神沖破，可免。

6．用神遙剋貴人者。

例如乙亥日晝占，三傳未、卯、亥，日干上神子。發用未土剋子水（子為日貴）。

7．四課俱下生土者。

例如庚子日，一課亥庚申　二課寅亥　三課卯子　四課午卯

四課俱下生上者，名根斷源消。

8．蛇封者。

初傳乘青龍，末傳乘騰蛇，龍化為蛇，不吉。

八、占財物

求財之占，當視日財。日干所剋者為日財，即妻財爻也。天將則重青龍，以青龍為財喜之神也。

生日財及墓日財均為暗財。例如辛日以寅為財，亥子水生寅木，而木墓於未，所以亥、子、未均為暗財。

亦需兼參課傳中見財。年命上見財。青龍之陰神為財。青龍臨日干，日支，而所乘之神為日之長生。日干，日支，年，命，上見暗財。青龍乘暗財發用。凡此皆主求財可得之象也。

日干剋初傳，初傳剋中傳，中傳剋末傳，為求財大獲格。三傳見日祿或命祿，日干坐祿者，謂之一祿勝千財，尤吉。

三傳俱財，財反化鬼。三傳俱鬼，鬼反化財。日財發用，值旺相之月，所乘天將又與之（日財）生合，比和者，主無財。蓋財自貪其生旺，不能為我作財也。

日財逢空，落空，天空乘之者。

財不入傳而青龍又入廟入墓者。（青龍臨寅名入廟，入墓即坐墓）青龍乘空亡而日支，日支上神相比和。凡此皆主求財不得之象也。

至於占財得之難易，則：日支生日干者易。日支剋日干者難。財為發用者易。財為末傳者難。財臨日干者易。日干臨財者難。日德，日祿發用者易。返吟，伏吟為課體者難。日支傳日干者易。日干傳日支者難。干支上神比和者易。干支上神相剋者難。

其先難後易者：初傳為鬼而中末傳為財也，求之宜緩。

其先易而後難者：初傳為財而中末傳為鬼也，求之宜速。

若論財之多寡則：財逢旺相者多。財值休囚者寡。發用為財者多。中末傳為財則寡。類神見者多。類神伏則寡。太歲做財神而乘青龍者多。日干坐大小耗而不乘青龍則寡。財逢旺相而適值旬空。則空手而得財也。財乘太陰。則無心而獲財也。至於論及求財的方

向，則為青龍所臨之處是矣。

若占索債，則日干為債，日支為債主，時為欠債人。如時上神生日干，日干上神生日支或俱比和或俱乘吉將，或日支上神剋時上神，索之可得。若占借債則因日之剛柔而異。剛日視干上神，柔日視支上神。遇丑，寅乘吉將者，立遂。遇巳，午者稍有留難。遇酉戌者略有希望。遇申，未者必被拒絕。遇亥，子者必遭婦人嗔責。若類神入傳，財爻旺相，則所求必遂，不必泥視干支上神也。

若占賭博則：日干為客，以日支為主。日支上神剋日干上神者主勝。日上神剋日支上神者客勝。

九、占詞訟

占詞訟分內與外，內與家人訟，則日干為尊長，日支為卑幼。外與他人訟，則日為原告，日支為被告。若無對頭，則以日干為官，日支為己。

干、支之吉凶剋制，而勝負自明。如日干吉而日支凶（指干支上乘之天將而言），或日干上神剋日支上神，則尊長與原告勝。日干凶，日支吉，或日支上神剋日干上神，則卑

幼與被告勝。干支上神比和而不乘惡將，則和解可望矣。

當投狀上告，則視朱雀。如朱雀所乘之神與貴人所乘之神相生，合或比和，而初傳又生日干者，勝訴。反之則否。

及其既准也，則視勾陳。日干剋勾陳所乘之神，則訟得直。勾陳所乘之神剋日干，則訟不得直。若天空臨日支而關神（獄神）入傳或墓神覆日支而又自生投墓（即初傳生日干，末傳墓日支）者，主監禁。遇鑰神氣化旺相且不落空亡者可出禁。三傳遇曲直而剋日干，主拘役。勾陳乘寅卯剋日干，或白虎臨亥，主罰鍰。勾陳之陰神乘白虎，帶破碎等凶煞而剋日干，主重罰。勾陳之陰神乘貴人，帶生氣而生日干者，主釋放。勾陳所乘之神剋日干，日支，主兩敗。勾陳所乘之神與日干，日支比和，主不決。

朱雀開口主受枉屈而難伸也（朱雀正月乘巳，二月乘辰，三月乘午，四月乘未，五月乘卯，六月乘寅，七月乘申，八月乘酉，九月乘丑，十月乘子，十一月乘戌，十二月乘亥）。

白虎仰視（白虎正月乘申，二月乘寅，三月乘巳，四月乘亥。周而復始謂之），因嫌疑而遭罪也。

斗罡臨日干，子孫爻入傳或貴人入獄（貴人臨辰戌），主囚禁不出也。

太歲兼貴人生日干，罪雖重，可望減刑也。

貴人臨日干而順佈，直者勝而曲者負也。

天乙貴人發用而剋日干者，宜聲請移轉管轄也。

貴人值空亡，案久懸而不結也。

三刑六害、凶神惡煞疊見於日干，日支發用，主訟必負也。

玄武所乘之神為教唆鬼也，可視類神而知其為何等人也。

神后之下，避罪之方也。至於決大疑重獄而欲得其真情。則以日干為我，日支為囚，日干上神剋日支上神，則囚當吐實。若天空臨日支上，則囚終忍楚不供矣。

簡括言之，凡占詞訟，所喜者：貴人、青龍、太常、天后也。所忌者：勾陳、朱雀、白虎、騰蛇也。課傳中見勾、雀、蛇、虎剋日干，均主凶。又丁神入傳逢羊刃亦凶。唯初傳白虎，末傳騰蛇，則雖凶而不為禍也。以其為虎頭而蛇尾之故也。

十、占交易

占交易大概以日干為人，日支為物。而買物則以日支為我，日干為人，發用為物。

賣物則以日干為我，日支為人，發用為物。

干支上神相生，買賣可成。日支上神乘吉將，則物貴而宜賣。

日支上神乘凶將，則物賤而宜於買。

日財旺相，物雖濫而必售。日財乘青龍，物雖珍而必獲。

日干上神生日干，日支上神剋日支，售雖速而利少。

日上神剋日干，日支上神生日支，售雖遲而利厚。

類神乘騰蛇而帶囚死，價雖賤而難脫。

類神入傳，干支相生乘吉將，三傳均旺相或見成神，則可居奇而待價。

若類神不入傳或入傳而逢空入墓，休囚無氣，干支相刑害，則交易難望成就。

財爻不宜太多，太旺。尤忌空亡，絕氣化。

兄弟爻不宜多見，以其為劫財也。

至於交易之處，則視青龍與驛馬長生所臨之方而往，可卜利市三倍矣。

十一、占例

（一）丁亥年戊申月戊子日午將戌時四十九歲己亥命占合夥經營事業之發展（如課盤表六十六）

◎**課象分析：**

1．由三傳演卦得 ䷜ 坎卦，以坎卦卦辭分析之，坎卦險也。卦辭曰：習坎。有孚。維心亨。行有尚。序卦曰：物不可以終通，故受之以坎。要渡險，先要有誠，心有所主，有奮鬥的目標。所以要捫心自問，合做雙方是否具有這樣的真誠，有共同的目標奮鬥？有沒有？吉凶自知。

2．合夥經營先視六合，求財利需視青龍。六合乘戌臨寅下賊上，氣化休墓不上課傳。青龍雖旺亦不上課傳，類神居閒地無所助益之象。

3．四課三傳均乘凶將，尤其日干上神及末傳均乘天空，如何成事？

4．由課象顯示合做雙方並不具備有孚。維心亨。及行有尚的條件，所以不能共同渡險。欲合無成之象也。

☆**正斷：**有合做的構想但不會成功。

◎以占例（一）來介紹課盤內氣化衰旺的排列（如六壬課盤六十六）：

1．先介紹日干五行之生旺，依序為長生、沐浴、冠帶、臨官、帝旺、衰、病、死、墓、絕、胎、養等十二宮。排列方法如P31日干五行生旺死墓表。

2．在占例（一）日干為戊日為陽干，由天盤的寅起長生，順佈之，卯為沐浴、辰為冠帶、巳為臨官、午為帝旺……。陰干則依表列逆佈。

3．再介紹月令五行之旺、相、休、囚、死，顯現在四季中各「行」的氣化消長強弱。如P32月令五行旺相休囚表。

4．在占例（一）月令為戊申，秋季金旺，以天盤之申、酉為旺。以天盤之亥、子為相。以天盤之辰、戌、丑、未為休。以天盤之巳、午為囚。以天盤之寅、卯為死。

課盤內十二宮位的氣化消長，代表各宮位的動能強弱，將原本平面的課象變成了立體的、有生命的課象，至為重要。

（二）戊子年戊午月甲辰日未將申時五十二歲丁酉命
占至戊子年底世界原油價格是否持續上漲？（如課盤表六十七）

◎課象分析：

1．由三傳演掛得䷿未濟卦，以未濟卦，卦辭分析之。卦辭曰：未濟。亨。小狐汔濟。濡其尾。無攸利。未濟卦上火下水，水火不交，不相為用。其六爻皆失位，進無攸利之象。像隻小狐狸欲渡河，多疑，穴處隱伏又不得地利。沒有智慧處在水邊水淺之處，欲渡險而不能，往前進一步則尾巴都濕了，難再向前了。由卦象顯示，已至止漲轉跌之位了。

2．原油為貨物，價格漲跌以占交易分析。以日干為人，日支為物。

3．日支上神朱雀乘之，天盤空亡，地盤居投網之位。朱雀為消息之神失位不得地，價格轉低之象也。

4．日支上神剋日支，售雖速而利少，亦為將止漲轉低。

5．日干坐祿，馬但坐臨空亡之位，無助於漲勢。

6．四課多空亡，三傳逢退茹格，重陰格，阻難重重，無力再漲了。

☆**正斷：**續為止漲轉跌的趨勢。

（三）癸未年丙辰月壬申日酉將辰時四十五歲己亥命占SARS病症於台灣爆發，何時可穩定獲得控制？（如課盤表六十八）

◎課象分析：

1．由三傳演卦（三傳之天盤為外卦，地盤為內卦，初傳地盤亥逢空亡變陰為陽，並以初九爻辭分析卦象之意）得☲☱火澤睽卦，取睽卦，初九爻爻辭分析之。初九爻辭：悔亡。喪馬勿逐自復。見惡人無咎。顯示病症發展必定終止，老老實實的去做應該做的事。內卦為兌初爻空亡，應於酉月即本年9月8日～10月9日可獲控制。此先就課象演卦的方式分析。

2．占病以日干為病人，日支為病。

（1）日支上神剋日干病況甚凶，然日干壬寄亥宮，亥逢空亡，顯示至亥月可完全消弭SARS病症。

（2）墓神覆日干，然行年上神卯剋之，雖凶有解。

（3）日支上神為大吉丑乘之，病症為氣促神虛，呼吸系統發病，造成人極度虛弱。

（4）四課，三傳之中第二課及中傳為勾陳乘酉臨辰，辰土生酉金，酉金生日干壬水，酉為印為救神，因此逢酉月必獲救助控制病況。

☆**正斷：**9月8日~10月9日之間即可獲控制。

（四）癸未年丁巳月甲午日酉將卯時十九歲乙丑命占考試（如課盤表六十九）

◎**課象分析：**

1. 由三傳演卦得 ☰ 純陽之乾卦，取乾卦卦辭分析之。乾、元、亨、利、貞。元者大也。亨者通也。利者宜也。貞者正也。科考為端正鞏固之事，其象為合宜、通達。代表著此占可成之意。
2. 朱雀乘神（亥水）生日干甲木，生行年上神寅木。
3. 斗魁臨本命乘貴人又幕官乘本命上神。
4. 德，祿，成神發用，末傳亦同。
5. 項一~四均為吉象，必中之兆也。

6．干支上神相合，應試人與考題相合，然氣化居囚死之位。

7．返吟課涉害發用，阻礙之象。

8．項六～七顯示必經歷一些阻礙方會及第，且不會名列前茅，而是低空掠過。

☆ **正斷：**甄試可成，低空掠過。

（五）甲申年乙亥月戊申日寅將辰時四十六歲己亥命占轉職（如課盤表七十）

◎ 課象分析：

1．由三傳演卦得 ䷟ 恆卦，三、四、五爻為變爻，取其爻辭分析之。恆卦九三爻辭：不恆其德。或承之羞。貞吝。意指不堅守己位，三心二意，狐疑不定，故占者戒之，若失其位必致悔凶。九四爻辭：田無禽。以陽居陰位，久非其位也，失其位，如何能有所獲。六五爻辭：恆其德。貞。婦人吉。夫子凶。五爻為陽位，陽位從陰，男人沒有制宜的智慧，亦即沒有擇善固執的智慧，耳根軟弱，心志不堅，沒有好結果。由卦象顯示所占之事不可行。

2．轉職求財類神視青龍，青龍雖見於中傳但乘空亡之位。

3．三傳逢退茹格落空亡，本為宜進不宜退。但日干上神，陰神，三傳財官，月將均空亡，其象不吉過甚，會一無所有，實不可冒然轉職。

4．三傳離四課而末傳空亡，轉職謀望之事會延遲。

☆**正斷：**堅守己位，不可轉職，執意轉職，沒有好結果。

（六）癸未年丁巳月丙申日申將酉時二十歲甲子命占男女交往（女占）（如課盤表七十一）

◎**課象分析：**

1．由課盤三傳演卦得䷦蹇卦，初六爻為變爻，以初六爻爻辭分析課象。蹇卦初六爻辭：往蹇來譽。往來者進退也，顯示進而往則冒其蹇（蹇者難也）退而來，則來其譽之象，明白的告訴占者，這段感情不宜繼續發展。

2．女占，先視青龍，日干及日干之陰神，青龍乘日干上神辰臨巳均為空亡，又脫日干丙火。陰神天空乘之，臨空亡之位，對象虛幻不實，經不起考驗。

3．發用天空同陰神又逢退茹格，顯示不宜繼續交往。

4．中傳逢刑，沖，情感發展必中斷無成。

5．日干及陰神（一、二課）代表男方及其家境。日支及陰神（三、四課）代表女方其家境。一、二課分別為青龍乘辰臨巳（辰、巳空亡），天空乘卯臨辰（辰空亡），男方華而不實，家宅渙散欠和諧。三、四課分別為朱雀乘未臨申，六合乘午臨未。女方家人有點聒噪但品行端正，家宅成員同心合力，經濟狀況良好。

☆**正斷：**不宜繼續交往，必沖散無成。

（七）丙午年己亥月己巳日寅將巳時三十八歲己酉命占合夥創業發展之吉凶（如課盤表七十二）

◎**課象分析：**

1．由三傳演卦得䷸巽卦，九三及九五爻為變爻，取爻辭分析之。九三爻辭：頻巽吝。九三爻剛過不中又居內卦之上，本不能巽，致處巽之時屢巽屢失，顯示合做創業卻悉以對方為主，終必無成（求占者，有力不從心之憂）。九五爻辭：占吉

悔亡。無不利。無初有終。先庚三日。後庚三日吉。九五爻，剛健中正，然與九二不應，顯示若自行創業，初雖有困難而終有成，但與合夥則無應，不宜合夥。要審慎瞻前顧後全面思考。

2．占合夥創業先視六合，求財視青龍及財爻。六合為財但乘亥（空亡）又逢沖。青龍失位，氣化囚墓，無一有利。

3．三傳天空發用，官鬼爻（事業）逢天空，中末傳亦乘臨空亡，不成之象。

4．日干兩課（一、二課）為己，日干陰神青龍乘丑失位囚墓無氣，顯示本身資金有限，更應謹慎，不可冒然投資。

5．日支兩課（三、四課）為對方，逢天空又六合乘空亡，為能言而未之能行者也。

6．月將寅乘天空，月建亥逢空亡，又分別居三、四課，為合做的對象，買空賣空沒有根基，所以必定無成。

☆**正斷：**不可投資，合夥創業必無成。

（八）丙子年壬辰月庚辰日戌將子時夜占

（本課為自占，因為才剛轉職海外工做，擔心自己的國家故占之）

占1996年台灣海峽兩岸是否會發生戰事？（如課盤表七十三）

◎課象分析：

1.由三傳演卦得☰乾卦，以乾卦卦辭分析之。乾：元。亨。利。貞。元者大也。亨者通也，利者宜也。貞者正也。以卦辭之意斷之此為大亨通之象。兩岸不但不會發生戰爭，而且中國大陸將日益發展。為什麼這樣說，由課象顯示的更清楚。

2.日干兩課（一、二課）代表我方台灣。日支兩課（三、四課）代表中國。日干騰蛇乘午剋日干，日干又空亡，陰神六合乘辰生日干，氣化強，表示台灣底子好，但騰蛇當道，凶將剋日干，日干又空亡，沒有好的領導人，政治紊亂，失序。為什麼戰事不起？因為一、三課相生，但台灣運勢必江河日下。

3.日支兩課分別為青龍（吉將）得位，居乘雲，飛天之位，氣化雖差，但已由最低返轉會持續的發展。陰神白虎（凶將）氣化差會增加了發展後期的阻力（白虎乘子，應於戌子年2008年）。

4．發用即以日支上神發用，以大陸為主角。兩相比較在經濟上，台灣由盛而衰，大陸由低轉高。在政治上台灣沒有好的領導人，政局紊亂。大陸有好的領導團隊，鞏固了領導中心，政局更強化，雙方發展的結果高下立見。

☆**正斷：**不會發生戰爭，但台灣國運發展不進反退。

占卜格言

（摘錄自袁樹珊編著，大六壬探原集說篇）

黎明即起，臨摹法帖，要筆劃整齊，既昏便息，溫習經書，必精神貫注。一動一言，當思瞻聽所繫，半勸半戒，恆念世道攸關，宜未卜而虔心，毋臨占而率意。

演課必須審慎，對人尤貴謙和，判斷簡而明，片言勝多瀆。禍福詳其理，淺顯愈艱深。勿占國事，勿卜逃亡，士農工商，皆可與之言。長幼老少，均宜導以善，吉凶固當直述，是非萬勿狂談。

忠孝節義，勸勉不可不誠。酒色財氣，警告不可不切。決疑先明得失，立論不外倫常，勿讚倖進之名，勿許非法之利。

遇富貴豪華，戢其貪暴。見貧苦困難，勖以勤勞。隨波逐流，根基難保，得隴望蜀，悔吝必多。遠佞親賢，預知其獲福，見利忘義，逆料其招殃。

占婚姻莫苛擇，免誤時期。

占胎產毋慌張，乃全子母。

謀望若遠行，告以謹始，經營如自立，教其慎終。

對要津而獻諂諛者，最為可恥。見寒士而露輕薄者，其賤莫甚。戒人好爭訟，健訟終凶。勸主莫分家，處家尚忍。

毋許強徒，而凌傴孤寡。毋譽惡少，而放浪形骸。先事後卦，名乃遠著。粗心浮氣，藝豈能精。興衰成敗，需觸機而判。

行止動靜，宜崇實為先。輕聽發言，安知非人之詐偽，當靜觀神色。因事相爭，安知非我之不是。需涵養性情，奇驗無誇。不中宜念。交友需存長厚，做事務要持恆。人有學術，不可生妒嫉心。人有舛誤，不可生譏誚心。事事留神，賢愚易曉。

頭頭是道，左右逢源，握粟以贍身家，我不愧怍。耕硯而無租稅，人謂神仙。胸襟豁達，雖顯而不獲，亦有餘歡。

世界昇平，即囊槖無餘，自得自樂。講學志在聖賢，行道心存仁義。竭智盡忠，利人利己。占卜若此，庶乎近焉。占卜者言其理而已，理與卜通，卜與理合。聖人言理而不泥於卜，雖百世可知，卜者泥於卜而不詳其理，故百無一當。

占卜禁忌

占卜之道，易出於伏羲，壬出於黃帝，其來遠矣。上天，下地，中人，一切吉凶，悔，吝之事，皆出於動。故曰吉，凶，悔，吝生於動。

六壬課以剋賊而發用者，動之義也。動而吉者，三奇、六儀之類。動而凶者，飛魂、九醜之類。

動而悔吝者，贅婿，三交之類。每成一課，即以此類，決萬事之榮枯，定庶務之否泰，鮮有不中者。

但吉、凶、悔、吝之旨，在乎情察，難以理拘，一失其旨，禍福不驗。非心印，指掌，畢法，占鑑諸書，熟玩於平日，臨時貫通而會悟之，不能也。

且夫知來藏往之學，務必專心致志，以探其奧，至於出而問世，尤當知禁忌之所在焉。

一在求占者來意不虔，率爾索占，或以猥瑣之事，虛誑之言，故做戲耍則不應。

二在衍課者心緒不一，勉強從事，或當酣醉之後，疲憊之時，漫為酬答則不應。

三在成數之後，有以數字致問者，有以履卜致請者。易曰初筮告，再三瀆，瀆則不告。如此者亦不應。更有疾風迅雷，弦晦分至，並宜忌之。學者知此，而本古先聖賢，留術濟世之意，出之以虛心接物，毋執己見，毋循人情，毋貪利而輕洩天機，斯得之矣。

六儀：六甲日旬首發用。

飛魂：正月起亥，順行十二宮，復加人行年或干，支發用。

九醜：戊壬子午兮，乙己辛卯酉，丑臨之辰仲時兮。動靜為九醜。

贅婿：日干剋日支，又自加臨發用。

三交：四仲日，時占為一交，課盤皆仲為二交，將逢后，雀，陰，合為三交。

心印：指掌，皆賦名。

畢法：宋，凌福之撰。

占鑑：宋，邵彥和撰。

天罡：日支辰也。

二十八宿：斗、女、虛、危、室、壁、奎、婁、胃、昴、畢、觜、參。井、鬼、柳、星、張、翼、軫。角、亢、氐、房、心、尾、箕。

三奇：甲子，甲戌旬，發用丑。甲申，甲午旬，發用子。甲辰，甲寅旬，發用亥。此為旬三奇。

二煩：日月宿俱臨仲，斗繫丑未。

稼穡：三傳辰、戌、丑、未，無丁馬。

遊子：三傳辰，戌，丑，未遇旬丁，天馬發用。
丞相：青龍。
將軍：勾陳。

神煞表

課傳中神煞，每每吉凶互見，吉者未必皆吉、凶者未必皆凶。吉神必須與日干、年、命，相生相合乃可言吉。凶煞必須剋害日干、年、命，始可言其凶。此其大數也。

（一）日干神煞表

日干別＼神煞別	日德	日祿	日墓	日解	飛符	羊刃	飛刃	日盜
甲	寅	寅	未	亥	巳	卯	酉	子
乙	申	卯	戌	申	辰	辰	戌	亥
丙	巳	巳	戌	未	卯	午	子	卯
丁	亥	午	丑	丑	寅	未	丑	申
戊	巳	巳	戌	酉	丑	午	子	巳
己	寅	午	丑	亥	午	未	丑	子
庚	申	申	丑	申	未	酉	卯	亥
辛	巳	酉	辰	未	申	戌	辰	卯
壬	亥	亥	辰	丑	酉	子	午	申
癸	巳	子	未	酉	戌	丑	未	巳
附註	主解凶增吉。	主解凶增吉。	主暗昧阻塞。	占凶事可解。	出行忌與雀勾會合凶甚。	靜吉、動凶，又主血光。	主血光凶事。	主有盜賊。

神煞別／日干別	日奸	日淫	遊都	魯都	日賊	日醫	賢貴	文星
甲	亥	午	丑	未	辰	卯	丑	亥
乙	酉	午	子	午	午	亥	申	亥
丙	辰	未	寅	申	申	丑	寅	寅
丁	申	未	巳	亥	亥	未	寅	寅
戊	巳	戌	申	寅	寅	巳	午	午
己	亥	戌	丑	未	辰	卯	丑	午
庚	酉	寅	子	午	午	亥	申	巳
辛	辰	寅	寅	申	申	丑	寅	巳
壬	申	巳	巳	亥	亥	未	寅	申
癸	巳	巳	申	寅	寅	巳	午	申
附註	主奸私。	主淫亂。	占賊來路視之。	占賊去路視之。	主有盜賊。	占病見之主醫有效。	臨亥主其人可傳道。	與青龍會臨子，主大貴。

日干別＼神煞別	干奇	大煞	福星	進神	退神	生氣	稼穡	天羅
甲	午	亥	子	子午	丑未	亥	丑	卯
乙	巳	亥	丑	子午	丑未	午	丑	巳
丙	辰	未	子	子午	丑未	寅	辰	午
丁	卯	未	子	子午	丑未	酉	辰	申
戊	寅	戌	未	子午	丑未	寅	未	午
己	丑	戌	未	卯酉	辰戌	酉	未	申
庚	未	寅	丑	卯酉	辰戌	巳	戌	酉
辛	申	寅	丑	卯酉	辰戌	子	戌	亥
壬	酉	巳	巳	卯酉	辰戌	申	戌	子
癸	戌	巳	巳	卯酉	辰戌	卯	戌	寅
附註	主消禍增福（日干儀神）。	凡事忌。	占求望吉。	凡事不可退，退則可惜。	凡事不可進，進則多阻。	氣化長生之位，占吉事增吉。	主事多阻隔。	主困頓，閉塞不通。

（二）日支神煞表

神煞別／日支別	支德	支儀	支刑	支沖	支破	支害	支墓	支鬼	破碎	死神	病符
子	巳	午	卯	午	酉	未	辰	戌辰	巳	卯	亥
丑	午	巳	未	未	辰	午	辰	卯	丑	辰	子
寅	未	辰	申	申	亥	巳	未	申	酉	巳	丑
卯	申	卯	子	酉	午	辰	未	酉	巳	午	寅
辰	酉	寅	辰	戌	丑	卯	辰	寅	丑	未	卯
巳	戌	丑	寅	亥	申	寅	戌	亥	酉	申	辰
午	亥	未	午	子	卯	丑	戌	子	巳	酉	巳
未	子	申	戌	丑	戌	子	辰	卯	丑	戌	午
申	丑	酉	巳	寅	巳	亥	丑	午	酉	亥	未
酉	寅	戌	酉	卯	子	戌	丑	巳	巳	子	申
戌	卯	亥	丑	辰	未	酉	辰	寅	丑	丑	酉
亥	辰	子	亥	巳	寅	申	辰	丑戌	酉	寅	戌
附註	主解凶增吉。	主解凶增吉。	主刑責官非。	主沖散。	主諸事不利。	主凡事阻滯。	主暗昧阻塞。	主暗中傷剋。	主破財，諸事不利，凶速。	占病凶與白虎會名白虎開口，主大凶。	主疾病，又主去年舊事。

日支別／神煞別	勾神	絞神	驛馬	華蓋	劫煞	災煞	咸地	雷電	晴朗
子	卯	酉	寅	辰	巳	午	酉	辰	午
丑	戌	辰	亥	丑	寅	卯	午	辰	未
寅	巳	亥	申	戌	亥	子	卯	未	申
卯	子	午	巳	未	申	酉	子	未	酉
辰	未	丑	寅	辰	巳	午	酉	戌	戌
巳	寅	申	亥	丑	寅	卯	午	戌	亥
午	酉	卯	申	戌	亥	子	卯	丑	子
未	辰	戌	巳	未	申	酉	子	丑	丑
申	亥	巳	寅	辰	巳	午	酉	寅	寅
酉	午	子	亥	丑	寅	卯	午	寅	卯
戌	丑	未	申	戌	亥	子	卯	卯	辰
亥	申	寅	巳	未	申	酉	子	卯	巳
附註	與蛇虎會入傳，占小兒病主驚厥。	與蛇虎會入傳，占小兒病主驚厥。	發動之神煞。	覆日主昏晦。	士人占考試則主及第。主有劫盜、病凶、災速。	主災危疾病，又主橫禍。	一名桃花，主淫亂、口舌。	主電雷。	主晴。

（三）月神煞表

神煞別 月支別	天德	月德	天馬	月德合	將星	天醫
寅	丁	丙	午	辛	亥	午
卯	申	甲	申	己	戌	未
辰	壬	壬	戌	丁	酉	申
巳	辛	庚	子	乙	申	酉
午	亥	丙	寅	辛	未	戌
未	甲	甲	辰	己	午	亥
申	癸	壬	午	丁	巳	子
酉	寅	庚	申	乙	辰	丑
戌	丙	丙	戌	辛	卯	寅
亥	乙	甲	子	己	寅	卯
子	巳	壬	寅	丁	丑	辰
丑	庚	癸	辰	乙	子	巳
附註	主解凶增吉。	主解凶增吉。	發動之神煞。	主解凶增吉。	主諸事不可犯。	占病用。

神煞別／月支別	地醫	兒煞	刑亡	災煞	天煞	官符	陰奸	華蓋
寅	子	丑	子	午	未	申	巳	辰
卯	丑	寅	丑	卯	辰	酉	辰	丑
辰	寅	卯	申	子	丑	戌	卯	戌
巳	卯	辰	酉	酉	戌	亥	寅	未
午	辰	巳	辰	午	未	子	丑	辰
未	巳	午	巳	卯	辰	丑	子	丑
申	午	未	午	子	丑	寅	亥	戌
酉	未	申	未	酉	戌	卯	戌	未
戌	申	酉	寅	午	未	辰	酉	辰
亥	酉	戌	卯	卯	辰	巳	申	丑
子	戌	亥	戌	子	丑	午	未	戌
丑	亥	子	亥	酉	戌	未	午	未
附註	占病用。	主小兒災。	又名市曹，主受死刑。	主災厄，疾病，又主橫禍。	諸事皆忌。	主官府詞訟。	主私通。	覆日主昏晦。

月支別＼神煞別	天獄	天旺	獄神	天刑	聖心	玉宇	罪至	恩赦
寅	巳	亥	丑	午	子	辰	未	辰
卯	寅	寅	辰	申	午	戌	丑	未
辰	亥	巳	未	戌	丑	巳	申	酉
巳	申	申	戌	子	未	亥	寅	卯
午	巳	亥	丑	寅	寅	午	酉	子
未	寅	寅	辰	辰	申	子	卯	午
申	亥	巳	未	午	卯	未	戌	寅
酉	申	申	戌	申	酉	丑	辰	巳
戌	巳	亥	丑	戌	辰	申	亥	申
亥	寅	寅	辰	子	戌	寅	巳	亥
子	亥	巳	未	寅	亥	卯	午	戌
丑	申	申	戌	辰	巳	酉	子	丑
附註	與雀勾會，主囚繫。	仕宦占得主遷擢。	占訟忌。	主囚繫。	諸事皆吉，與青龍貴人會，更吉。	同聖心。	占訟忌。	主獄囚釋放。

（四）季神煞表

季月別＼神煞別	天赦	奸神	天車	遊神	天喜	喪車	寡宿	孤辰	浴盆	賊神
春季 寅卯辰月	戊寅日	寅	巳	丑	戌	酉	丑	巳	辰	卯
夏季 巳午未月	甲午日	亥	辰	子	丑	子	辰	申	未	午
秋季 申酉戌月	戊申日	申	未	亥	辰	卯	未	亥	戌	酉
冬季 亥子丑月	甲子日	巳	酉	戌	未	午	戌	寅	丑	子
附註	主獄囚釋放。	主隱匿。	主道路事。	占出行吉凶方所。	占求謀望吉。	主死喪，哭泣。	主婚姻孤寡。	主無依無靠。	主生產災厄。	主有盜賊。

（五）三合神煞表（月支、日支共參用）

三合＼神煞	華蓋	劫殺	亡神	桃花	驛馬	成神
巳酉丑	丑	寅	申	午	亥	寅
申子辰	辰	巳	亥	酉	寅	亥
亥卯未	未	申	寅	子	巳	申
寅午戌	戌	亥	巳	卯	申	巳
附註	覆日主昏晦。	士人占考試則主及第。主有劫盜、病凶。	主有亡失。	主淫亂口舌。	發動之神煞。	主事有成就。

（六）歲神煞表

歲支別＼神煞別	太歲	大將軍	歲破	大耗	小耗	喪門	弔客	病符
子	子	酉	午	午	巳	寅	戌	亥
丑	丑	酉	未	未	午	卯	亥	子
寅	寅	子	申	申	未	辰	子	丑
卯	卯	子	酉	酉	申	巳	丑	寅
辰	辰	子	戌	戌	酉	午	寅	卯
巳	巳	卯	亥	亥	戌	未	卯	辰
午	午	卯	子	子	亥	申	辰	巳
未	未	卯	丑	丑	子	酉	巳	午
申	申	午	寅	寅	丑	戌	午	未
酉	酉	午	卯	卯	寅	亥	未	申
戌	戌	午	辰	辰	卯	子	申	酉
亥	亥	酉	巳	巳	辰	丑	酉	戌
附註	所臨之方宜迴避之。	諸事不可犯。	主破財耗物及家長災，應在半年內。	主寇盜驚恐、破財損物。	主破耗財物，不利經營。（同死符）	主死喪、哭泣、盜賊、遺亡，占病凶。	主疾病、哀泣，初傳見主骨肉災。中末傳見主外服。	主疾病，又主去年舊事。

歲支別＼神煞別	官符	福德	白虎	歲刑	黃旛	歲墓	六害	歲馬
子	辰	酉	申	卯	辰	未	卯	寅
丑	巳	戌	酉	戌	丑	申	子	亥
寅	午	亥	戌	巳	戌	酉	酉	申
卯	未	子	亥	子	未	戌	午	巳
辰	申	丑	子	辰	辰	亥	卯	寅
巳	酉	寅	丑	申	丑	子	子	亥
午	戌	卯	寅	午	戌	丑	酉	申
未	亥	辰	卯	丑	未	寅	午	巳
申	子	巳	辰	寅	辰	卯	卯	寅
酉	丑	午	巳	酉	丑	辰	子	亥
戌	寅	未	午	未	戌	巳	酉	申
亥	卯	申	未	亥	未	午	午	巳
附註	主官府詞訟。	主解凶增吉。	主喪敗、凶災、血光、驚恐。	主官非、刑責，忌動土興工。	主做事昏晦，出兵主損亡。（同華蓋）	主墳墓不利，及病訟宅災。	又名六厄，主凡事阻滯。	主發動。

先賢司馬季主事蹟

自古以來受天命為王者，為了能興盛其國，何嘗不以卜筮之道分析，決定行止。在周朝尤其盛行，沿至先秦也是盛行不已。於朝庭更設置了專職的卜筮之官。太卜之官設置自漢初即有，自文帝之後卜官更為興盛。

先賢司馬季主楚人也，賣卜於長安東市。當時宋忠先生為中大夫，賈誼為博士。某假日一同出門，聊著聊著論及易學及先王聖人用世之道術，廣泛深入的貼切人事休咎，深為折服。

賈誼說：我聽說古之聖賢者若不出而為仕，則必在卜醫之中。現在我已遍見了在朝之三公九卿，諸士大夫，皆有所瞭解，何不尋訪民間卜醫期能有所受益。

於是宋忠與賈誼二人即共同搭車前往市集，於賣卜業中探尋著。當日剛下完了雨，路上人少，司馬季主先生閒坐著，有學生陪侍在側，正在討論天地生成之道，日月運行之理，陰陽吉凶之本。

二位大夫一再拜請謁見，司馬季主先生觀察他二人體態相貌，知道是知識份子即以禮待之，令弟子請他們入座，俟坐定後，司馬季主先生再續與學生們討論，述及天地生成之道，日月星辰運行變化的軌跡、理則，接著談人事分際，吉凶悔吝趨避之道，內容廣博精要，順情合理。

宋，賈二人心領神會，正其衣冠端正的坐著，說：我們仰望先生說話的神態，聆聽先生所說的言詞，自思當世不曾聽聞，然以先生的淵博才智，為什麼屈居於草莽之中又從事這樣卑下的行業呢？

司馬主先生捧腹大笑說：看二位乃知識份子，具修養的君子，為什麼說話這麼的粗陋，用詞這麼的無禮呢？

那麼你們所說的賢者為何？高尚的行業又是什麼呢？為什麼要輕視污辱長者呢？

宋、賈二人說：朝官厚祿，世人皆認其高尚，有才德的人當出而為仕，然先生賢者處市井之中，位不當也，所以稱之為卑。

市井占卜之流，言不信實，行止沒有規範，取不當得之財所以稱之為卑下的行業。

占卜者被認為沒有社會地位，不被重視。因為世人皆說：占卜術士多言誇其實，以打動人心。

虛言受業於高人異士能知前生來世，以左右人的意向。

更擅長預測吉凶禍福，以動搖人心。

託神言鬼，以耗人財，人家以豐厚的禮金拜謝，全用於私己。這些都是我們所不恥的，所以很看輕它。

司馬季主先生說：二位先生請安座，兩位的見解如同小朋友般的幼稚，我們知道日月照之則行，不照則止的現象，甚為平常，若問常人有關日月盈缺變化之現象，則說不出個道理，由此看來，一般人能辨別賢與不肖者有何差異的是很少的。

賢明君子的行止，是就事論事，對人事的缺失予以公正的提供己見，若連續說明了三次而對方仍不接受，則不再重覆。他們稱讚別人，心中沒有絲毫望己獲利的想法，評批別人，也不懼招怨，以有利全民及國家社會為目的。所以不該他做的官，他不伎求，不該他得的利益他不領受，看見某人做為不行正道，就算那個人身份地位再尊貴，他對那人也不予尊重。當自己有所得時，不沉溺於喜樂之中，當自己失去甚麼的時候也不執著於懊悔之中。

縱遭無妄之災但心中仍坦蕩無愧，不怨天尤人，而能反求諸己虛心改善。

現在二位先生所說的賢者，皆應愧其未之能行。

因為你們所謂的賢者遇到權貴即卑微的跟著，招之則折腰諂媚應答，群結終日，言不及義，一切以私利為要。排除異己，以求得權位，以公濟私，扭曲法律，欺壓人民，以官位狐假虎威，以律法做為工具，一昧的害人利己，其行為就像直接持械公開的搶劫一樣。

在這樣的環境中很多擔任高層公職者，極盡巧詐的能事，誇大、虛造他的事功。運用

一大堆華而不實的報告資料欺上瞞下，踐踏他人肩膀而上，用盡一切手段排擠有才能者，睜眼說瞎話，爭功諉過，顛倒黑白，以攀附高層。安排宴會笙歌做樂，沉溺酒色，殘害法制，禍殃人民，虛耗國庫，這不啻是白領匪盜。他們不用槍箭刀刃而對國家社會更具毀壞力，這種欺天瞞地犯上殘下，自以為是的傢伙怎麼稱之為高賢之士呢？

這些人不學無術，不能消弭盜賊，不能攝服遠邦，不能杜塞姦邪，不能整治貪官污吏，不能調和人民所需，不能開發生產，是為賢者所唾棄的混蛋。無才無德而居高位，對上極盡巴結的能事，又排擠殘害有才有德之士，根本就是竊佔公器。

遇有人事背景的即予進用，致送財利者則禮遇之，這就是這些偽賢之士的嘴臉。

現在的政治環境就像是貓頭鷹群包圍著鳳凰鳥。

高潔賢德之士一概摒棄不用，廟堂之上多是奸佞之臣，使得具才德之人不被重用，退居一旁。就像是你們二位，只能講學提出建言，而無法直接貢獻國家，盡讀書人的本份而已。卜筮之人占課卜卦，必則天法地象四時循環有所依據，不違背仁義之理，按步就班的分策定卦，才能正式占卜出課象、卦義，依以說明事由發展的利與害，成與敗。

以往先聖先賢奠定國家之基，必先經卜筮之禮經由上天受命，然後才敢代承天命，並慎擇日辰登位主事，宗室有後必先占示吉凶，以計畫性培養之。

自伏羲氏，取象天地，畫成八卦，周文王由八卦演繹成六十四卦，三百八十四爻，用以治理天下。

越王勾踐，倣效文王演卦有所啟示，終能破敵而成就霸業。

由此而言，卜筮之術的本身有什麼不好？而且占卜者未卜而虔心，演課極其審慎，環境清掃有序，衣冠端正，然後才分析事之因由發展，這是恪遵應有的禮制。祀鬼神盛其饌貢祭之，臣下事上以忠，為人子奉養其親以孝，為人父畜其子以慈，這是有德者的行止。

鄉里諸賢更有設置公益金及集聚群力為鄉民治病除患，解困紓難，這樣的德行豈是金錢所能衡量的？

誠如老子所謂上德者不以德者自居，所以能成就真正的德業。

今以占卜者而言，付出大於所得，對求占者予趨吉避凶之助緣，心不貪利，更不以能助者自居，此與老子所云契合。

莊子曰：君子立身處世能設險以存。對內身修家齊，對外敬業樂群，居上位而能敬事，居下位而能安居其位，這是君子之行也。

今以占卜為業者，身外財物有限，無需存於府庫，交通不坐大車，因為沒什麼裝備及隨從，淡化物慾以實用為需，不貪圖有什麼，因此能過的很自在也不用擔心得失，以助人

為本而已，與莊子所云君子之行也相符合。

那麼你們為什麼說輕視占卜之士呢？

在地理上，西北多山嶽高地，星辰羅佈，東南地勢多低平，湖海聚集。

在天象而言，日正中天之後必移向西下，月滿之後必轉而遞減。

先王治世之道盛衰變易不止，兩位先生卻言責占卜者言不信實，行止沒有規範，這就令人疑惑了。

兩位先生見過辯士說客嗎？他們分析事物，必經深思熟慮後分層陳述，就是這樣的人也無法一言以盡述人意。

賢者發表言論經常引用先王聖賢之言行，有系統的彰顯先王成功之事蹟，強調不依聖賢言行失敗的事例，以避免逢迎上意，增長君上不當的希求。

凡事誇大不實不直言告之會令君長自我膨脹莫大於此。

然欲國強民富，對君上盡忠，不這樣直言告之是不會成功的。

現在占卜者是協助求占者解惑，開啟智慧的，那些生活在疑惑無助的人們，溺於自我的囹圄之中，豈能一言使其領悟。對這樣迷於自惑的人們，更需耐心開導而不嫌說的太多。所以說千里馬不能與衰老驢子共同駕車，而鳳凰鳥也不會與燕雀小鳥群居。賢者也不

會與行止不端的人共處，在這個世風日下，不肖當道的時勢，君子只能處於民間，單純的過日子以避不肖者，自己隱居以離志不同道不合的不肖者。

然自處亦需合德順理，為民興利除患，以彰上天好生之德。

若有機會則協助君上，澤及百姓，做利益眾生的事而不刻意求官求祿，就如你們兩位是才德兼備的賢者卻處在不肖當道之時位當知進退，以防危及己身，知道我在說什麼嗎？

宋忠，賈誼兩人，聽聞此言，忽然一時不知所措，面無血色，腦袋空白講不出話來，過了一會才整理衣飾而起，一再拜謝離去。拖著慢吞吞，若有所思的腳步，走出了市集，上了車，手靠著車把，頭低低的連嘆氣都無力。

這樣過了三天，宋忠與賈誼於殿外相見，互相嘆了口氣說，有德的修行者，其悟道層次越高功柱越穩。

但人居高位，越高越危，尤其位居極品，聲望隆盛者，其失勢身危是指日可待的了。那占卜之人，所占不應也不會失去些什麼，但像我們身為人臣的，為君上謀事若有差池，災難立至，兩相比較，差異何其大啊？好像天與地呢。

這亦是老子所謂無名無狀化生萬物，天地化生萬物，順應自然，生長收藏，不必為己。所以能超然運行，無得無失。

我們怎能與之相比，占卜者遁世而處，久而愈安。

過後不久，宋忠出使匈奴，因未完成使命而返國獲罪去官入獄。賈誼後因主張改革，被貶為長沙王太傅，後又為梁懷王太傅，多次上疏改革，均不得重用。梁懷王墮馬過世，他憂鬱不已，以致英年早逝。

這就是賢者不逢時位而致身喪。太史公曰：古人對占卜者多不列入史籍，所以不見於正史，到了司馬季主先生，是才德兼備的賢者。所以我將他的事蹟記錄了下來，以傳後世。

課盤附件

六壬課盤一

末傳	中傳	初傳	事由：占 民國　年　月　日　時 第　局　占

四課	三課	二課	一課

巳	午	未	申	月將： 月建： 行年： 本命：
辰	貴神行 課格		酉	空亡： 正斷：
卯			戌	
寅	丑	子	亥	

地盤（位置是固定不移的）

六壬課盤二

末傳	中傳		初傳	事由：占 民國 年 月 日 時 第 局 占
四課	三課	二課	一課	
巳	午	未	申	
辰	課格	貴神行	酉	月將： 月建： 行年： 本命：
卯			戌	空亡： 正斷：
寅	丑	子	亥	

日占或夜占實際占課時定，卯至申日占，酉至為夜占

六壬課盤三

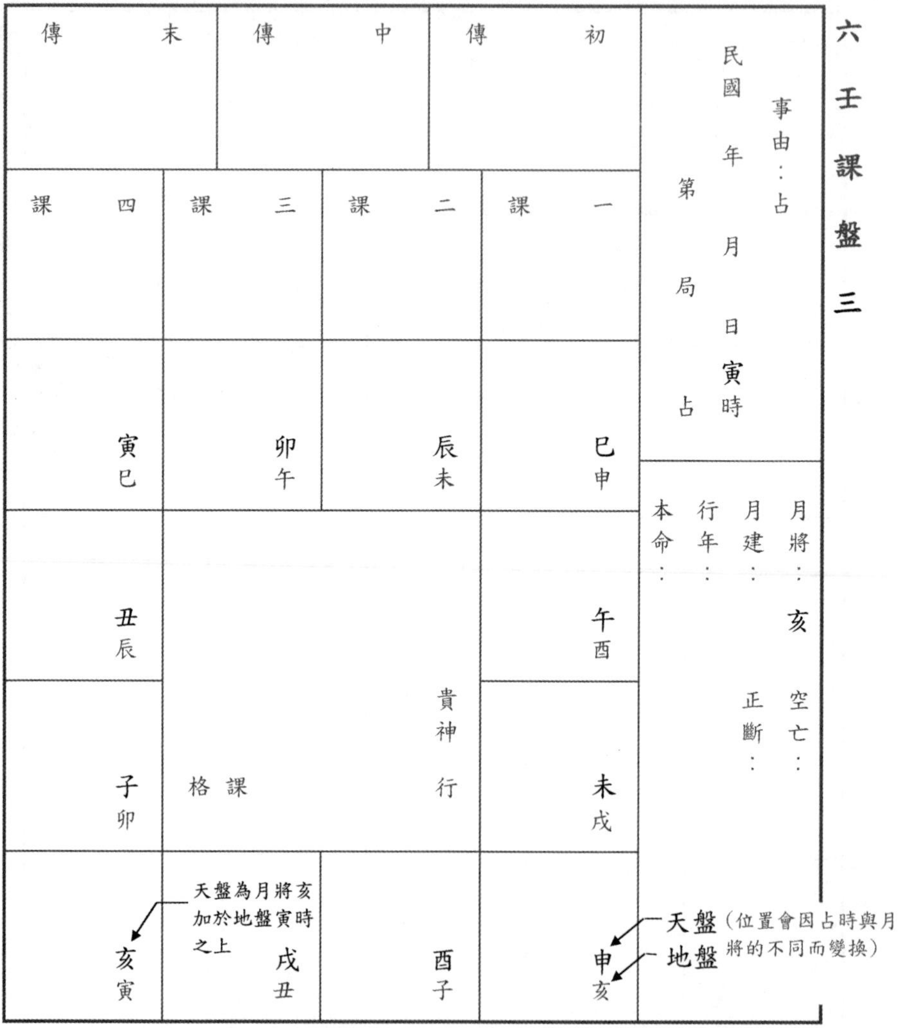

末傳
中傳
初傳
民國 年 月 日 寅時
事由：占
第 局
占
四課
三課
二課
一課
寅
巳
卯
午
辰
未
巳
申
月將：亥
月建：
行年：
本命：
丑
辰
午
酉
貴神 行
課格
空亡：
正斷：
子
卯
未
戌
天盤為月將亥加於地盤寅時之上
亥
寅
戌
丑
酉
子
申
亥
天盤
地盤
（位置會因占時與月將的不同而變換）

六壬課盤四

民國　年　月甲子日丑時

事由：占

占課的日干支

第　局　占

末傳	中傳	初傳

四課	三課	二課	一課

丑 巳	寅 午	卯 未	辰 申
子 辰	課格	貴神行	巳 酉
亥 卯			午 戌
戌 寅	酉 丑	申 子	未 亥

月將：酉

月建：

行年：

本命：

空亡：

正斷：

末傳	中傳	初傳

四課	三課	二課	一課
辰 申	申 子	午 戌	戌 甲（寅） 甲日寄於寅

丑 巳	寅 午	卯 未	辰 申
子 辰	課格	貴神　行	巳 酉
亥 卯			午 戌
戌 寅	酉 丑	申 子	未 亥

民國　年　月甲子日寅時占

事由：占

第　局

月將：戌

月建：

行年：

本命：

空亡：

正斷：

六壬課盤六

末傳	中傳	初傳
寅 午	午 戌	戌 寅

四課	三課	二課	一課
辰 申	申 子	午 戌	戌 甲 寅

甲木賊戌土（以日干五行為準，不依寄宮五行）

丑 巳	寅 午	卯 未	辰 申
子 辰	課格：始入 貴神　行		巳 酉
亥 卯			午 戌
戌 寅	酉 丑	申 子	未 亥

民國　年　月甲子日寅時　占

事由：占

第　局

月將：戌

月建：

行年：

本命：

空亡：

正斷：

六壬課盤七

末傳	中傳	初傳	民國　年　月丁丑日子時占　第　局　事由：占
酉 丑	丑 巳	巳 酉	

四課	三課	二課	一課
巳 酉（巳火剋酉金）	酉 丑	亥 卯	卯 丁未

丑 巳	寅 午	卯 未	辰 申
子 辰	元首課格	貴神行	巳 酉
亥 卯			午 戌
戌 寅	酉 丑	申 子	未 亥

月將：申
月建：
行年：
本命：
空亡：
正斷：

六壬課盤八

末傳	中傳	初傳
戌 巳	巳 子	子 未

四課	三課	二課	一課
辰 亥	亥 午	子 未 （未土賊子水）	未 甲 寅 （甲木賊未土）

戌 巳	亥 午	子 未	丑 申
酉 辰	比用課格	貴神行	寅 酉
申 卯			卯 戌
未 寅	午 丑	巳 子	辰 亥

民國 年 月 甲午日 未時

事由：占

第 局 占

月將：子

月建：

行年：

本命：

空亡：

正斷：

課象分析：第一課甲木賊未土，第二課未土賊子水，均為下賊上。
日干甲為陽干，與第二課子水（陽支）相比，即取子為初傳，子上得巳為中傳，巳上得戌為末傳。
課體為比用。

六壬課盤九

末傳	中傳	初傳	民國　年　月壬辰日巳時占 第　局 事由：占
申 酉	酉 戌	戌 亥	

四課	三課	二課	一課
寅 卯	卯 辰 （卯木剋辰土）	酉 戌	戌 壬 亥 （戌土剋壬水）

辰 巳	巳 午	午 未	未 申
卯 辰	知一課格	貴神　行	申 酉
寅 卯			酉 戌
丑 寅	子 丑	亥 子	戌 亥

月將：辰
月建：
行年：
本命：
空亡：
正斷：

課象分析：第一課戌土剋壬水，第三課卯木剋辰土，均為上剋下。
日干壬為陽干與戌（陽支）相比，即取戌為初傳，戌上得酉為中傳，酉上得申為末傳。
課體為知一。

六壬課盤十

末傳	中傳	初傳	事由：占 民國 年 月丁卯日 丑 時 占 第 局
未 酉	酉 亥	亥 丑	

四課	三課	二課	一課
亥 丑 丑土賊亥水	丑 卯 卯木賊丑土	卯 巳	巳 丁未

卯 巳	辰 午	巳 未	午 申
寅 辰	涉害 課格	貴神 行	未 酉
丑 卯			申 戌
子 寅	亥 丑	戌 子	酉 亥

月將：亥
月建：
行年：
本命：
空亡：
正斷：

課象分析：四課不止一課下賊上，丑土，亥水與日干丁火均為陰，均相比。下賊上者以我所剋多者為初傳。丑土賊亥水有6重剋，以第四課為初傳，課體名涉害。

											丑	
	丑	子	亥	戌	酉	申	未	午	巳	辰	卯	木
2										1	1	
										乙木		

											亥	
	亥	戌	酉	申	未	午	巳	辰	卯	寅	丑	土
6		1			2		1	1			1	
					己土		戊土					

末傳	中傳	初傳	事由：占
寅 未	未 子	子 巳	民國 年 月丙子日辰時 第 局 占

四課	三課	二課	一課
寅 未 寅木剋未土	未 子	未 子 未土剋子水	子 丙 巳 子水剋丙火

子 巳	丑 午	寅 未	卯 申	月將：亥 月建： 行年： 本命：
亥 辰	貴神行 涉害課 見機格		辰 酉	空亡： 正斷：
戌 卯			巳 戌	
酉 寅	申 丑	未 子	午 亥	

課象分析：

一、第一、四課子水，寅木與日干丙火俱為陽，上剋下者以剋我多者為初傳。

二、受剋相同，第一課子乘巳（巳為孟神），第四課寅乘未（未為仲神），故取孟神發用子乘巳，謂之見機格。

							子	
	子	亥	戌	酉	申	未	午	丙 巳
4						1	1	2
						丁火		丙火 巳火

								寅
	寅	丑	子	亥	戌	酉	申	未
4		1			1			2
								未土 己土

六壬課盤十二

末傳	中傳	初傳	
子 申	申 辰	辰 子	事由：占 民國 年 月庚午日卯時 第 局占

四課	三課	二課	一課
寅 戌 寅木剋戌土	戌 午	辰 子 辰土剋子水	子 庚申

酉 巳	戌 午	亥 未	子 申
申 辰	涉害課 察微格	貴神行	丑 酉
未 卯			寅 戌
午 寅	巳 丑	辰 子	卯 亥

月將：未
月建：
行年：
本命：
空亡：
正斷：

課象分析：

一、第二、四課均為上剋下，辰與寅均與日干相比，上剋下者以剋我多者為初傳。

二、受剋相同，第二課辰乘子（子為仲神），第四課寅乘戌（戌為季神），故取仲神發用，辰乘子，謂之察微格。

辰
辰 卯 寅 丑 子
2 1 1
癸水

寅
寅 丑 子 亥 戌
2 1 1

六壬課盤十三

<table>
<tr><td colspan="2">末傳
寅
未</td><td colspan="1">中傳
未
子</td><td colspan="1">初傳
子
巳</td><td rowspan="3">民國　年　月戊辰日亥時
第　局　占
事由：占</td></tr>
<tr><td>四課
午
亥
亥水賊午火</td><td>三課
亥
辰
辰土賊亥水</td><td>二課
未
子</td><td>一課
子
戊　巳
戊土賊子水</td></tr>
<tr><td>子
巳</td><td>丑
午</td><td>寅
未</td><td>卯
申</td></tr>
<tr><td>亥
辰</td><td rowspan="2" colspan="2">涉害課
綴瑕格
貴神行</td><td>辰
酉</td><td rowspan="3">月將：午
月建：
行年：
本命：
空亡：
正斷：</td></tr>
<tr><td>戌
卯</td><td>巳
戌</td></tr>
<tr><td>酉
寅</td><td>申
丑</td><td>未
子</td><td>午
亥</td></tr>
</table>

課象分析：

一、第一、三、四課均為下賊上，然而第三課亥乘辰，亥與日干戊不相比，可置而不論。下賊上者以我剋多者為初傳。

二、受剋相等，第一課子乘巳（巳為孟神），第四課午乘亥（亥為孟神），俱為孟神，則因日干戊為剛（陽）日，所以取日上神（第一課，子乘巳）發用，謂之綴瑕格，七百二十課中僅此一課。

								子
	子	亥	戌	酉	申	未	午	巳
4			1			2		1
						未土 巳土		戊土

								午
	午	巳	辰	卯	寅	丑	子	亥
4						1	1	2
						癸水		亥水 壬水

六壬課盤十四

末傳	中傳	初傳
巳 申	申 亥	亥 寅

四課	三課	二課	一課
辰 未	未 戌	亥 寅	寅 丙巳

寅 巳	卯 午	辰 未	巳 申
丑 辰	嗃矢格 遙剋課	貴神順行	午 酉
子 卯			未 戌
亥 寅	戌 丑	酉 子	申 亥

事由：占

民國　年　月丙戌日未時

第四局　占

月將：辰

月建：

行年：

本命：

空亡：

正斷：

課象分析：

一、四課上下均無剋，第二課上之神亥水遙剋日干丙火，所以取第二課亥發用。

二、神剋日干發用的課體為嗃矢。

六壬課盤十五

末傳	中傳	初傳
亥 申	申 巳	巳 寅

民國　年　月壬申日　申時　占

事由：占

第　局

四課	三課	二課	一課
寅 亥	亥 申	巳 寅	寅 壬亥

申 巳	酉 午	戌 未	亥 申
未 辰	彈射 遙剋 格 課	貴神 行	子 酉
午 卯			丑 戌
巳 寅	辰 丑	卯 子	寅 亥

月將：亥

月建：

行年：

本命：

空亡：

正斷：

課象分析：

一、四課上下均無剋，第二、三、四課上之神，又無一遙剋日干，而日干壬水卻遙剋第二課之課上神巳火，所以取第二課巳發用。

二、日干剋課上神發用課體為彈射。

三、當同時有課上神遙剋日干及日干遙剋課上神者，則取課上神遙剋日干者發用。

六壬課盤十六

末傳	中傳	初傳	
午 巳	酉 申	戌 酉	民國　年　月戊申日酉時 事由：占 第　局　占

四課	三課	二課	一課
戌 酉	酉 申	未 午	午 戊巳

午 巳	未 午	申 未	酉 申
巳 辰	虎視格　昴星課	貴神行	戌 酉
午 卯			亥 戌
卯 寅	寅 丑	丑 子	子 亥

月將：戌
月建：
行年：
本命：
空亡：
正斷：

課象分析：四課全無賊剋又無遙剋。戊係陽日，則視地盤酉上之神，戌發用，以辰（日支）上神酉為中傳，日上神午為末傳，此即虎視格。

六壬課盤十七

末傳	中傳	初傳
寅 亥	戌 未	午 卯

四課	三課	二課	一課
巳 寅	寅 亥	丑 戌	戌 丁未

事由：占

民國　年　月丁亥日寅時占

第　局

月將：巳

月建：

行年：

本命：

空亡：

正斷：

申 巳	酉 午	戌 未	亥 申
未 辰	冬蛇掩目格 昴星課	貴神行	子 酉
午 卯			丑 戌
巳 寅	辰 丑	卯 子	寅 亥

課象分析：四課全無賊剋又無遙剋。日干丁為陰日，則視天盤酉下得午來發用。以日上神戌為中傳，辰上神寅為末傳，此即冬蛇掩目格。

六壬課盤十八

末傳	中傳	初傳
午 巳	午 巳	亥 戌

四課	三課	二課	一課
午 巳	巳 辰	未 午	午 丙巳

午 巳	未 午	申 未	酉 申
巳 辰	別責課 蕪淫格	貴神行	戌 酉
辰 卯			亥 戌
卯 寅	寅 丑	丑 子	子 亥

事由：占

民國 年 月丙辰日 卯時 占

第 局

月將：辰

月建：

行年：

本命：

空亡：

正斷：

課象分析：第一課與第四課相同。僅有三課，既無賊剋，又無遙剋。
日干丙為陽日，丙與辛合，辛寄於戌，視地盤戌上得亥發用。
中末二傳均取日上神午。

六壬課盤十九

事由：占

民國　年　月辛酉日丑時

第　局　占

月將：子

月建：

行年：

本命：

空亡：

正斷：

末傳	中傳	初傳
酉 戌	酉 戌	丑 寅

四課	三課	二課	一課
未 申	申 酉	申 酉	酉 辛戌

辰 巳	巳 午	午 未	未 申
卯 辰	別責課 蕪淫格	貴神行	申 酉
寅 卯			酉 戌
丑 寅	子 丑	亥 子	戌 亥

課象分析：

一、第二、三課相同，四課之中僅有三課，既無賊剋，又無遙剋。

二、日干辛為陰日，日支酉之三合為巳酉丑，酉的前一字為丑，當取丑發用。中末二傳均取日上神酉為用。

六壬課盤二十

末傳	中傳	初傳	民國　年　月甲寅日辰時 占
亥 寅	亥 寅	丑 辰	事由：占 第　局 占

四課	三課	二課	一課
申 亥	亥 寅	申 亥	亥 甲寅

寅 巳	卯 午	辰 未	巳 申	月將：丑 月建： 行年： 本命：
丑 辰	八專課 帷薄不修格		午 酉	空亡： 正斷：
子 卯		貴神 行	未 戌	
亥 寅	戌 丑	酉 子	申 亥	

課象分析：

一、四課中干支同位，僅得兩課，且各課上下無賊剋，日干甲為陽干（剛日），剛日以干上神亥順數三位（含本身）為初傳，得丑發用。

二、中末傳皆以日干上神亥為用。

末傳	中傳	初傳	
戌 未	戌 未	亥 申	事由：占 民國　年　月丁未日丑時 第　局　占

四課	三課	二課	一課
丑 戌	戌 未	丑 戌	戌 丁未

申 巳	酉 午	戌 未	亥 申
未 辰	八專課 帷薄不修格	貴神行	子 酉
午 卯			丑 戌
巳 寅	辰 丑	卯 子	寅 亥

月將：辰
月建：
行年：
本命：
空亡：
正斷：

課象分析：

一、四課中干支同位，僅得兩課，且各課上下無賊剋，日干丁為陰干（柔日），柔日以辰上陰神（第四課天盤）丑逆數三位（含本身）得亥發用。

二、中末傳皆以日干上神戌為用。

六壬課盤二十二

末傳	中傳	初傳
酉 未	酉 未	酉 未

四課	三課	二課	一課
亥 酉	酉 未	亥 酉	酉 己未

未 巳	申 午	酉 未	戌 申
午 辰	八專課 獨足格	貴神行	亥 酉
巳 卯			子 戌
辰 寅	卯 丑	寅 子	丑 亥

事由：占

民國　年　月己未日未時

第　局占

月將：酉

月建：

行年：

本命：

空亡：

正斷：

課象分析：

一、發用及中末傳取法同前例。

二、三傳同為日上神，七百二十課中，僅有此一課，厥名獨足格。

六壬課盤二十三

末傳	中傳	初傳	民國　年　月癸酉日 酉 時 事由：占 第　局　占
未 未	戌 戌	丑 丑	

四課	三課	二課	一課
酉 酉	酉 酉	丑 丑	丑 癸丑

巳 巳	午 午	未 未	申 申
辰 辰	伏吟課 不虞格	貴神行	酉 酉
卯 卯			戌 戌
寅 寅	丑 丑	子 子	亥 亥

月將：酉

月建：

行年：

本命：

空亡：

正斷：

課象分析：

一、天地盤同位，第一課上剋下，仍照賊剋法取丑土為用。

二、初傳丑刑戌，戌刑未，故以戌為中傳，以未為末傳。此為不虞格。

六壬課盤二十四

末傳	中傳	初傳	民國　年　月丙辰日亥時　第　局　占 事由：占
寅 寅	申 申	巳 巳	

四課	三課	二課	一課
亥 亥	亥 亥	巳 己	巳 丙巳

巳 巳	午 午	未 未	申 申
辰 辰	伏吟課 自任格	貴神行	酉 酉
卯 卯			戌 戌
寅 寅	丑 丑	子 子	亥 亥

月將：亥
月建：
行年：
本命：
空亡：
正斷：

課象分析：

一、天地盤同位，第一課無賊剋，日干丙為陽干為剛日，當取日上神巳發用。

二、初傳巳刑申，申刑寅，故以申為中傳，以寅為末傳。此即自任格也。

六壬課盤二十五

末傳	中傳	初傳	
未 未	戌 戌	丑 丑	事由：占 民國　年　月丁丑日戌時 第　局　占

四課	三課	二課	一課
丑 丑	丑 丑	未 未	未 丁未

巳 巳	午 午	未 未	申 申	月將：戌 月建： 行年： 本命：
辰 辰	伏吟課 自信格	貴神行	酉 酉	空亡： 正斷：
卯 卯			戌 戌	
寅 寅	丑 丑	子 子	亥 亥	

課象分析：

一、天地盤同位，第一課無賊剋，日干丁為陰干為柔日，當取辰上神丑發用。

二、初傳丑刑戌，戌刑未，故以戌為中傳，以未為末傳。此即自信格也。

六壬課盤二十六

末傳	中傳	初傳
子 子	卯 卯	辰 辰

四課	三課	二課	一課
卯 卯	卯 卯	辰 辰	辰 乙辰

巳 巳	午 午	未 未	申 申
辰 辰	伏吟課 杜傳格	貴神行	酉 酉
卯 卯			戌 戌
寅 寅	丑 丑	子 子	亥 亥

民國　年　月乙卯日申時

事由：占

第　局　占

月將：申

月建：

行年：

本命：

空亡：

正斷：

課象分析：

一、天地盤同位，第一課下賊上，仍照賊剋法，取辰發用。

二、初傳辰係自刑，在日上，當取辰上神卯為中傳，卯刑子，取子為末傳。此即杜傳格也。

六壬課盤二十七

末傳	中傳	初傳
戌 戌	辰 辰	亥 亥

四課	三課	二課	一課
辰 辰	辰 辰	亥 亥	亥 壬亥

巳 巳	午 午	未 未	申 申
辰 辰	伏吟課 杜傳格	貴神行	酉 酉
卯 卯			戌 戌
寅 寅	丑 丑	子 子	亥 亥

事由：占

民國 年 月壬辰日丑時

第 局 占

月將：丑

月建：

行年：

本命：

空亡：

正斷：

課象分析：

一、天地盤同位，第一課無賊剋，日干壬仍為陽干為剛日，當取日上神亥發用。

二、初傳亥係自刑，當取辰上神辰為中傳。

三、中傳辰又係自刑，則取辰之沖神戌為末傳。此亦杜傳格也。

六壬課盤二十八

末傳	中傳	初傳	
寅 申	申 寅	寅 申	

四課	三課	二課	一課
戌 辰	辰 戌	申 寅	寅 庚申

亥 巳	子 午	丑 未	寅 申
戌 辰	返吟課 無依格	貴神行	卯 酉
酉 卯			辰 戌
申 寅	未 丑	午 子	巳 亥

事由：占

民國　年　月庚戌日寅時

第　局　占

月將：申

月建：

行年：

本命：

空亡：

正斷：

課象分析：天地盤各居沖位，第一課下賊上，則依賊剋法取寅發用。寅上得申為中傳，申上得寅為末傳。此即無依格也。

六壬課盤二十九

末傳	中傳	初傳	事由：占
辰 戌	未 丑	亥 巳	民國 年 月辛丑日巳時 占 第 局

四課	三課	二課	一課
丑 未	未 丑	戌 辰	辰 辛戌

亥 巳	子 午	丑 未	寅 申
戌 辰			卯 酉
酉 卯	返吟課 無親格	貴神行	辰 戌
申 寅	未 丑	午 子	巳 亥

月將：亥

月建：

行年：

本命：

空亡：

正斷：

課象分析：

一、天地盤各居沖位，四課均無賊剋，日支為丑，當取亥發用。

二、以辰上神未為中傳，以日上神辰為末傳。此即無親格也。

六壬課盤三十

末傳	中傳	初傳	
辰 戌	丑 未	巳 亥	民國　年　月辛未日丑時 第　局占 事由：占

四課	三課	二課	一課
未 丑	丑 未	戌 辰	辰 辛戌

亥 巳	子 午	丑 未	寅 申
戌 辰	返吟課 無親格	貴神行	卯 酉
酉 卯			辰 戌
申 寅	未 丑	午 子	巳 亥

月將：未
月建：
行年：
本命：
空亡：
正斷：

課象分析：

一、天地盤各居沖位，四課均無賊剋，日支為未，當取巳發用。

二、以辰上神丑為中傳，以日上神辰為末傳。此亦無親格也。

六壬課盤三一

末傳	中傳	初傳
寅 亥（空亡）	亥（空亡） 申	申 巳

民國 年 月丙寅日申時 占

事由：占

第 局 占

四課	三課	二課	一課
申 巳	巳 寅	亥（空亡） 申	申 丙巳

壬 申 巳	癸 酉 午	空亡 戌 未	空亡 亥 申
辛 未 辰	不備 重審 格 課	貴神 行	甲 子 酉
庚 午 卯			乙 丑 戌 空亡
己 巳 寅	戊 辰 丑	丁 卯 子	丙 寅 亥 空亡

月將：亥

月建：

行年：

本命：

空亡：戌亥

正斷：

課象分析：

一、丙寅日為甲子旬內，以天盤子起甲順行，至酉起癸為止。

二、後續所餘的戌、亥二位無日干可起即為甲子旬的空亡。

三、空亡之位（戌、亥）天、地盤都算，要特別注意。

末傳	中傳	初傳
龍 寅 未	陰 未 子	合 子 巳

民國　年　月丙子日亥時
事由：占
第　局　夜占

四課	三課	二課	一課
寅 未	未 子	未 子	子 丙巳

合 丙 子 巳	勾 丁 丑 午	龍 戊 寅 未	空 己 卯 申
雀 乙 亥 辰	不備、見機格 涉害課	貴神順行	虎 庚 辰 酉
蛇 甲 戌 卯			常 辛 巳 戌
貴 酉 寅	后 申 丑	陰 癸 未 子	玄 壬 午 亥

左旋順佈

月將：午
月建：
行年：
本命：
空亡：申酉
正斷：

課象分析：

一、當實際占課時間為亥時，為夜占，起夜貴人用之。

二、丙丁豬雞位，夜貴人在天盤酉雞之位，由於貴人所居的地盤為寅，依次左旋順佈。

三、發三傳為涉害課，三傳為子、未、寅。

四、丙子日為甲戌旬中，空亡為申、酉。

六壬課盤三三

末傳	中傳	初傳	
玄 辰 申	龍 申 子	蛇 子 辰	事由：占 民國 年 月甲辰日 卯時 第 局 日占

四課	三課	二課	一課
龍 申 子	蛇 子 辰	虎 午 戌	合 戌 甲寅

貴 癸 丑 巳	后 寅 午	陰 卯 未	玄 甲 辰 申	月將：亥 月建： 行年： 本命：
蛇 壬 子 辰	潤下格 涉害課	貴神逆行	常 乙 巳 酉	空亡：寅卯 正斷：
雀 辛 亥 卯			虎 丙 午 戌	
合 庚 戌 寅	勾 己 酉 丑	龍 戊 申 子	空 丁 未 亥	

右旋逆佈

課象分析：

一、當實際占課時間為卯時，為日占，起日貴人用之。

二、甲戊庚牛羊，日貴人在天盤丑牛之位，由於貴人所居的地盤為巳，依次右旋逆佈。

三、發三傳為涉害課，三傳為子、申、辰。

四、甲辰旬中，空亡為寅卯。

六壬課盤三四

末傳	中傳	初傳	
蛇 子 申	龍 申 辰	玄 辰 子	民國　年　月庚午日辰時 第　局 日占 事由：占

四課	三課	二課	一課
后 寅 戌	合 戌 午	玄 辰 子	子 蛇 庚 申

右旋逆佈

勾 癸 酉 巳	合 戌 午	雀 亥 未	蛇 甲 子 申
龍 壬 申 辰	潤下、察微格 涉害課	貴神逆行	貴 乙 丑 酉
空 辛 未 卯			后 丙 寅 戌
虎 庚 午 寅	常 己 巳 丑	玄 戊 辰 子	陰 丁 卯 亥

月將：申
月建：
行年：
本命：
空亡：戌亥
正斷：

課象分析：

一、當實際占課時間為辰時，為日占，起日貴人用之。

二、甲戊庚牛羊，日貴人在天盤丑牛之位，由於貴人所居的地盤為酉　，依次右旋逆佈。

三、發三傳為涉害課，三傳為辰、申、子。

四、庚午日在甲子旬中，空亡為戌亥。

末傳	中傳	初傳	
玄 酉 戌	玄 酉 戌	龍 丑 寅	民國　年　月辛酉日子時 第　局 夜占 事由：占

四課	三課	二課	一課
后 未 申	陰 申 酉	陰 申 酉	玄 酉 辛 戌

右旋逆佈

雀 丙 辰 巳	蛇 丁 巳 午	貴 戊 午 未	后 己 未 申
合 乙 卯 辰	不備格 別責課	貴神逆行	陰 庚 申 酉
勾 甲 寅 卯			玄 辛 酉 戌
龍 丑 寅	空 子 丑	虎 癸 亥 子	常 壬 戌 亥

月將：亥
月建：
行年：
本命：
空亡：子丑
正斷：

課象分析：

一、當實際占課時間為子時，為夜占，起夜貴人用之。

二、六辛逢虎馬，夜貴人在天盤午馬之位，由於貴人所居的地盤為未，依次右旋逆佈。

三、發三傳為別責課，三傳為丑、酉、酉。

四、辛酉日在甲寅旬中，空亡為子丑。

六壬課盤三六

末傳	中傳	初傳
玄 辰 申 財爻〔甲劫〕	龍 申 子 鬼爻〔戊財〕	蛇 子 辰 印爻〔壬印〕

四課	三課	二課	一課
龍 申 子	蛇 子 辰	虎 午 戌	合 戌 甲寅

貴 癸丑 巳	后 寅 午	陰 卯 未	玄 甲辰 申
蛇 壬子 辰	潤下、斬關格　涉害課	貴神逆行	常 乙巳 酉
雀 辛亥 卯			虎 丙午 戌
合 庚戌 寅	勾 己酉 丑	龍 戊申 子	空 丁未 亥

民國　年　月甲辰日卯時

第　局日占

事由：占

月將：亥

月建：

行年：

本命：

空亡：寅卯

正斷：

課象分析：

一、日干甲木為我，甲為陽木，初傳子為陽水，生我陽木，陽見陽為偏印又為父母。初傳子水遁干為壬水為陽，生我陽木，故遁壬印。

二、中傳申金，為陽金，剋我陽木，陽見陽為七殺，又為官鬼。中傳申金遁干為戊土為陽，我剋陽土，故遁戊財。

三、末傳辰土，為陽土，我剋陽土，陽見陽為偏財，又為妻財。末傳辰土遁干為甲木為陽，與我比合，故遁甲劫。

末傳	中傳	初傳	民國　年　月甲辰日卯時　事由：占　第　局　日占
玄 辰申 財爻〔甲劫〕	龍 申子 鬼爻〔戊財〕	蛇 子辰 印爻〔壬印〕	

四課	三課	二課	一課
龍 申 子	蛇 子 辰	虎 午 戌	合 寅 戊 甲

貴 丑/巳 癸 〔本命〕	后 寅/午	陰 卯/未	玄 辰/申 甲	月將：亥 月建： 行年：己酉 本命：辛巳 空亡：寅卯 正斷：
蛇 子/辰 壬	占課人本命辛巳，男四十四歲行年為己酉 潤下格　涉害課　貴神行		常 巳/酉 乙 〔行年〕	
雀 亥/卯 辛			虎 午/戌 丙	
合 戌/寅 庚	勾 酉/丑 己	龍 申/子 戊	空 未/亥 丁	

課象分析：占課人本命辛巳，男四十四歲，行年為己酉。
本命位於地盤的巳，貴人乘丑臨巳。
行年位於地盤的酉，太常乘巳臨酉。

六壬課盤三八

民國甲申年丁卯月己亥日己巳時

事由：占

第 局 日占

月將：戌
月建：卯
行年：
本命：
空亡：辰巳
正斷：

末傳	中傳	初傳
玄 卯 戌 〔癸財〕 鬼爻	雀 戌 X巳 〔戊劫〕 兄爻	虎 巳 子 印X爻

四課	三課	二課	一課
合 酉 X辰	常 X辰 亥	虎 X巳 子	貴 子 己未

雀 戊戌 X巳	蛇 己亥 午	貴 庚子 未	后 辛丑 申
合 丁酉 X辰	比用格課	貴神逆行	陰 壬寅 酉
勾 丙申 卯			玄 癸卯 戌
龍 乙未 寅	空 甲午 丑	虎 X巳 子	常 X辰 亥

課象分析：

三傳演卦：

一、以三傳的地盤為內卦，以天盤為外卦，逢空亡則變易陰陽，並為變爻。

如初傳地盤為子，為陽爻，為初九。

中傳地盤為巳，逢空亡，變陰為陽爻為九二。

末傳地盤為戌，為陽爻為九三。

初傳天盤為巳，逢空亡，變陰為陽爻，為九四。

中傳天盤為戌，為陽爻，為九五。

末傳天盤為卯，為陰爻，為上六。

二、如此演出的卦為澤天夬卦：

上六 — —
九五 ———
九四 ——— x 變爻
九三 ———
九二 ——— X 變爻
初九 ———

三、演出的卦若無變爻則以卦辭分析課象，若有變爻，則以爻辭分析課象。（由內而外，由初至上。）

四、夬卦九二及九四爻辭如下：

九二，惕號。莫夜有戎。勿恤。

九四，臀無膚。其行次且。牽羊悔亡。聞言不信。

六壬課盤

三九　十二支神之五行

末傳	中傳	初傳	事由：占 民國　年　月　日　時 第　局　占

四課	三課	二課	一課

太乙巳	勝光午	小吉未	傳送申	月將： 月建： 行年： 本命：
天罡辰			從魁酉	
太衝卯	課格	貴神行	河魁戌	空亡： 正斷：
功曹寅	大吉丑	神后子	登明亥	

六壬課盤

四十 十二天將之五行

末傳	中傳	初傳

四課	三課	二課	一課

事由：占

民國　年　月　日　時

第　局　占

騰蛇 丁巳	朱雀 丙午	太常 己未	白虎 庚申
勾陳 戊辰			太陰 辛酉
六合 乙卯	課格	貴神行	天空 戊戌
青龍 甲寅	貴人 己丑	天后 壬子	玄武 癸亥

月將：

月建：

行年：

本命：

空亡：

正斷：

末傳	中傳	初傳	民國　年　月　日　時　占 事由：占 第　局

四課	三課	二課	一課

乘騰蛇為哀哭。 巳	乘朱雀為鹽。 午	乘太常為稟為穀。 未	申	月將： 月建： 行年： 本命：
乘勾陳為獄。 辰	貴神行 課格		酉	空亡： 正斷：
乘六合為閣、加卯為台。 卯			加戌為廁。 戌	類神為雨師為髮、為腎、為膀胱、為頭風、為顛狂、為瘧痢、為野豬、為熊、為魚、為鱉……。
寅	乘貴人為徵召。 丑	加子午卯酉為幼子。加子為醉人。加子為痰火。乘天后為溺斃。 子	乘玄武為盜賊乘玄武為眼目流淚。 登明亥	

課象分析：登明亥水神也，雨水後正月將，玄武之象，音角，數四，味鹹，色褐，星室壁，宮雙魚，位西北，主禎祥、徵召、陰私、污穢等事。

乘凶將主爭訟拘繫、沉溺，巳酉丑日占，主失物。

說明：一、乘勾陳為獄，勾陳（戊辰）。

二、加戌為廁，加戌為亥加戌上。

三、乘貴人為徵召，貴人（己丑）。

四、戌加之為戌加亥上。

六壬課盤 四二

末傳	中傳	初傳	民國　年　月　日　時占 事由：占 第　局占

四課	三課	二課	一課

巳	加子午為舅翁、乘朱雀為官吏。 午	乘太常為印綬。 未	加申為兵卒。 乘白虎剋日為盜賊。 乘白虎為墳墓。 申	月將： 月建： 行年： 本命：
乘勾陳為聚眾。 乘勾陳，加申酉為石。 辰	格課	貴神行	酉	空亡： 正斷：
卯			乘天空為行步艱難。 河魁 戌	
寅	丑	加子午為舅翁。 子	乘玄武為乞丐，為枷。 亥	

課象分析：河魁戌土神也，春分後，二月將。天空之象，音商，數五，味甘，色黃，星奎婁，宮白羊，位西方偏北。

主欺詐、奴婢逃亡等事，又主印綬。若發用，主舊事重新，又主破財聚眾。

類神為陰、為雲、為奴、為軍人、為皂隸、為獵、為僧道、為小童、為脾、為命門、為膝、為足、為胸脇、為腹痛、為神魂顛倒、為山狗、為豺狼、為五穀、為麻、為豆、為……。

末傳	中傳	初傳		事由：占 民國　年　月　日　時 第　局　占
四課	三課	二課	一課	
巳午加之為雪。 加巳為海。 乘蛇雀為目疾。 巳	巳午加之為雪。 乘朱雀為喧聒。 午	乘太常，加卯為樂伎。 未	乘白虎臨寅申巳亥為邊兵。 甲乙日乘白虎為孝服。 申	月將： 月建： 行年： 本命：
乘勾陳為解散。 辰	貴神行 課格		乘太陰為脾肺傷損。 丙丁日乘太陰為錢。 從魁酉	空亡： 正斷：
乘六合，加寅申為尼。 卯			加戌為霜。 乘天空為小婢。 戌	
乘青龍為妾。 寅	加子丑為老婢。 乘貴人為賞賜。 丑	加子為霖雨。 加子為江。 加子丑為老婢。 乘天后為私通。 子	乘玄武為水邊。 亥	

課象分析：從魁酉，金神也。穀雨後，三月將。太陰之象，音羽，數六，味辛，色白，星胃昴畢，宮金牛，位正西。

主陰私、解散、賞賜等事。又主金錢、奴婢、信息。

類神為隕星、為陰、為婢、為姊、為少女、為外妾、為酒人、為賭徒、為金銀匠人、為膠漆工人、為肺、為肝膽、為小腸、為耳目口鼻、為皮毛、為精血、為音聲、為咳嗽勞傷、為塔、為山岡、為酒坊、為碑碣、為碓磨、為金銀首飾、為珍珠、為銅鏡、為小麥、為酒漿、為薑蒜、為鳥為雉、為……。

六壬課盤 四四

民國　年　月　日　時　占

事由：占

第　局

末傳	中傳	初傳

四課	三課	二課	一課

乘騰蛇為喪孝。 巳	午	乘太常為僧。 未	乘白虎為瘡腫骨痛。 乘白虎為兵器。 傳送 申
乘勾陳為攻劫。 辰	貴神行	課格	酉
卯			乘天空為碓磨。 戌
寅	丑	乘天后為湖或為池。 子	乘玄武加亥為失脫。 加亥剋日為水厄。 亥

月將：

月建：

行年：

本命：

空亡：

正斷：

課象分析：傳送申，金神也。小滿後，四月將。白虎之象，音徵，數七，味辛，色粟，星觜參，宮陰陽，位西南。

主道路，疾病，音耗等事。

類神為水母、為行人、為公人、為兵卒、為郵使、為金石匠、為商賈、為屠戶、為醫、為巫、為獵人、為肺、為肝膽、為大腸、為筋、為骨、為心胸、為脈絡、為音聲、為缺唇、為墮胎、為城、為神祠、為郵亭、為馬舍、為道路、為猿、為猩猩、為大麥、為絹帛、為金銀、為刀劍、為疾病、為饋送、為陞遷、為驛遞、為……。

末傳	中傳	初傳	民國　年　月　日　時　占 事由：占 第　局
四課	三課	二課	一課

巳	壬癸日乘雀勾為爭訟。 午	加未為醉人。乘太常為氣噎。 小吉 未	辛巳日乘白虎為大風。 申
加辰為田園。壬癸日乘雀勾為爭訟。 辰	課格	貴神行	加酉為繼母，老人。乘太陰為姨為小姑。 酉
加卯為林木。 卯			乘天空為井泉。 戌
加寅為婿。壬癸日乘青龍為徵召。 寅	加酉丑為老人。 丑	乘天后為舅姑。 子	加亥為繼父。 亥

月將：
月建：
行年：
本命：
空亡：
正斷：

課象分析：小吉未，土神也。夏至後，五月將。太常之象，音徵，數八，味甘，色黃，星井鬼，宮巨蟹，位西南偏南。

主酒食，婚姻，祀祠等事。

類神為風伯、為父母、為妹、為寡婦、為道士、為酒師、為帽匠、為熟識人、為賓客、為脾、為胃、為肩背、為青梁、為腹、為口、為唇、為齒、為翻胃嘔逆、為癆瘵、為土塚、為牆垣、為井、為茶店、為酒店、為桑葉、為木棉、為服裝、為印信、為笙歌、為醫藥、為酒食、為慶賀、為筵會、為……。

六壬課盤

四六

末傳	中傳	初傳	事由：占 民國　年　月　日　時 第　局　占

四課	三課	二課	一課

乘騰蛇為驚恐。 巳	乘朱雀為傷風下痢。 乘朱雀為誠信。 勝光 午	乘太常，加申酉為廚房。 未	乘白虎為道路。 加申為咒詛。 申	月將： 月建： 行年： 本命：
乘勾陳為亭長。 辰	貴神行		乘太陰為妾。 加卯酉為目疾。 酉	空亡： 正斷：
加卯酉為目疾。 乘六合為通語。 卯	課格		戌	
乘青龍為使君。 寅	加貴人為善人。 丑	乘天后為宮女。 加子為疝氣。 子	加玄武為目。 加亥為心痛。 亥	

課象分析：勝光午，火神也。大暑後，六月將。朱雀之象，音宮，數九，味苦，色赤，星柳星張，宮獅子，位正南。

主光怪、絲綿等事，又主文書官事。

類神為電母、為霞、為晴、為婦女、為旅客、為軍官、為騎兵、為女巫、為鐵匠、為伴侶、為心、為口、為舌、為警衛.　為宮室、為城門、為堂、為山林、為田宅、為火燭、為旌旗、為絲繡、為書畫、為衣架、為爐、為櫃、為獐、為鹿、為絲綿、為紅豆.　為文書、為信息、為光彩、為火災、為詞訟、為……。

六壬課盤 四七

末傳	中傳	初傳	民國　年　月　日　時 事由：占 第　局　占

四課	三課	二課	一課

乘騰蛇為頭面疼痛。 乘騰蛇加日支為雙胎 辛日乘騰蛇為弔客。 太乙 巳	午	加未為灶畔有井。 未加之為井旁有灶。 未	乘白虎剋日辰為外服。 加申為釜。 申	月將： 月建： 行年： 本命：
加辰戌為囚徒。 辰	課格 貴神行		乘太陰為娼婦。 乘太陰為口瘡。 加酉或酉加之為徒配。 加酉為罍。 加辰戌為囚徒。 酉	空亡： 正斷：
乘六合為鳴蟬。 卯			戌	
寅	丑	子	亥	

課象分析：太乙巳，火神也。處暑後，七月將。騰蛇之象，音角，數四，味苦，色紫，星翼軫，宮雙女，位東南。

主爭鬥、口舌、驚恐、怪異等事。

類神為虹霓，冬至後為雪、為長女、為朋友、為主婦、為畫師、為術士、為廚夫、為窯工、為騎卒、為工藝者、為心、為三焦、為咽喉、為頭面、為小腸、為胃、為雀斑、為齒痛、為吐血、為窯、為爐灶、為磁器、為磚瓦、為樂器、為車騎、為飛鳥、為蚯蚓、為飛蟲、為……。

六壬課盤

四八

末傳	中傳	初傳	事由：占 民國　年　月　日　時 第　局　占

四課	三課	二課	一課

加巳午為老人。 乘玄武加巳為井。 乘騰蛇為網罟。 巳	加巳午為老人。 午	未	乘白虎為屠人。 乘蛇虎剋日干為自縊。 申
乘勾陳為咽喉腫塞。 乘勾陳為戰鬥。 天罡 辰	課格	貴神行	酉
乘六合為宰殺。 卯			乘天空為山坡。 乘天空為欺詐。 戌
寅	丑	乘玄武加子為強盜。 乘天后為娠妊。 子	乘天后加亥為海水。 加亥為蛟龍。 乘玄武為妖邪。 乘玄武，加巳為井。 亥

月將：
月建：
行年：
本命：
空亡：
正斷：

課象分析：天罡辰，土神也。秋分後，八月將。勾陳之象，音商，數五，味甘，色黃，星角亢，宮天秤，位東南偏東。

主爭鬥，主詞訟，主死喪，主田宅等事。

類神為霧、為獄神、為軍人、為兇徒、為漁夫、為脾、為肝、為肩、為皮膚、為風癱、為腫瘤、為岡嶺、為荒塚、為池沼、為祠堂、為甲冑、為缸甕. 為磚瓦、為破衣、為簿書. 為五穀、為麻、為頑惡、為堅硬、為……。

末傳	中傳	初傳	事由：占 民國　年　月　日　時　占 第　局

四課	三課	二課	一課

加巳午為匠人。 乘騰蛇為水。 乘騰蛇，加巳午為騾。 巳	加巳午為匠人。 乘騰蛇，加巳午為騾。 午	加未為兄弟。 加丑未為竹器。 未	乘白虎為路。 加申酉為木器。 申	月將： 月建： 行年： 本命：
乘勾陳為沙門。 辰	課格	貴神行	加申酉為木器。 酉	空亡： 正斷：
加卯或卯加之為目疾。 太衝卯			乘勾空為沙門。 戌	
乘青龍為竹棒。 寅	乘貴人為術士。 加丑未為竹器。 丑	乘天后加子為水車。 子	亥	

課象分析：太衝卯，木神也。霜降後，九月將。六合之象，音羽，數六，味酸，色青，星氐房心，宮天蠍，位正東。

主驛郵、舟車、林木等事。

類神為雷震、為長子、為經紀人、為盜賊、為肝、為大腸、為手、為背、為筋、為目眥、為池、為澤、為大林．為行叢、為舟車．為窗、為前門、為梯、為衣架、為園、為門戶、為棺、為床、為旗桿、為香盒、為狐、為貉、為羝羊、為驢、為瓜菓、為……。

六壬課盤

五十

末傳	中傳	初傳

民國　年　月　日　時　占

第　局　占

事由：占

四課	三課	二課	一課

加巳亥為迷路。 巳	加午或午加之為棟柱。 乘朱雀為火炬。 乘朱雀為誠信。 午	乘天后加未為醫。 乘太常為書籍。 未	加申為道士。 乘朱雀加申戌為胥吏。 申
加為辰戌為林巒。 辰	課格	貴神行	酉
乘龍合為秀才。 加卯為文章。 卯			加辰戌為林巒。 乘天空為棒杖。 戌
乘龍合為秀才。 乘勾陳加寅為胥吏。 功曹 寅	乘貴人為徵召。 丑	子	乘玄武為雜色斑文。 加巳亥為迷路。 亥

月將：

月建：

行年：

本命：

空亡：

正斷：

課象分析：功曹寅，木神也。小雪後，十月將。青龍之象，音羽，數七，味酸，色碧，星尾箕，宮人馬，位東北。

主木器、文書、婚姻、財帛、官吏等事。

類神為風伯、為督郵、為賓客、為家長、為夫婿、為肝、為膽、為手、為筋、為脉、為髮、為口、為眼、為三焦、為目病、為道路、為公衙、為寺廟、為叢林、為書室、為花草、為屏風、為木器、為文書、為豹、為貓、為瓜菓、為謁見、為陞遷、為……。

末傳	中傳	初傳	事由：占 民國　年　月　日　時 第　局　占

四課	三課	二課	一課

巳	丙日乘朱雀為舉薦。 午	乘太常為田宅。 加未為不完物。 乘太常為甜物。 未	申	月將： 月建： 行年： 本命：
加勾陳為將軍，兵卒。 辰			加卯酉為缸。 酉	
乘六合為道院。 加卯為先雨後雷。 卯加之為先雷後雨。 卯	課格	貴神行	乘天后為侏儒。 乘天空為罐。 戌	空亡： 正斷：
乘朱雀加寅為文書。 寅	乘貴人為長者。 乘貴人為腰腿痿痺。 乘貴人相旺為珍珠。 大吉丑	加子為鱉。 子	加亥或亥加之為腸泄。 亥	

課象分析：大吉丑，土神也。冬至後，十一月將。貴人之象，音徵，數八，味甘，色黃，星斗牛，宮魔蠍，位北方偏東。

主田宅、園圃、爭鬥、財帛、燕喜等事。

類神雨師，為神佛、為僧尼、為賢者、為旅客、為軍官、為巫、為農夫、為脾、為腎、為小腸、為腹. 為足、為肩背、為耳、為禿髮、為病目、為腹病、為氣喘、為墓、為田、為社壇、為倉庫、為井牆、為桑園、為廚房、為秤、為斗斛、為鞋、為食物、為龜、為蜈蚣、為黃豆、為……。

六壬課盤 五二

末傳	中傳	初傳	民國　年　月　日　時占 第　局 事由：占 子日乘龍 玄為大雨 日
四課	**三課**	**二課**	**一課**

乘騰蛇為浴盆。 巳	午	加未丑為老婦。 乘太常為娼婦。 未	申	月將： 月建： 行年： 本命：
乘勾陳為駝背。 辰	課格	貴神行	乘太陰為婢妾，妯娌。 加酉為孀婦。 加酉為天陰。 酉	空亡： 正斷：
乘六合為奸邪。 卯			乘天空為哀聲。 戌	
乘青龍為亡遺。 乘天后加寅卯為布帛。 寅	加未丑為老婦。 丑	乘天后為幼女，為血崩。 神后子	加亥為小孩。 乘玄武為盜賊。 亥	

課象分析：神后子，水神也。大寒後，十二月將。天后之象，音宮，數九，味鹹，色黑，星女虛危，宮寶瓶，位正北。

主陰私、暗昧、婦女等事。

類神雲，為雨水、為天河、為妻、為媳、為女、為漁夫、為淫女、為乳媪、為屠夫、為舟子、為腎. 為膀胱、為月經、為耳、為腰、為傷風、為腎竭、為痢、為江湖、為溝渠、為水泊、為臥室、為冰物、為石灰、為籠匣、容器、為蝙蝠、為燕窩、為魚鮮、為黑豆、為胎產、為淫亂. 為……。

末傳	中傳	初傳	事由： 民國年 月 日 時 第 局 占

四課	三課	二課	一課

臨巳午名受賞，主有薦拔遷擢之喜。 巳午火生貴人己丑土，為賞識提拔之象。為得地之位。 巳 午		臨未名列席，主諸事順遂。 未為太常之家主酒食宴會，席間託謀，事無不遂為得地之位。 未	臨申名移途，主有謀求之便，宜途中干謁。申卦位坤，為道路，貴人在途為旅遊之象，宜籍便謀求，乘機而行，為得地之位。 申	
臨辰戌名入獄，主有憂辱，事必阻滯。辰名天牢，戌名地獄，貴人入牢獄，上既受辱，下者憂之。 辰	天乙貴人屬己丑土，吉將也。		臨酉名入室，主徬徨不寧、關隔不通。酉為後門，謁見貴人豈宜走後門，故徬徨不寧，亦有家中人口疾病之虞。 酉	月將： 月建： 行年： 本命：
臨卯名登車，主應訴詞於路，非有緊急的屈難，不宜謁見貴人，主煩躁不寧亦有家宅遷移之象。 卯	格課	貴神行	臨辰戌名入獄，有受辱憂傷之事為失地之位。 戌	空亡： 正斷：
臨寅名憑几，主宜謁見於家（私下相見）寅後天卦位為艮，有在家休息，宜乘機謁見。 寅	臨丑名升堂，主有貴人接引，宜投書進策，丑乃貴人之府，宜公不宜私，應光明正大見之，為得地之位。 丑	臨子名解紛，主排難解紛，問題獲得解決，貴人為丑土與子合，既合好則紛可解為得地之位。 子	臨亥名還絳，又名登天門，主降福消災，因為貴人居亥順佈時，十二天將之中，吉將均得地盤相生，而凶將均受地盤剋制，無力為害，為得地之位，利於進取。 亥	

課象分析：

一、十二天將，佈於天盤，又名十二天官，在天應十二神，在地表十二分野。以天乙貴人為主，居中。前有五位，一為螣蛇，二為朱雀，三為六合，四為勾陳，五為青龍。此木、火、土之將居左方。後亦有五為，一為天后，二為太陰，三為玄武，四為太常，五為白虎。此金、水、土之將居右方，對沖者為天空，實則有名而無物。

二、天將五行之生剋以所乘之神為斷。並查其所臨地盤之神，以彼此生剋制化、旺相休囚的關係來解析。

三、四課、三傳雖有一定，而天將的配置則如四時運轉而無窮，吉凶變化若不細參，必致謬誤。

◎十二天將臨支表

天將／地支	貴人	螣蛇	朱雀	六合	勾陳	青龍	天空	白虎	太常	玄武	太陰	天后
亥	還絳	墜水	入水	待命	褰裳	游江	誣詞	溺水	徵召	伏藏	裸形	治事
子	解紛	掩目	損羽	反目	投機	入海	溺水	溺水	遭枷	散髮	垂簾	守閨
丑	升堂	蟠龜	掩目	粧嚴	受越	蟠泥	侍側	在野	受爵	升堂	入內	偷窺
寅	憑几	生角	安巢	乘軒	遭囚	乘雲	被制	登山	側目	入林	跣足	理髮
卯	登車	當門	安巢	入室	臨門	驅雷	乘侮	臨門	遺冠	窺戶	微行	倚戶
辰	入獄	象龍	投網	違禮	升堂	飛天	肆惡	咥人	佩印	失路	造庭	毀妝
巳	受賞	乘霧	晝翔	不諧	捧印	掩目	受辱	焚身	鑄印	反顧	伏枕	裸體
午	受賞	飛空	啣符	升堂	反目	燒身	識字	焚身	乘軒	截路	脱巾	伏枕
未	列席	入林	臨墓	納采	入驛	在陸	趨進	在野	捧觴	不成	觀書	沐浴
申	移途	銜劍	勵嘴	結髮	趨戶	傷麟	鼓舌	啣牒	啣杯	折足	執政	修容
酉	入室	露齒	夜噪	私竄	披刃	折角	巧説	臨門	券書	拔劍	閉戶	臨門
戌	入獄	入塚	投網	無羞	下獄	登魁	居家	落陷	逆命	遭囚	被察	褰幃

末傳	中傳	初傳	事由： 民國年 月 日 時 占 第 局

四課	三課	二課	一課

臨巳名乘霧，主隱害、怪夢、占訟大忌。巳卦位巽，廣象類霧，蛇在霧中，慎防受害。 巳	臨午名飛空，主福中防禍。午火炎上為天空之象，蛇升空有化龍之象，惟蛇為毒物，仍要防範為害。 午	臨未名入林，主消禍，剋日辰為家鬼作祟，未為木庫有樹林之象。蛇入林棲止不復為禍，惟逢林有蛇，還當莫入。 未	臨申名銜劍，主災難不測。申金刀刃之象，猶人持劍為害成災，占者宜遠避之。 申
臨辰名象龍，主解難，辰生肖為龍，蛇入龍居有隨化之機，不復為患，災難全消為得地之位。 辰	騰蛇屬丁巳火，凶將也。		臨酉名露齒，主災禍，蛇火剋酉金，露齒食物咬人之象，慎防災難及身。 酉
臨卯名當門，主災難不測，慎防被害。卯為門，蛇當門前，出門有被咬之虞。要預作防避。 卯	貴神行 課格		臨戌名入塚，主解難。戌為火墓即塚，蛇入墓，埋藏不出，禍患得解矣。 戌
臨寅名生角，主利進取，有所收獲。蛇生角，有化龍之象，當不為禍反而生福，然氣化囚死之時主退藏。為得地之位。 寅	臨丑名蟠龜，主禍消福至，丑中有龜宿，蛇蟠如龜，伏而不動，不復為禍矣。 丑	臨子名掩目，主無憂患，同臨亥。 子	臨亥名墜水，主無憂患，亥、子均屬水，蛇火入水鄉，為水所制，難以行凶，所以無憂無患。 亥

月將：
月建：
行年：
本命：

空亡：
正斷：
丑
酉

課象分析：騰蛇交戰逢之則凶，交戰者；正月乘卯，二月乘酉，三月乘子，四月乘午，週而復始。騰蛇酣睡遇之無禍，酣睡者，春乘亥，夏乘寅，秋乘巳，冬乘申。

六壬課盤 五五

<table>
<tr><td colspan="4">
<table><tr><td>末傳</td><td>中傳</td><td>初傳</td></tr></table>
</td><td rowspan="3">事由：
民國年　月　日　時占
第　局</td></tr>
<tr><td>四課</td><td>三課</td><td>二課</td><td>一課</td></tr>
<tr><td>臨巳名晝翔，主文書消息立至，科考得中，口舌詞訟多興。
巳</td><td>臨午名啣符，所主與臨巳同，然口舌詞訟會較輕微，占考試則吉。
午</td><td>臨未名臨墓，所主與臨丑，子、亥同。
未</td><td>臨申名勵嘴，主文書消息暢通，科考得意，然口舌詞訟大興，凶不可免也。
申</td></tr>
<tr><td>臨辰戌名投網，主文書遺亡，消息不至，口舌詞訟不興。辰戌為天羅地網又雀入網中之象。不能飛翔。
辰</td><td colspan="2" rowspan="2">朱雀屬丙午火，凶將也。
貴神
格課　行</td><td>臨酉名夜噪，所主與臨申同。文書科考得利，但口舌官災則難免。易招疾病。
酉</td><td rowspan="3">月將：
月建：
行年：
本命：
空亡：
正斷：</td></tr>
<tr><td>臨寅卯名安巢，主文書遲滯，口舌詞訟不興，科考不中。寅卯為木，有山林之象，雀入林安息，結草安巢，不思飛出故書信消息不傳。
卯</td><td>與臨辰同。
戌</td></tr>
<tr><td>口舌詞訟不興，不思前進，所以科考也難得中。
寅</td><td>臨丑名掩目，所主與臨亥子同。
丑</td><td>臨子名損羽，所主與臨亥同。
子</td><td>臨亥名入水，主文書消息沉寂，科考不中，口舌詞訟平息，不宜投書獻策等又主失財。
亥</td></tr>
</table>

課象分析：

朱雀銜物主婚姻財物：

正月	二月	三月	四月	五月	六月	七月	八月	九月	十月	十一月	十二月
乘酉	乘巳	乘丑	乘子	乘申	乘辰	乘卯	乘亥	乘未	乘午	乘寅	乘戌

朱雀開口主爭鬥口舌：

正月	二月	三月	四月	五月	六月	七月	八月	九月	十月	十一月	十二月
乘巳	乘辰	乘午	乘未	乘卯	乘寅	乘申	乘酉	乘丑	乘子	乘戌	乘亥

六壬課盤　五六

末傳	中傳	初傳	
四課	三課	二課	一課
臨巳名不諧，主驚悸。巳為火，木入火鄉己身化作煙灰，不吉甚矣。所謀皆難，且有損身之驚。　巳	臨午名升堂，六合木生火，有生化升堂之象。升堂入室均主所謀順遂。　午	臨未名納采，未為酒食，宴會之處。卯未有會合之慶，主在歡喜中謀事有成。為得地之位。　未	臨申名結髮，亦主有歡成之慶。申乃庚也，乙庚相合，猶男女之結髮好合喜慶之象。為得地之位。　申
臨辰名違禮，主不自檢點，招至罪懲。辰戌乃幽暗不明，羅網之地，暗合於此失時失位。　辰	六合屬乙卯木，吉將也。	貴神行	臨酉名私竄，主殃傷。酉為私門為金。六合卯木私門出入為金所剋、所傷。有招殃受傷之象。亦有男女淫奔之象。　酉
臨卯名入室。卯為六合本家，所謀順遂之象也。　卯	課格		臨戌名無羞。主妄冒而獲罪。同臨辰，招受指責。為失地之位。　戌
臨寅名乘軒，主有歡成之慶。寅木有軒車之象，故曰乘軒。亦有婚姻美滿之象。為得地之位。　寅	臨丑名粧嚴，主喜慶。丑為貴人之府，合神謁貴自當粧飾嚴整。所謀必成之象也。為得地之位。　丑	臨子名反目，主事端無禮。子水生卯木但子卯相刑猶夫妻反目，事起無禮，而致反目相向。　子	臨亥名待命，主事有成。亥為天門，在天門待命，逢亥水生木，得利成就之象也，為得地之位。　亥

事由：

民國年　月　日　時　占

第　局

月將：

月建：

行年：

本命：

空亡：

正斷：

六壬課盤 五七

事由：

民國年 月 日 時 占

第 局

末傳	中傳	初傳

四課	三課	二課	一課

巳	午	未	申
臨巳名捧印，巳為鑄印之地。勾陳為印模，印已鑄成捧以奉上。乃封拜之象，訟主憂，官主喜，常人遇之反凶。	臨午名反目。午火生勾陳土，勾陳與朱雀均好爭訟，兩訟相遇。難相容，故有反目之象。主被他人殃及。	臨未名入驛，未居後天八卦坤位，坤為大道為驛道。有入驛之象，主詞訟稽留。	臨申名趨戶，申前於酉為戶，主由此可入門。故名趨戶。伺立門前等此凶將，宜抽身而退，避免被牽連。

辰		酉
臨辰名升堂，辰為勾陳之府。有在府升堂審案之象。主受勾陳之累。慎防獄吏勾通不利於占者。	勾陳屬戊辰土，凶將也。	臨酉名拔刃，酉為金，象刀劍凶器，勾陳執刃豈有善意，占者主宜退避，注意防有刑責。

卯		戌
臨卯名臨門，卯為門，訟神入門，家難和睦。主敗家之象。	貴神行 課格	臨戌名下獄，戌為地網，幽暗不明。勾陳主有入獄之象。詞訟稽留。

寅	丑	子	亥
臨寅名遭囚，寅為木，剋勾陳土。有遭囚之象。占者宜上書告發其積害。	臨丑名受越，丑乃貴人之府有僭越之勢，占者唯忍耐。主防暗遭凌辱陷害。	臨子名投機，子為水，受勾陳土剋，勾陳得以投其狂妄之機。占者應忍耐。主防暗遭凌辱陷害。	臨亥名褰裳，亥為半夜之時，必褰裳而憩息，亥為天門，半夜在門候勾陳凶將。恐勾連招禍。主宜退避。

月將：

月建：

行年：

本命：

空亡：

正斷：

末傳	中傳	初傳	事由：民國年 月 日 時 占 第 局

四課	三課	二課	一課

臨巳名掩目，主因財得禍，有不測之憂。巳生肖蛇，五行為火，龍入蛇穴且有煙火，失時失位，掩目難飛。 巳	臨午名燒身，其意同臨巳。午為旺盛的離火，木入火中，化火燒身，陷入險境。臨巳午均有不測之憂。 午	臨未名在陸，其意同臨丑，未為土，龍在地失位困陷，所謀不遂也。且有傷身之害。 未	臨申名傷麟，主宜靜守，不宜行動，防有損傷。申酉金克龍，位於受剋之地不利發展。 申
臨辰名飛天，主得力有為。辰生肖龍，龍居龍位，飛騰九天。得意順遂之象。 辰	青龍屬甲寅木，吉將也。		臨酉名折角，其意同臨申。 酉
臨卯名驅雷，其意同臨寅。卯後天卦位震，震為雷。龍得雲雷，得意施為，有力得展之象。 卯	格課	貴神行	臨戌名登魁，主小人爭財。戌為地網，幽暗不明，財神陷網，當遭小人劫其財。 戌
臨寅名乘雲，主利於經營，得展有為。寅乃青龍之宮，有乘雲出入之象，所謂雲從龍也。 寅	臨丑名蟠泥，主有力難展，所謀不遂。丑為土藏子水，有泥象，龍在泥地難以飛騰，困陷難展之象。 丑	臨子名入海，其意同臨亥。 子	臨亥名游江，主得意之慶，所謀順遂。亥子均為水，龍得水，得意之象也。 亥

月將：
月建：
行年：
本命：

空亡：
正斷：

六壬課盤

五九

末傳	中傳	初傳	事由： 民國年月日時占 第局

課四	課三	課二	課一

臨巳名受辱，占謀主吉。占病主腹痛下痢。巳後天卦位巽，巽為風。風起土揚，其塵自散。 巳	臨午名識字，主真偽難測。午為朱雀之象，主文章之神。天空居之，被認為屬識字之輩。 午	臨未名趨進，主欺詐得財。未為太常之象，主財帛飲食，天空於此，詐騙財物。 未	臨申名鼓舌，其意同臨午。申後天卦位為坤，坤致養萬物之神，天空居之，自詡其德，鼓舌自吹。 申
臨辰名肆惡，主暴客欺凌。辰為天羅，幽暗之位。天空在此，施其虛詐，自易受欺。 辰	天空屬戊戌土，凶將也。		臨酉名巧說，主奸人詭計引人上當。酉後天卦位兌，悅乎兌，天空在此私門之位說的動聽，令人喜悅，虛而不實。 酉
臨卯名乘侮，其意同臨辰。卯為門，天空在此施詐即逃，受辱又不易捕獲。 卯	課格	貴神 行	臨戌名居家，主百事俱虛。戌為天空之象，作為一如其性，虛偽不實。 戌
臨寅名被制，主有公私口舌，寅木剋天空土，虛偽被揭穿，不免有口舌之爭也。 寅	臨丑名侍側，仕宦主遷擢。平民防播弄。丑為貴人之府，天空為僕從不敢虛詐，但也可巧言令色偽裝其實。 丑	臨子名溺水，主百事有憂。子乃旺水，土入水中有瓦解鬆散之憂。 子	臨亥名誣詞，其意同臨酉。 亥

月將：
月建：
行年：
本命：
空亡：
正斷：

末傳	中傳	初傳

四課	三課	二課	一課

事由：

民國年　月　日　時　占

第　局

巳、午：臨巳午名焚身，主無患。巳午為火剋白虎金，則虎不能逞凶。占者得以無虎為患。殃禍消滅也。

未：臨未名在野，其意同臨丑。

申：臨申名喞牒，主喜信。申為虎之本宮，虎居之貪受供奉，無復逞凶。喞牒為傳送往來之信，可喜也。

辰：臨辰名啞人，主傷害。辰中有尸，有啞人之象。占者宜避之吉。防官災刑戮。

白虎屬庚申金，凶將也。

貴神　行

課格

酉：臨酉名臨門，其意同臨卯。防折傷人口。

卯：臨卯名臨門，主傷人。卯酉為門戶。虎守之，驚懼不寧，謹防為其所傷。

戌：臨戌名落陷，主有脫囚獄之殃。戌為地網，虎入網中，凶不得逞。占者得此，不為虎害，猶囚獄之得脫也。

寅：臨寅名登山，主掌生殺之權，寅為木，有山林之象。虎於山林其威百倍，仕宦占之主有權位，常人占之凶不可當。

丑：臨丑名在野，主損牛損羊。丑未為土，有田野之象。虎入牛羊群中，大肆捕噬。

子、亥：臨亥，子名溺水，主音信不通。亥、子為水，虎入水中，陷溺其中則不凶矣。唯道路因水阻而致音信不通矣。

月將：

月建：

行年：

本命：

空亡：

正斷：

六壬課盤 六一

事由：

民國年 月 日 時 占

第 局

末傳	中傳	初傳

四課	三課	二課	一課

臨巳名鑄印，主徵召。太常為印綬之神，巳為鑄印之位，授予印信有徵召之命。 巳	臨午名乘軒，主升調官職。午為天地大道，為乘軒之象。午立南面，北有面君之象，為升調拜封之義。 午	臨未名捧觴，主徵召。其意同臨巳。 未	臨申名啣杯，主轉職遷官。申為傳送。太常為酒食，傳送酒食，有傳杯稱慶官爵陞遷之象。 申
臨辰名佩印，主有遷除之象。官爵陞遷、扶正，然不利平民。 辰	太常屬己未土，吉將也。		臨酉名券書，主成後有爭。未土生酉金，酉金鋒刀能斷一切物，唯酉為自刑，終有後爭。應謙讓則吉，莫得理不饒人。 酉
臨卯名遺冠，主財物損失。卯為門戶，太常衣冠之神而入私門有衣冠不正之象，卯木剋未土，有財物損失之象。 卯	課格	貴神 行	臨戌名逆命，主尊卑起訟。戌為獄，未戌相刑，未尊戌卑，尊卑訟獄。 戌
臨寅名側目，主遭讒謗。寅木剋未土，寅虎剋未羊。敢怒不敢言只有側目視之，任其宰割。 寅	臨丑名受爵，主轉職遷官。丑為貴人之府，以太常拜至尊，為受爵遷官之象。 丑	臨子名遭枷，主受刑罰。未土值水鄉，有崩陷之象，又子未相害，陷而害之，有被枷鎖之象。 子	臨亥名徵召，主上喜下憎。亥為天門。太常候於天門，有奉徵召之象，但未土剋亥水，故上雖喜而下必憎。 亥

月將：

月建：

行年：

本命：

空亡：

正斷：

事由：

民國年　月　日　時　占

第　局

末傳	中傳	初傳

四課	三課	二課	一課

臨巳名反顧，主虛驚。巳於時為白天非竊盜之機。白天出現恐人追捕，常回身反顧心虛不定有百事皆空之象。　巳	臨午名截路，主防捕賊受傷。亥午乃水火相剋，賊勢猖獗有截路抗拒之象。　午	臨未名不成，主欲盜不成之象。未土制玄武水，故竊盜不成。未為太常家，主酒食。盜賊或因酒食被捕。　未　防變生不測。	臨申名折足，主盜易捕。申卦位坤為土，土剋玄武水。玄武被剋難以行進，有如折足之象。　申
臨辰名失路，主盜賊不行之象。辰土剋亥水，盜賊受制，慌不擇路，賊入獄遭刑。　辰	玄武屬癸亥水，凶將也。		臨酉名拔劍，主防受傷。酉為金有刀劍之象。盜賊持刀，捕之慎防受傷與臨午均有不宜反攻之象。　酉
臨卯名窺戶，主事應防範。日出於卯有門之象，盜賊臨門，有偷竊之意，應加防範，有諸事不利之象。　卯	課格	貴神行	臨戌名遭囚，戌為牢獄為土。制玄武水於牢獄中，有被捕囚獄之象。　戌
臨寅名入林，主盜難捕獲。寅為木，有林象，盜賊入林有所憑藉，難以追尋。亦主安居樂業。　寅	臨丑名升堂，丑為貴人之府，丑土制玄武水，玄武在此不敢行竊，偽裝正經。然仍有詐騙財物之心。　丑	臨子名散髮，主虛驚散亂。子為夜半盜賊被驚夜起，髮不及整，有散亂之象。畏捕捉之心不過虛疑耳。　子	臨亥名伏藏，主盜難捕獲。亥為玄武本家，亥於時為深夜。幽暗不明，難以見物。為伏藏之象。具事有轉機之象。　亥

月將：

月建：

行年：

本命：

空亡：

正斷：

六壬課盤

六三

事由：

民國　年　月　日　時

第　局　占

末傳	中傳	初傳	

四課	三課	二課	一課

臨巳名伏枕，主盜賊、口舌、憂驚。巳火剋太陰金，伏而不起有臥病伏枕之象，巳為騰蛇之位，又主口舌憂驚。 巳	臨午名脫巾，主財物。文書暗動。午火（朱雀）剋太陰酉金，故主文書動作。 午	臨未名觀書，主家宅安寧，涵泳優游。未土生酉金，太陰得養，猶讀書益智，有安且吉之象也。 未	臨申名執政，主起居佳適。申為太陰之旺地。得志行權有執政處事之象，必光明正大，公正合理。 申
臨辰名造庭，主勾連爭訟。辰為勾陳之位。且與酉合太陰暗昧與天罡（辰）合好而勾連多爭矣。 辰	太陰屬辛酉金，吉將也。	貴神行	臨酉名閉戶，主家宅安寧。酉乃太陰之家，陰主靜，有閉戶不出之意。 酉
臨卯名微行，主起居佳適。卯為私門，必化裝入之有微行之象，言行必謹慎，端正合適。 卯	課格		臨戌名被察，主陰人陷害。戌為牢獄與酉相害，害於獄中。 戌
臨寅名跣足，主財物文書暗動寅方晨起之時有跣足之象。太陰剋寅木（青龍之位）故主財動。 寅	臨丑名入內，主尊卑相蒙。丑為貴人之位。至尊受陰蒙蔽，亂之始也。君子必慎處之。 丑	臨子名垂簾，主妾婦相侮。子為天后之府，貴人之妻，太陰為貴人之妾，子時為夜，幽暗不明。夜深門戶垂簾，太陰失位致婦，妾相侮也。 子	臨亥名裸形，其意同臨巳。亥為深夜入眠脫衣，形近於裸。亥為玄武，又主盜賊之象。 亥

月將：

月建：

行年：

本命：

空亡：

正斷：

六壬課盤

六四

<table>
<tr><td colspan="2">傳　末</td><td>傳　中</td><td>傳　初</td><td rowspan="3">事由：
民國　年　月　日　時
第　局　占</td></tr>
<tr><td>課　四</td><td>課　三</td><td>課　二</td><td>課　一</td></tr>
<tr><td>臨巳名裸體，主悲哭羞辱。后水剋巳火，互有損傷，體露有裸體之象。感到羞辱悲泣。
巳</td><td>臨午名伏枕，主嘆息呻吟。午乃午睡之時，伏枕而臥，水火相剋相沖，事不如意嘆息呻吟也。
午</td><td>臨未名沐浴，主惶恐驚懼。未有井宿，汲取井水有沐浴之象，浴則畏人至故有疑懼之心。
未</td><td>臨申名修容，其意同臨寅。申時之後將晚餐，整妝赴宴心情輕鬆。
申</td></tr>
<tr><td>臨辰名毀妝，主悲哭羞辱。辰土剋后水，有毀妝之象，因之感到羞辱悲泣。
辰</td><td colspan="2" rowspan="2">天后屬壬子火，吉將也。
貴神行
格　課</td><td>臨酉名臨門，其意同臨卯。
酉</td><td rowspan="3">月將：
月建：
行年：
本命：
空亡：
正斷：</td></tr>
<tr><td>臨卯名倚戶，主淫奔私通。卯、酉為門戶，婦人依戶臨門，非光明正大之象。
卯</td><td>臨戌名褰幃，主嘆息呻吟。戌土剋天后水，病之象也，戌為夜時，夜病思臥有褰幃之象。
戌</td></tr>
<tr><td>臨寅名理髮，主優游閒暇。寅為清晨，起床後整理儀容，無拘無束。
寅</td><td>臨丑名偷窺，主惶恐驚懼。后子與丑合有私通之情唯恐人知，是以偷相窺視。
丑</td><td>臨子名守閨，主動止多宜。子、亥均為水，乃天后之本家。有在家謹守，行止合宜之象。
子</td><td>臨亥名治事，主動止多宜。亥位乾，乾卦健行不已，自強不息之象。為持家治事動止相宜，為可慶之象。
亥</td></tr>
</table>

六壬課盤 六五

末傳	中傳	初傳
虎 寅 午	后 午 戌	合 戌 寅

四課	三課	二課	一課
后 午 戌	合 戌 寅	后 午 戌	合 戌 甲 寅

民國　年　月 甲寅日 亥時

事由：占

第　局 夜占

空 丑 巳	虎 甲 寅 午	常 乙 卯 未	玄 騰蛇之陰神→ 丙 辰 申
龍 子 辰			陰 丁 巳 酉
勾 癸 亥 卯	重審 格課	貴神順行	后 戊 午 戌
合 壬 戌 寅	雀 辛 酉 丑	蛇 庚 申 子	貴 己 未 亥

月將：未

月建：

行年：

本命：

空亡：子，丑

正斷：

課象分析：例如：騰蛇乘申臨子，則以所乘之位申（天盤）移做地盤，視其天盤及所乘的天將為騰蛇之陰神，其陰神即為玄武乘辰臨申。

事由：占周君與友人擬合夥共同經營事業之發展

民國丁亥年戊申月戊子日戊時

九十六 第五局 夜占

月將：午
月建：申
行年：寅
本命：亥 上神未戌
空亡：午未
正斷：有合作的構想但不會成功。

末傳	中傳	初傳
空 丑 巳 兄爻（己劫）	蛇 申 子 子爻（甲鬼）	陰 巳 酉 卯爻（癸財）

四課	三課	二課	一課
玄 辰 申	蛇 申 子	雀 酉 丑	空 丑 戊巳

空 侍側 受辱 休養 丑 巳	虎 死長 寅 x午	常 死沐 卯 x未	玄 失路 折足 休冠 辰 申
龍 相胎 子 辰	龍戰格	昴星課 貴神順行	陰 伏枕 閉戶 囚官 巳 酉
勾 相絕 亥 卯			后 囚旺 x午 戌
合 無羞 乘軒 休墓 戌 寅	雀 夜噪 掩目 旺死 酉 丑	蛇 銜劍 掩目 旺病 申 子	貴 休衰 x未 亥

課象分析：

一、由三傳演卦得 ☵ 坎卦，以坎卦卦辭分析之，坎卦險也。卦辭曰：習坎。有孚。維心亨。行有尚。序卦曰：物不可以終通，故受之以坎。要渡險，先要有誠，心有所主，有奮鬥的目標。所以要捫心自問，合作雙方是否具有這樣的真誠有共同的目標奮鬥？有沒有？吉凶自知。

二、合夥經營先視六合，求財利需視青龍。六合乘戌臨寅下賊上，氣化休墓不上課傳。青龍雖旺亦不上課傳，類神居閒地無所助益之象。

三、四課三傳均乘凶將，尤其日干上神及末傳均乘天空，如何成事？

四、由課象顯示合作雙方並不具備有孚。維心亨。及行有尚的條件，所以不能共同渡險，欲合無成之象也。

六壬課盤 六七

末傳	中傳	初傳	
玄 戌 亥 財爻 （庚鬼） 沖	陰 亥 子 印爻 （辛鬼） 成神 劫殺	后 子 丑 印爻 （壬印）	事由：占石油價格是否持續上漲？ 民國戊子年戊午月甲辰日申時 第九十七局 日占

四課	三課	二課	一課
蛇 X寅 X卯	雀 X卯 辰	后 子 丑	貴 丑 寅 甲X

合 相 辰 衰 巳 甲	勾 旺 巳 病 午 甲	龍 旺 午 沐 未	空 相 未 墓 申
雀 投網 休 X卯 旺 辰	退茹重陰 知一 格課 貴神順行		虎 死 申 絕 酉
蛇 休 X寅 官 X卯			常 死 酉 胎 戌
貴 升堂 相 丑 冠 X寅	后 守閨 偷窺 囚 子 沐 丑	陰 裸形 垂簾 囚 亥 長 子	玄 遭囚 伏藏 相 戌 養 亥

月將：未
月建：午
行年：巳
本命：酉

空亡：寅卯
正斷：止漲轉跌之趨勢。
上神申辰
占課日每桶美金143元

課象分析：由三傳演卦得 ䷿ 未濟卦，以未濟卦卦辭分析之。卦辭曰：未濟。亨。小狐汔濟。濡其尾。無攸利。未濟卦上火下水，水火不交，不相為用。其六爻皆失位，進無攸利之象。像隻小狐狸欲渡河，多疑，穴處隱伏又不得地利。沒有智慧處在水邊水淺之處，欲渡險而不能，往前進一步則尾巴都濕了，難再向前了。由卦象顯示，已至止漲轉跌之位了。

末傳	中傳	初傳	
玄 寅 酉 子 爻 （丙財） 沖	勾 酉 辰 印 爻 （癸劫） 成神 劫殺	后 辰 X亥 鬼 爻 （戊鬼）	事由：占SARS病症感染台灣何時可穩定獲得控制？ 民國癸未年 丙辰月壬申日 辰時 九十二 第 局 夜占

四課	三課	二課	一課
蛇 午 丑	常 丑 申	勾 酉 辰	后 辰 亥 壬 X
龍 旺冠 X戌 巳	空 死官 X亥 午	虎 死沐 子 未 甲	常 受爵 啣杯 旺衰 丑 申
勾 拔刃 升堂 相沐 酉 辰	斬關 元首 格 課	貴神順行	玄 入林 拔劍 囚病 寅 酉
合 相長 申 卯			陰 囚死 卯 X戌
雀 旺養 未 寅	蛇 飛空 蟠龜 休胎 午 丑	貴 休絕 巳 子	后 毀妝 旺墓 辰 X亥

月將：酉
月建：辰
行年：戌
本命：亥
上神 辰 卯
空亡：戌亥
正斷：9月8日—10月9日可獲控制。

課象分析：

一、三傳演卦得 ䷥ 睽卦，初九為變爻，取初九爻辭分析之。初九，悔亡。喪馬勿逐自復。見惡人無咎。顯示病症發展必定結束，老老實實的去做應該做的事。內卦為兑卦初爻空亡，應於酉月即本年9月8日～10月9日可獲控制。此先就課象演卦的方式分析。

二、占病以日干為病人，日支為病，日支上神丑剋日干壬，病況甚凶。然壬寄亥宮逢空亡，顯示至亥月可完全消弭。墓神覆日干，行年上神卯剋之，雖凶有解。日支上神為大吉丑，病症為氣促神虛，呼吸系統發病，造成人極度虛弱。四課、三傳之中第二課及中傳之勾陳乘酉臨辰，辰土生酉金，酉金生日干壬水，逢酉月必獲救助。

六壬課盤 六九

事由：占周君甄試中國醫藥大學可成否？

民國癸未年丁巳月甲午日卯時

九十二第局 日占

末傳	中傳	初傳
后 寅 申 兄爻（壬印）	龍 申 寅 鬼爻（丙子）	后 寅 申 兄爻（壬印） 祿德 成神

四課	三課	二課	一課
虎 午 子	蛇 子 午	后 寅 申	龍 申 甲寅

雀 囚長 亥 X巳	蛇 掩目 飛空 囚沐 子 午 甲	貴 相沐 丑 未	后 理髮 修容 休官 寅 申
合 相養 戌 X辰	涉害 返吟 格 課	貴神逆行	陰 休旺 卯 酉
勾 死胎 酉 卯			玄 相衰 X辰 戌
龍 傷麟 乘雲 死絕 申 寅	空 相墓 未 丑	虎 焚身 溺水 旺死 午 子	常 旺病 X巳 亥

月將：酉
月建：巳
行年：申 上神 寅
本命：丑 上神 未
空亡：辰巳
正斷：甄試可成，低空掠過。

課象分析：

一、三傳演卦得純陽之乾卦，取乾卦卦辭分析之。乾。元。亨。利。貞。元者大也。亨者通也。利者宜也。貞者正也。科考為端正鞏固之事，其象為合宜、通達。代表著此占可成之意。

二、朱雀乘神（亥水）生日干甲木，生行年上神寅木。

三、斗魁臨本命乘貴人又幕官乘本命上神。

四、德、祿、成神發用，末傳亦同。

五、項一～四均為吉象，必中之兆也。

六、干支上神相合，應試人與考題相合，然氣化居囚死之位。

七、返吟課涉害發用，阻礙之象。

八、項六～七顯示必經歷一些阻礙方會及第，且不會名列前茅，而是低空掠過。

六壬課盤 七十

末傳	中傳	初傳
（癸財）兄爻 空 丑 X卯	鬼爻 龍 X寅 辰 沖	鬼爻 勾 X卯 巳

四課	三課	二課	一課
合 辰 午	蛇 午 申	空 丑 X卯	勾 X卯 戊巳

事由：占某君欲轉職發展之吉凶。

民國九十三甲申年乙亥月戊申日辰時

第 局 夜占

勾 捧印 相沐 X卯 巳	合 違禮 升堂 囚冠 辰 午 甲	雀 死沐 巳 未	蛇 飛空 銜劍 死旺 午 申
龍 飛天 相長 X寅 辰	退茹 元首 格課 貴神逆行		貴 囚衰 未 酉
空 侍側 囚養 丑 X卯			后 休病 申 戌
虎 旺胎 子 X寅	常 旺絕 亥 丑	玄 囚墓 戌 子	陰 休死 酉 亥

月將：寅
月建：亥
行年：亥
本命：亥 上神酉

空亡：寅卯

正斷：堅守己位不可轉職，執意轉職沒有好結果。

課象分析：

一、由三傳演卦得恆卦。三、四、五爻為變爻，取其爻辭分析之。恆卦九三爻，不恆其德。或承之羞。貞吝。意指不堅守己位，三心二意，狐疑不定，故占者戒之，若失其位必致悔凶。九四爻，田無禽。以陽居陰位，久非其位也，失其位，如何能有所獲。六五爻，恆其德。貞。婦人吉。夫子凶。五爻為陽位，陽位從陰，男人沒有制宜的智慧，亦即沒有擇善固執的智慧，耳根軟弱，心志不堅，沒有好結果。由卦象顯示所占之事不可行。

二、轉職求財類神視青龍，青龍雖見於中傳但乘空亡之位。

三、三傳逢退茹格落空亡，本為宜進不宜退。但日干上神、陰神、三傳財官，月將均空亡，其象不吉過甚，會一無所有，實不可冒然轉職。

四、三傳離四課而末傳空亡，轉職謀望之事會延遲。

六壬課盤 七一

事由：占周小姐與顏先生交往發展之吉凶（女占）

民國癸未年丁巳月丙申日酉時

第九十二局 夜占

末傳	中傳	初傳
（辛財）子爻 丑常 寅 沖	（壬鬼）印爻 寅虎 卯 支沖 支刑 成神 馬	（癸鬼）印爻 卯空 X辰

四課	三課	二課	一課
午合 未	未雀 申	卯空 X辰	X辰龍 丙X巳

龍 相 X辰 冠 X巳	勾 旺 X巳 官 午	合 升堂 納采 旺 午 旺 未 甲	雀 臨墓 勵嘴 相 未 衰 申
空 乘侮 休 卯 沐 X辰	退茹		蛇 死 申 病 酉
虎 登山 臨門 休 寅 長 卯	元首格課	貴神逆行	貴 死 酉 死 戌
常 受爵 側目 相 丑 養 寅	玄 囚 子 胎 丑	陰 囚 亥 絕 子	后 相 戌 墓 亥

月將：申

月建：巳

行年：丑

本命：女子　上神 亥 子　男 戌 酉　上神 酉 申

空亡：辰巳

正斷：不宜繼續交往，必沖散無成。

課象分析：

一、由三傳演卦得 ䷦ 蹇卦，初六爻為變爻，以初六爻爻辭分析課象。 蹇卦初六爻辭：往蹇來譽。往來者進退也，顯示進而往則冒其蹇（蹇者難也）退而來，則來其譽之象。明白的告訴占者，這段感情不宜繼續發展。

二、女占，先視青龍，日干及其陰神，青龍乘辰臨巳均為空亡，又脫日干丙火。陰神天空乘之臨空亡之位，對象虛幻不實，經不起考驗。

三、發用天空同陰神又逢退茹格，顯示不宜繼續交往。

四、中傳逢刑、沖，必沖散無成。

五、日干一、二課代表男方家境。日支三、四課代表女方家境。男方家人渙散欠和諧，女方家人雖有點聒噪，但品行端正，家宅成員同心合力，經濟狀況良好。

事由：占劉君欲與友人合夥經營創業之發展吉凶

民國丙戌年己亥月己巳日巳時

九十五 第四局 夜占

末傳	中傳	初傳
貴 申 / X亥 子爻（壬財） 破 刑	合 X亥 / 寅 財爻 沖 馬	空 寅 / 巳 鬼爻（丙印） 支害 成神 日德

四課	三課	二課	一課
合 X亥 / 寅	空 寅 / 巳	龍 丑 / 辰	常 辰 / 己未

空 被制 受辱 相 寅 死 巳	虎 相 卯 病 午	常 佩印 捧觴 囚 辰 衰 未	玄 死 巳 旺 申
龍 蟠泥 飛天 囚 丑 墓 辰	元胎 嚆矢 格 課 貴神順行		陰 死 午 官 酉
勾 旺 子 絕 卯 甲			后 囚 未 冠 X戌
合 乘軒 旺 X亥 胎 寅	雀 囚 X戌 養 丑	蛇 休 酉 長 子	貴 移途 休 申 沐 X亥

月將：寅　月建：亥　行年：卯　本命：酉

上神　午　子

空亡：戌亥

正斷：不可投資，合夥創業必無成。

課象分析：

一、由三傳演卦得 ☴ 巽卦，九三及九五爻為變爻，取爻辭分析之。九三爻辭：頻巽吝。九三爻剛過不中又居內卦之上，本不能巽，致處巽之時屢巽屢失。顯示合做創業卻悉以對方為主，終必無成（求占者，有力不從心之憂）。九五爻辭：占吉悔亡。無不利。無初有終。先庚三日。後庚三日吉。九五爻，剛健中正。然與九二不應，顯示若自行創業，初雖有困難而終有成。但與合夥則無應，不宜合夥。要審慎瞻前顧後全面思考。

二、占合夥創業先視六合，求財視青龍及財爻。六合為財但乘亥（空亡）又逢沖，青龍失位，氣化囚墓，無一有利。

三、三傳天空發用，官鬼爻（事業）逢空亡，中末傳亦乘臨空亡，不成之象。

四、日干兩課（一、二課）為己，日干陰神青龍乘丑失位囚墓無氣，本身資金有限更應謹慎，不可冒然投資。

五、日支兩課（三、四課）為對方逢天空又六合乘空亡，能言而未之能行也。

六、月將寅乘天空，月建亥逢空亡，又分別居三、四課，為合做的對象，買空賣空沒有根基，所以必定無成。

六壬課盤 七三

末傳	中傳	初傳	
（甲財）子爻 戌子 玄 破刑	（丙鬼）子爻 子寅 虎	（戊印）財爻 寅辰 龍 馬	事由：占1996年台海兩岸是否會發生戰事 民國八十五丙子年 壬辰月庚辰日 子時 第三局 夜占

四課	三課	二課	一課
虎 子 寅	龍 寅 辰	合 辰 午	蛇 午 庚X申

勾 囚 卯 胎 巳	合 違禮 升堂 旺 辰 養 午	雀 休 巳 長 未	蛇 飛空 休 午 沐 X申
龍 乘雲 飛天 囚 寅 絕 辰	見機 涉害格課 貴神逆行		貴 旺 未 冠 X酉
空 旺 丑 墓 卯			后 相 X申 官 戌
虎 溺水 登山 死 子 死 寅	常 死 亥 病 丑	玄 遭囚 散髮 旺 戌 衰 子	陰 相 X酉 旺 亥

月將：戌 月建：辰 行年：卯 本命：亥

上神 酉 丑

空亡：申酉

正斷：不會發生戰爭，但台灣國運發展不進反退。

課象分析：

一、由三傳演卦得☰乾卦，以乾卦卦辭分析之。乾：元。亨。利。貞。元者大也。亨者通也。利者宜也。貞者正也。以卦辭之意斷之，此為大亨通之象，兩岸不但不會發生戰爭，而且中國大陸將日益發展。為什麼這樣説，由課象顯示的更清楚。

二、日干兩課（一、二課）代表我方台灣，日支兩課（三、四課）代表中國，日干騰蛇乘午剋日干，日干又空亡，陰神六合乘辰生日干，氣化強，表示台灣底子好。但騰蛇當道，凶將剋日干，日干又空亡，沒有好的領導人，政治紊亂，失序。戰事不起為什麼？因為一、三課相生，但台灣運勢必江河日下。

三、日支兩課分別為青龍（吉將）得位，居乘雲，飛天之位，氣化難差，但己由最低返轉會持續的發展。陰神白虎（凶將）氣化差增加了發展後期的阻力（白虎乘子，應於戊子年2008年）。

四、發用即以日支上神發用，以大陸為主角。兩相比較在經濟上，台灣由盛而衰，大陸由低轉高。在政治上台灣沒有好的領導人，政局紊亂。大陸有好的領導團隊，鞏固了領導中心。政局更強化，雙方發展的結果高下立見。

參考書目

易經講話	周鼎珩教授
六壬課授課講義	丁潔如老師
來註易經圖解	明．來知德註
易經授課講義	天德黌舍毓老師
大六壬探源	袁樹珊編著
六壬鑰	蔣問天著
易經應用大百科	張其成主編
六壬神課吉凶正斷法	阿部泰山著
清御纂圖書集成藝術典六壬部	
四庫全書提要術數類	
史記	
勸戒錄	
六壬心鏡	唐．東海徐道符撰
六壬指南	明．廣陵陳良謨撰
六壬精蘊	
六壬眎斯	清．越循葉悔亭輯
畢法集覽	清．古歙程樹勳輯
六壬粹言	清．蛟門劉赤江輯

六壬課大旨原本義爻，蓋亦依易象推而演之者，六壬課經完成了發三傳，由三傳可推演成卦，再以周易六十四卦之卦爻要義配合所占的事項正斷吉凶行止。

三傳演卦的方法說明如下：

一、以三傳的地盤三爻為內卦。以天盤三爻為外卦。各爻若逢空亡則變易陰陽，原陽爻變陰爻，原陰爻變陽爻，稱為變爻。

二、例如三傳為：

初傳	巳	子
中傳	戌	巳
末傳	卯	戌

空亡為辰巳

則初傳的地盤為子，為陽爻為初九。

中傳的地盤為巳，逢空亡，巳為陰，變陰爻為陽爻為九二（九二為變爻）。

末傳的地盤為戌，為陽爻為九三。

內卦則為 ☰x 乾卦（九二為變爻）。

初傳的天盤為巳，逢空亡，巳為陰，變陰爻為陽爻為九四（九四又為變爻）。
中傳的天盤為戌，為陽爻為九五。
末傳的天盤為卯，為陰爻為上六。

外卦的則成為 ☱ 兌卦（九四為變爻）。

由三傳所演出來的卦為 ䷪ 澤天夬卦（九二、九四為變爻）

三、所演出的卦若無變爻，則以卦辭分析課象。若有變爻，則以變爻的爻辭分析課象。

四、所演出的卦若逢六爻均為變爻，得乾卦時則以用九分析課象。得坤卦時則以用六分析課象。

五、為利於諸君瞭解以三傳演卦，分析課象，請參考做者彙總的周易六十四卦之卦爻要義。這僅是針對分析課象的一家之言，不可為典要，唯變所適。

周易六十四卦之卦爻要義

卦	乾上乾下 ䷀ 乾為天
卦名	乾（乾剛）
卦辭	乾。元。亨。利。貞。
彖傳	彖曰。大哉乾元。萬物資始乃統天。雲行雨施。品物流形。大明終始。六位時成。時乘六龍以御天。乾道變化。各正性命。保合太和乃利貞。首出庶物。萬國咸寧。
象傳	象曰。天行健。君子以自彊不息。
文言	文言曰。元者，善之長也。亨者，嘉之會也。利者，義之和也。貞者，事之幹也。 君子體仁，足以長人。嘉會，足以合禮。利物，足以和義。貞固，足以幹事。君子行此四德者。故曰乾。元。亨。利。貞。初九曰。潛龍勿用何謂也。子曰。龍德而隱者也。不易乎世。不成乎名。遯世無悶。不見是而無悶。樂則行之。憂則違之。確乎其不可拔。潛龍也。九二曰。見龍在田。利見大人。何謂也。子曰。龍德而正中者也。庸言之信。庸行之謹。閑邪存其誠。善世而不伐。德博而化。易曰。見龍在田。利見大人。君德也。九三曰。君子終日乾乾。夕惕若。厲無咎。何謂也。子曰。君子進德修業。忠信所以進德也。修辭立其誠。所以居業也。知至至之。可與幾也。知終終之。可與存義也。是故居上位而不驕。在下位而不憂。故乾乾。因其時而惕。雖危無咎矣。 九四曰。或躍在淵。無咎。何謂也。子曰。上下無常。非為邪也。進退無恆。非離群也。君子進德修業。欲及時也。故無咎。 九五曰。飛龍在天。利見大人。何謂也。子曰。同聲相應。同氣相求。水流溼。火就燥。雲從龍。風從虎。聖人作而萬物覩。本乎天者親上。本乎地者親下。則各從其類也。 上九曰。亢龍有悔。何謂也。子曰。貴而無位。高而無民。賢人在下位而無輔。是以動而有悔也。潛龍勿用。下也。見龍在田。時舍也。終日乾乾。行事也。或躍在淵。自試也。飛龍在天。上治也。亢龍有悔。窮之災也。乾元用九。天下治也。潛龍勿用。陽氣潛藏。見龍在田。天下文明。終日乾乾。與時偕行。或躍在淵。乾道乃革。飛龍在天。乃位乎天德。亢龍有悔。與時偕極。乾元用九。乃見天則。乾元者。始而亨者也。利貞者。性情也。乾始能以美利利天下。不言所利。大矣哉。大哉乾乎。剛健中正。純粹精也。六爻發揮。旁通情也。時乘六龍。以御天也。雲行雨施。天下平也。君子以成德為行。日可見之行也。潛之為言也。隱而未見。行而未成。是以君子弗用也。

	君子學以聚之。問以辨之。寬以居之。仁以行之。易曰。見龍在田。利見大人。君德也。 九三。重剛而不中。上不在天。下不在田。故乾乾。因其時而惕。雖危無咎矣。 九四。重剛而不中。上不在天。下不在田。中不在人。故或之。或之者疑之也。故無咎。 夫大人者。與天地合其德。與日月合其明。與四時合其序。與鬼神合其吉凶。先天而天弗違。後天而奉天時。天且弗違。而況於人乎。況於鬼神乎。 亢之為言也。知進而不知退。知存而不知亡。知得而不知喪。其唯聖人乎。知進退存亡而不失其正者。其唯聖人乎。
註	乾者健也。動而有常。其動不息。元者大也。亨者通也。利者宜也。貞者正而固也。凡占得此卦皆宜端正鞏固，以盡人事，秉持此元、亨、利、貞四德之精神向前開創。
卦	乾上乾下
卦名	乾（乾剛）
爻辭	初九。潛龍勿用。
象傳	象曰。潛龍勿用。陽在下也。
註	龍。動能也。潛藏而未出，未可施用也。占得此爻養晦以俟時可也。
卦	乾上乾下
卦名	乾（乾剛）
爻辭	九二。見龍在田。利見大人。
象傳	象曰。見龍在田。德施普也。
註	九二離潛而出見。在田者，已具有基礎了，可以見用於當世，為民服務。占得此爻有是德方應是占矣。
卦	乾上乾下
卦名	乾（乾剛）
爻辭	九三。君子終日乾乾。夕惕若。厲無咎。
象傳	象曰。終日乾乾。反復道也。

註	君子出世之初。以乾德而居人道，處危厲不安之境，占者能危慮患深，憂懼如是能時時惕勵自己，則終不危矣。故無咎。
卦	乾上乾下
卦名	乾（乾剛）
爻辭	九四。或躍在淵。無咎。
象傳	象曰。或躍在淵。進無咎也。
註	或者。欲進未定之辭。非猶豫狐疑也。居當改革之際，重要在於知時，用時也。量其可進。適其時則可無咎。占者能隨時進退，斯無咎矣。謀事終需勇於進取，只是敬慎不敗也。
卦	乾上乾下
卦名	乾（乾剛）
爻辭	九五。飛龍在天。利見大人。
象傳	象曰。飛龍在天。大人造也。
註	君子居中得正。時位俱鼎盛，尤應養才。上對下如堯之見舜。高宗見傳說。下對上如沛公見張良。劉備見孔明。上下相應可成大事。占者必須具此德方可相應利見之事。
卦	乾上乾下
卦名	乾（乾剛）
爻辭	上九。亢龍有悔。
象傳	象曰。亢龍有悔。盈不可久也。
註	時位復過於極則亢矣。陰陽之理處極必變。時極勢窮，安得不悔。占者若不識時勢知所進退，必由悔致凶也。
卦	乾上乾下
卦名	乾（乾剛）

爻辭	用九。見群龍無首吉。
象傳	象曰。天德不可為首也。
註	上九。貴而無位。高而無民。賢人在下位而無輔。動而有悔矣。龍無首。則進退存亡。唯變所適。無悔返吉。占者運用此道無悔而吝，趨吉避凶。（演卦逢六爻均為變爻得乾卦則以用九象義分析，若六爻均為變爻得坤卦則以用六象義分析。）

卦	坤上坤下 ䷁ 坤為地
卦名	坤（坤柔）
卦辭	坤。元。亨。利牝馬之貞。君子有攸往。先迷後得。主利西南得朋。東北喪朋。安貞吉。
彖傳	彖曰。至哉坤元。萬物資生。乃順承天。坤厚載物。德合無疆。含弘光大。品物咸亨。牝馬地類。行地無疆。柔順利貞。君子攸行。先迷失道。後順得常。西南得朋。乃與類行。東北喪朋。乃終有慶。安貞之吉。應地無疆。
象傳	象曰。地勢坤。君子以厚德載物。
文言	文言曰。坤至柔而動也剛。至靜而德方。後得主而有常。含萬物而化光。坤道其順乎。承天而時行。積善之家。必有餘慶。積不善之家。必有餘殃。臣弒其君。子弒其父。非一朝一夕之故。其所由來者漸矣。繇辯之不早辯也。易曰。履霜堅冰至。蓋言順也。直其正也。方其義也。君子敬以直內。義以方外。敬義立而德不孤。直方大。不習無不利。則不疑其所行也。陰雖有美含之。以從王事。弗敢成也。地道也。妻道也。臣道也。地道無成。而代有終也。天地變化。草木蕃。天地閉。賢人隱。易曰。括囊無咎無譽。蓋言謹也。君子黃中通理。正位居體。美在其中。而暢于四支。發于事業。美之至也。陰疑于陽。必戰。為其嫌于無陽也。故稱龍焉。猶未離其類也。故稱血焉。夫玄黃者天地之雜也。天玄而地黃。

註	乾以剛固為健。坤以柔順為貞。如牝馬之順而不息則正矣。若先乾而動。則迷而失道。後乾而動。則順而得常。占得此卦者，能安於貞正故吉也。效法大地厚德載物。以深厚之德，容載庶物，無所不載。柔順，利，貞。必能順承陽而資生萬物。
卦	坤上坤下
卦名	坤（坤柔）
爻辭	初六。履霜堅冰至。
象傳	象曰。履霜堅冰。陰始凝也。馴至其道。至堅冰也。
註	履霜而知堅冰將至者。對事物環境的變化，要具敏銳的觀察力。占者見之防微杜漸。圖之不可不早也。莫因惡小而不去。莫因善小而不為。善念長存。必要行。若不因應，必致後果不可收拾。
卦	坤上坤下
卦名	坤（坤柔）
爻辭	六二。直方大。不習無不利。
象傳	象曰。六二之動。直以方也。不習無不利。地道光也。
註	六二得坤道之正。則無私曲故直。內所存，外所處皆柔順中正，自然而然順承乾，乾大坤至，發揮地德之光。占者出於至誠行事，吉無不利。直方大者即乾大坤至。乾有多大坤即跟至。完全的順承乾。
卦	坤上坤下
卦名	坤（坤柔）
爻辭	六三。含章可貞。或從王事。無成有終。
象傳	象曰。含章可貞以時發也。或從王事。知光大也。
註	含章者。具謙德的智慧。為群服務，其行要端正鞏固，其心要謙而又謙，其德要成功不必為已，將成就去成就他人。占者知之。依以行之，定有善果。
卦	坤上坤下
卦名	坤（坤柔）

爻辭	六四。括囊無咎。無譽。
象傳	象曰。括囊無咎。慎不害也。
註	陰虛能受，囊之象也。括者結囊口也。六四近君之位。多懼之地。不可妄咎，妄譽，戒其做威做福也。譽多則有逼上之嫌。批評則有敗事之累。居六四之位要明哲（智）保身。行事低調，不說閒話謹言慎行害不至也。占者戒之。
卦	坤上坤下
卦名	坤（坤柔）
爻辭	六五。黃裳元吉。
象傳	象曰。黃裳元吉。文在中也。
註	六五以陰居尊位，外尊而內具和順之德。占得此爻諸事俱吉，文（和順之德）在中而見於外者，表裡如一也。
卦	坤上坤下
卦名	坤（坤柔）
爻辭	上六。龍戰于野。其血玄黃。
象傳	象曰。龍戰于野。其道窮也。
註	上六。陰盛之極，窮極則戰。龍戰之禍即堅冰至也。事態到了沒有轉圜的餘地。占者思考可否退一步海闊天空，找出轉圜的空間是（功）。免於相戰是（德）。
卦	坤上坤下
卦名	坤（坤柔）
爻辭	用六。利永貞。
象傳	象曰。用六永貞。以大終也。
註	永守端正鞏固的精神，不為陰私所用。造次顛沛必於是。以永貞之道來終其事之圓滿，以贊其大終也。有終者。有始有卒者其為聖人乎。占者體會此意，以永守正固之道。方能有始有終。

卦	坎上震下 ䷂ 水雷屯
卦名	屯（屯見而不失其居）
序卦	有天地。然後萬物生焉。盈天地之間者。唯萬物。故受之以屯。屯者盈也。屯者。物之始生也。
卦辭	屯。元亨。利貞。勿用有攸往。利建侯。
彖傳	彖曰。屯。剛柔始交而難生。動乎險中大亨貞。雷雨之動滿盈。天造草昧。宜建侯而不寧。
象傳	象曰。雷雨屯。君子以經論。
註	屯者難也。萬物始生鬱結未通。故占者要秉元亨之德，身處險中則宜守正。而未可遽進。如治亂絲要極有耐心依序處理。
卦	坎上震下
卦名	屯（屯見而不失其居）
爻辭	初九。磐桓。利居貞。利建侯。
象傳	象曰。雖磐桓。志行正也。以貴下賤。大得民也。
註	當處屯難之時，具才德之士利居正守己，自處卑下，以貴下賤凝聚民心，以待時機成就一番大事業。若居而不貞則無德，行而不正則無功。占者要深知。
卦	坎上震下
卦名	屯（屯見而不失其居）
爻辭	六二。迍如邅如。乘馬班如。匪寇婚媾。女子貞。不字。十年乃字。
象傳	象曰。六二之難。乘剛也。十年乃字。反常也。
註	處屯難之時，貴在守其中正，不苟合。逢迍邅之困境不是常態，難久必通。占者貴在體察處難之時需堅守正道終能渡過險難。
卦	坎上震下
卦名	屯（屯見而不失其居）

爻辭	六三。即鹿無虞。唯入於林中。君子幾。不如舍。往吝。
象傳	象曰。即鹿無虞。以從禽也。君子舍之。往吝窮也。
註	六三陰柔不中，不正又無應。獵人逐獸，陷入於林中。君子見機。不如舍去。若逐而不舍。必致羞吝窮困也。其象如此占者戒之。
卦	坎上震下
卦名	屯（屯見而不失其居）
爻辭	六四。乘馬班如。求婚媾。往吉無不利。
象傳	象曰。求而往明也。
註	六四陰柔。當屯難之時，欲進復上。若能求賢以濟難。能夠瞭解自己的處境，又有知人之明。努力衝破難關，吉無不利也。占得此爻，要掌握精義以渡濟屯難。
卦	坎上震下
卦名	屯（屯見而不失其居）
爻辭	九五。屯其膏。小貞吉。大貞凶。
象傳	象曰。屯其膏。施未光也。
註	九五。以陽剛中正。居尊亦有德有位。然當屯之時。陷於險中。為陰所掩，無臣無民，無輔助的力量。不得施為之象。陽德所施本應光大。陷險為陰所掩故未光。占者要知開創新局，必須要有好的團隊輔佐。單只有德位的領導人是不夠的。所以要養才要求賢。
卦	坎上震下
卦名	屯（屯見而不失其居）
爻辭	上六。乘馬班如。泣血漣如。
象傳	象曰。泣血漣如。何可長也。
註	上六才柔不足以濟屯。又離民意最遠，既無才，無應（支持者），又無助（輔佐的幹部），喪亡將至也。占者戒之。

卦	艮上坎下 ䷃ 山水蒙
卦名	蒙（蒙雜而著）
序卦	物生必蒙。故受之以蒙。蒙者蒙也。物之穉也。
卦辭	蒙。亨。匪我求童蒙。童蒙求我。初筮告。再三瀆。瀆則不告。利貞。
彖傳	彖曰。蒙。山下有險。險而止。蒙蒙亨。以亨行。時中也。匪我求童蒙。童蒙求我。志應也。初筮告。以剛中也。再三瀆。瀆則不告。瀆蒙也。蒙以養正。聖功也。
象傳	象曰。山下出泉。蒙。君子以果行育德。
註	蒙者。昧也。物之初生，內既險陷不安。外又行之不去。莫知所往。昏蒙之象也。然處蒙之時，貴乎真誠求教，心志相應。蒙曰利貞養正，禮聞來學。不聞往教。童蒙求我，則彼之心志應乎我。而相孚契矣。求教者以果決其行。見善必遷。聞義必徙。不畏難而苟安也。占者要深知處蒙的要義。如人新到一個環境要虛心求教加緊學習。切不可不懂裝懂，自以為是。必逢險阻，無法進步。
卦	艮上坎下
卦名	蒙（蒙雜而著）
爻辭	初六。發蒙。利用刑人。用說桎梏以往吝。
象傳	象曰。利用刑人。以正法也。
註	發蒙者。啟發其初之蒙也。應先有規矩，刑罰立而後教化行。先正其法，庶小懲而大誡。蒙斯可發矣。不正法立刑，沒有規矩，僅和悅以往教之。蒙豈能發。占得此爻必須知道，啟發蒙昧要立正法，嚴紀律。才能達成啟蒙之功。
卦	艮上坎下
卦名	蒙（蒙雜而著）
爻辭	九二。包蒙吉。納婦吉。子剋家。
象傳	象曰。子克家。剛柔接也。

註	九二。以陽剛為內卦之主。統治群陰。其德剛而得中。故有含弘之量，如家庭有新納之婦有諧和之吉也。有承考之子有剋家之賢也。其吉其賢皆自然而然。占得此爻吉而有成之象也。
卦	艮上坎下
卦名	蒙（蒙雜而著）
爻辭	六三。勿用取女。見金夫。不有躬。無攸利。
象傳	象曰。勿用取女。行不順也。
註	六三。陰柔。不中不正又居艮止坎陷之中。蓋蒙昧無知之極者也。在納婦之中有沉溺於人慾，不能守貞正之道。棄之不可教也。占得此爻安得行順。
卦	艮上坎下
卦名	蒙（蒙雜而著）
爻辭	六四。困蒙。吝。
象傳	象曰。困蒙之吝。獨遠實也。
註	困蒙者。困於蒙昧而不能開明也。六四處無應無輔之位。上下皆遠隔於陽，封閉了自己。占得此爻，困蒙之象愚而可羞。謀事無成之象也。
卦	艮上坎下
卦名	蒙（蒙雜而著）
爻辭	六五。童蒙吉。
象傳	象曰。童蒙之吉。順以巽也。
註	童蒙者天真純一，沒有一點人之私慾。如幼童天真善良，心無絲毫邪念。表裡一致仰承親長真正做到志應，養正之功。占得此爻大吉之象也。
卦	艮上坎下
卦名	蒙（蒙雜而著）

爻辭	上九。擊蒙。不利為寇。利禦寇。
象傳	象曰。利用禦寇。上下順也。
註	六三惑於人慾，蒙昧不可教為寇亂。上九為治蒙之人為禦寇者。治蒙太猛故有擊蒙之象。占得此爻為在上治蒙之人。唯禦止其寇而已，不可真正的放棄他，排擠他。體會聖人哀矜愚蒙之人，誨人不倦，給他們應有的空間。

卦	坎上乾下 ䷄ 水天需
卦名	需（需不進也）
序卦	物穉不可不養也。故受之以需。需者飲食之道也。
卦辭	需。有孚。光亨貞吉。利涉大川。
彖傳	彖曰。需須也。險在前也。剛健而不陷。其義不困窮矣。需有孚。光亨貞吉。位乎天位。以正中也。利涉大川。往有功也。
象傳	象曰。雲上于天。需。君子以飲食宴樂。
註	需者需也。事有所待也。處需之時貴在所待出於其正。心能孚信。則光明而亨通。不行險以僥倖則吉矣。占得此卦內有孚。外守正。強健體魄。充實心志。居易俟命，涵養待時。準備好了，可以突破困難，能奮鬥而有功。
卦	坎上乾下
卦名	需（需不進也）
爻辭	初九。需于郊。利用恆。無咎。
象傳	需于郊。不犯難行也。利用恆無咎。未失常也。

註	需于郊者。不冒險以前進也。恆者常也。安常守靜。以待時。不變所守之操也。所以能不失常，能無咎。占得此爻要體會，當處於需的階段必須要守恆德以待時。不可險求啊。
卦	坎上乾下
卦名	需（需不進也）
爻辭	九二。需于沙。小有言。終吉。
象傳	象曰。需于沙。衍在中也。雖小有言。以吉終也。
註	沙在水邊則近於險。保守者知前有坎險，責之以潔身。但激進者則責之以拯溺。語出見識之言。雖如此仍以剛中處需，明哲保身。不陷於險。而以吉終也。占得此爻要知有為有守，不可受見識之言左右。要以大局為重。
卦	坎上乾下
卦名	需（需不進也）
爻辭	九三。需于泥。致寇至。
象傳	象曰。需于泥。災在外也。自我致寇。敬慎不敗也。
註	泥逼於水。將陷於險矣。九三居健體之上，才位俱剛。很容易進不顧前而近險。所以一定要敬慎惕若，不敗於寇也。故占得此爻者不言凶。
卦	坎上乾下
卦名	需（需不進也）
爻辭	六四。需于血。出自穴。
象傳	象曰。需于血。順以聽也。
註	六四柔順。與初九相應，順應九五，應與有力也。占者體會。處險之時要內部團結，凝聚人心以渡險。健而知險，以守為攻，不冒險以進。故能入險而不險。
卦	坎上乾下

卦名	需（需不進也）
爻辭	九五。需于酒食。貞吉。
象傳	象曰。酒食。貞吉。以中正也。
註	需于酒食者。安於日用飲食之常。以待之而已。九五陽剛中正。居於尊位。優遊和平，不多事以自擾。占者體會，當處於尊位仍能節制己欲，僅需日用飲食之常。這就是能不為物遷，役物而不役於物。如此的安於生活，是持盈保泰的基本因素。貞正行事必能獲吉。
卦	坎上乾下
卦名	需（需不進也）
爻辭	上六。入于穴。有不速之客。三人來。敬之。終吉。
象傳	象曰。不速之客來。敬之終吉。雖不當位。未大失也。
註	上六。陰居險陷之極。下與九三相應。已身發生窮困，望人救援之心甚切，雖有不召請而自來者。若能敬之與其共同協力拯溺解困，可將損害降至最低。占者體會，在急難之際，要知權達變，對於來援助者不可有分別心，一切以拯溺解困為要，否則錯過了時機，失愈大矣。

卦	乾上坎下 ䷅ 天水訟
卦名	訟（訟不親也）
序卦	飲食必有訟。故受之以訟。
卦辭	訟。有孚。窒惕中吉。終凶。利見大人。不利涉大川。
彖傳	彖曰。訟。上剛下險。險而健。訟。訟有孚。窒惕中吉。剛來而得中也。終凶。訟不可成也。利見大人。尚中正也。不利涉大川。入於淵也。

象傳	象曰。天與水違行。訟。君子以作事謀始。
註	訟者。爭辯也。其行相違。所以成訟。處於爭辯之時若雙方心誠實而能忍。畏法而不耍狠。訟可不起。若一定要與訟求其勝，基本上雙方都不會有好的結果。訟既生，則依法仲裁。訟得直可也，切不可與訟不止損人不利己。占得此卦要深切瞭解，在爭辯未與訟之始要以柔處之將訟端消弭。若確要興訟，理得直可也。好訟者絕對沒有好結果。
卦	乾上坎下
卦名	訟（訟不親也）
爻辭	初六。不永所事。小有言。終吉。
象傳	象曰。不永所事。訟不可長也。雖小有言。其辯明也。
註	初六才柔位下，生活之中雖不免有磨擦，但不可長久爭執相訟。雙方若能溫柔和平自能釋人之忿怨。辯明事由，化解誤會。占得此爻貴在遇有爭執以柔處之，則訟端絕矣。
卦	乾上坎下
卦名	訟（訟不親也）
爻辭	九二。不克訟。歸而逋。其邑人三百戶。無眚。
象傳	象曰。不克訟。歸逋竄也。自下訟上。患自掇也。
註	克者勝也。自下訟上不克，而能還者。退避不以為敵也。九二。以剛居柔之中。能知自下訟上，其理之不當訟。其勢亦不可訟。故自處卑小。以免災患。占得此爻要識理，勢。知所進退，才能無眚。若一味硬幹，那可是災患自取，愚之至也。
卦	乾上坎下
卦名	訟（訟不親也）
爻辭	六三。食舊德。貞厲。終吉。或從王事無成。

象傳	象曰。食舊德。從上吉也。
註	德乃指惡德。即懷恨往日爭訟之事由。六三陰柔，吞聲不言往日不平之事，藏畜於胸中。雖不免危厲，但終不為己害而吉也。 占得此爻要知道，以之應對個人爭訟，可終吉。但處理與敵國忿爭之事，如此柔弱，則無成而凶也。
卦	乾上坎下
卦名	訟（訟不親也）
爻辭	九四。不克訟。復即命。渝安貞吉。
象傳	象曰。復即命。渝安貞。不失也。
註	九四。雖不能止訟於未起之先。但能改圖於有訟之後也。起訟之心念一變，則事正矣。 占得此爻能知，人能明理義，識時勢。處天下之事無難矣。知過必改，時時修正行為大丈夫也。
卦	乾上坎下
卦名	訟（訟不親也）
爻辭	九五。訟元吉。
象傳	象曰。訟元吉。以中正也。
註	九五居中得正。為決訟之主也。中則聽不偏，正則斷合理。凡訟占者遇之則利而元吉也。
卦	乾上坎下
卦名	訟（訟不親也）
爻辭	上九。或錫之鞶帶。終朝三褫之。
象傳	象曰。以訟受服。亦不足敬也。
註	上九。有剛猛之才。處訟之終窮。極於訟者也。 占得此爻要知，切不可好訟。人肆其剛強，窮極於訟，取禍喪身，乃其理也。就算好訟能勝，爭得祿位。是亦仇爭所得，豈能長保。褫奪隨至，凶可知也。

卦	坤上坎下 ䷆ 地水師
卦名	師（師憂）
序卦	訟必有眾起。故受之以師。師者眾也。
卦辭	師。貞。丈人吉。無咎。
彖傳	彖曰。師。眾也。貞。正也。能以眾正。可以王矣。剛中而應。行險而順。以此毒天下而民從之。吉又何咎矣。
象傳	象曰。地中有水。師。君子以容民畜眾。
註	師為聚眾。要成功必得貞，有光明正大的目標。要有丈人領導，丈人不是一般有才德的將領而已。更是能練達時務，具危機處理能力優異的將領。如此的軍隊才能達成目標。占得此卦，以之分析已方條件是否可吉而無咎，是很明白的事了。
卦	坤上坎下
卦名	師（師憂）
爻辭	初六。師出以律。否臧凶。
象傳	象曰。師出以律。失律凶也。
註	成立軍隊、團體之初，一定要以嚴格的軍紀管理。律者。法則，紀律也。軍隊號令嚴明，部位整齊，坐做進退，攻殺擊刺皆有法則。軍隊沒有紀律未有能成功者。失敗了固凶，若打了勝仗，危害更大，事態更凶。占得此爻要深以戒之。
卦	坤上坎下
卦名	師（師憂）
爻辭	九二。在師中。吉。無咎。王三錫命。
象傳	象曰。在師中吉。承天寵也。王三錫命。懷萬邦也。

註	九二。為師卦之主，一陽居坎中。與六五相應，受命統領軍隊。蓋為將之道，不剛則怯，過剛則猛。唯剛中則吉而無咎矣。 占得此爻要知道，為將者恩威並濟方可吉。無咎。尤其要注意君上任將伐暴安民，屢次褒獎。然將握重兵，主易猜疑。其中分際務必掌握得宜方得吉。無咎。
卦	坤上坎下
卦名	師（師憂）
爻辭	六三。師或輿尸。凶。
象傳	象曰。師或輿尸。大無功也。
註	六三陰柔。不中不正。位居九二大將之上。群小之象也。其意為將帥不主而眾小主之。如何能成功？凶之象也。 占得此爻要知道出兵大事，大家都可做主，能不凶嗎？就像現在台灣的許多特定政治立場的名嘴，亂之源也。都是六三不中不正的群小。
卦	坤上坎下
卦名	師（師憂）
爻辭	六四。師左次。無咎。
象傳	象曰。左次無咎。未失常也。
註	六四陰居陰位。左次謂退一步，紮營在安全的地方。當出師度不能勝，完師以退之象也（好聽點叫做轉進）。知難而退，兵家之常也，其占無咎。 占者要知道逢此爻，要知所進退，不要以退為怯，不察理勢，硬是要進，那就陷己於險地了。
卦	坤上坎下
卦名	師（師憂）
爻辭	六五。田有禽。利執言。無咎。長子帥師。弟子輿尸。貞。凶。
象傳	象曰。長子帥師。以中行也。弟子輿尸。使不當也。

註	委任適宜的統帥，師出有名，應敵興兵，聲罪以致討，無咎也。然統帥委任不可不專。若參之不才的監軍，使統帥有所牽制。則雖貞亦凶。占得此爻要知道，興師，治國，任何團體都一樣，一定要鞏固領導中心。如，開會大家可發言，但一人做主，要以此戒之。
卦	坤上坎下
卦名	師（師憂）
爻辭	上六。大君有命。開國承家。小人勿用。
象傳	象曰。大君有命。以正功也。小人勿用。必亂邦也。
註	開創新局，對其功臣封國受爵。然要注意功臣之中若有才德不足的小人，唯享其封建之爵，再不得於預庶政。封建之後，國事按部就班唯賢是用。避免小人挾功倚勢，暴虐其民，必亂其邦。占者戒之。

卦	坎上坤下 ䷇ 水地比
卦名	比（比樂）
序卦	眾必有所比。故受之以比。比者比也。
卦辭	比。吉。原筮元。永。貞。無咎。不寧方來。後夫凶。
彖傳	彖曰。比吉也。比輔也。下順從也。原筮元永貞無咎。以剛中也。不寧方來。上下應也。後夫凶。其道窮也。
象傳	象曰。地上有水。比。先王以建萬國。親諸侯。
註	物相親比而無間者。莫如水在地上。比卦九五剛中得正。有君德，主動吸引四方歸附之不暇。九五當大位，善而行仁，端正鞏固。四陰在下，相率而來，然一陰高亢於上，負固不服，有後夫之象也。有不識理勢，自蹈迷失之凶矣。占得此卦告訴我們處在相比的時位，譬如交友，君子擇而後交，特別慎重。小人交而後擇，越處越糟糕。同樣原為比樂，但結果卻大不相同。

卦	坎上坤下
卦名	比（比樂）
爻辭	初六。有孚。比之無咎。有孚盈缶。終來有他吉。
象傳	象曰。比之初六。有他吉也。
註	相比之道，以誠信為本。故無咎。相交始終，若能念念皆誠。則不但無咎，更有他吉。占得此爻體會相比之道，誠信充實之謂美。能使相比之誼昇華，成知心知音之吉。
卦	坎上坤下
卦名	比（比樂）
爻辭	六二。比之自內。貞吉。
象傳	象曰。比之自內。不自失也。
註	六二。柔順中正，上應九五。皆以中正之道相比。蓋貞而吉者。占得此爻要體會，在初六先擇後交之後，六二要擇善固執，相比之情誼必因貞正而吉。
卦	坎上坤下
卦名	比（比樂）
爻辭	六三。比之匪人。
象傳	象曰。比之匪人。不亦傷乎。
註	六三。不中不正。己不能擇人而比之，又乘應皆陰。以互相朋黨比之匪人。其結果是非常可悲，哀傷的。占得此爻不言其凶，蓋惻然而痛憫也。
卦	坎上坤下
卦名	比（比樂）
爻辭	六四。外比之貞吉。
象傳	象曰。外比於賢。以從上也。

註	六四。柔順得位。舍正應之初六陰柔而外比九五，剛明中正之賢。得所比之正者矣。吉之道也。占得此爻體會，相比之道貴在先擇而交。尤其在有眾多選擇之中，如何發揮識人之明，舍群小而親賢者，為比而能吉的關鍵所在。
卦	坎上坤下
卦名	比（比樂）
爻辭	九五。顯比。王用三驅。失前禽。邑人不誡。吉。
象傳	象曰。顯比之吉。位正中也。舍逆取順。失前禽也。邑人不誡。上使中也。
註	九五居中得正。比之大也，以光明正大無私的心胸與天下相比。比我者無私，而我亦非違道以求比乎我也。如狩獵驅逐禽獸為例，不可全面圍捕。要網開一面，不欲比者亦聽其自去。來者不拒，去者不追。占得此爻要深知其寓意。在民主的社會亦同，為政者要展現最大的誠意，無私的精神與人民相比，為民與利。要包容不同的意見與聲音，有容乃大，比之亦大。
卦	坎上坤下
卦名	比（比樂）
爻辭	上六。比之無首凶。
象傳	象曰。比之無首。無所終也。
註	上六。不與九五相比又與六三無應。孤獨處世，其道窮矣。故蹈後夫之凶。占得此爻要知，人處於世，不可剛愎自負，沒有群德。孤立自己，終無所成，其象凶矣。

卦	巽上乾下 ䷈ 風天小畜
卦名	小畜（小畜寡也）
序卦	比必有所畜。故受之以小畜。
卦辭	小畜。亨。密雲不雨。自我西郊。
彖傳	彖曰。小畜。柔得位。而上下應之。曰小畜。健而巽。剛中而志行。乃亨。密雲不雨。尚往也。自我西郊。施未行也。
象傳	象曰。風行天上。小畜。君子以懿文德。
註	小畜卦一陰五陽，以小畜大，故為小畜。其象內健則此心果決。而能勝其私。外巽則見事詳審。而不至躁妄。風行天上。有氣而無質。能畜而不能久。雖亦亨通，但其畜未極，而施未行也。所以有密雲不雨之象。占得此卦要知聚雲成雨，其畜雖小。但也是循序漸進，續積而成。雖然時候未到，也是美事也是成功之道好的開始。正所謂萬丈高樓平地起。故亨。
卦	巽上乾下
卦名	小畜（小畜寡也）
爻辭	初九。復自道。何其咎。吉。
象傳	象曰。復自道。其義吉也。
註	初九。乾體。居下得正。雖與六四陰爻為正應。而能守正。不為六四所畜故有復自道之象。占者如是則無咎而吉矣。復自道就是能自覺，自立。以道事君，不能則止。要上合志而非合上志也。上合志是上下均能以道相合。合上志就是合於君長之志。一昧與君長之志同，這太危險了，因為有逢君之惡之虞，應付人太難了。這也是做下屬難為之處，要深以戒之。
卦	巽上乾下
卦名	小畜（小畜寡也）
爻辭	九二。牽復。吉。

象傳	象曰。牽復在中。亦不自失也。
註	九二陽剛居中，能守己相時，依中道而行，亦不自失也。內卦為乾，三陽合體故曰牽。九二與初九相比，牽復在中，如共同牽引行正道。牽復有覺人，立人之意。牽引迷者依道而行，有著無限的愛心，能牽方能渡眾，如母牽子，占者要體會牽字用的多妙。
卦	巽上乾下
卦名	小畜（小畜寡也）
爻辭	九三。輿說輻。夫妻反目。
象傳	象曰。夫妻反目。不能正室也。
註	九三爻過剛不中又為乾體有銳於前進之象，六四巽體其性堅於畜止，不許前進。有夫妻反目，車說輻之象。陰陽失中失正，無正室之德，所占之凶可知矣。
卦	巽上乾下
卦名	小畜（小畜寡也）
爻辭	六四。有孚。血去惕出。無咎。
象傳	象曰。有孚惕出。上合志也。
註	六四柔順得正，乃能有孚誠信，以上合九五之志。占者能如是誠信，斯無咎矣。六四如重臣伴君如伴虎，唯以誠信來渡過危吝之境。簡言之就是以誠去惕。
卦	巽上乾下
卦名	小畜（小畜寡也）
爻辭	九五。有孚攣如。富以其鄰。
象傳	象曰。有孚攣如。不獨富也。
註	九五中正有孚誠信。居尊位勢有可為。己身富有又能夠援挽同德與之相濟也。占得此爻知居尊位者要富不獨其親，與相應者共之所畜可大。

卦	巽上乾下
卦名	小畜（小畜寡也）
爻辭	上九。既雨既處。尚德載。婦貞厲。月幾望。君子征凶。
象傳	象曰。既雨既處。德積載也。君子征凶。有所疑也。
註	上九。居小畜卦之極。以德載物，畜已終矣。當素其位而行。若不知止，則就由吉轉凶了。占得此爻要體會滿招損、謙受益之道，最怕慾無止境終陷於凶矣。

卦	乾上兌下 ䷉ 天澤履
卦名	履（履不處也）
序卦	物畜然後有禮。故受之以履。
卦辭	履。虎尾。不咥人。亨。
彖傳	彖曰。履。柔履剛也。說而應乎乾。是以履虎尾。不咥人亨。剛中正。履帝位而不疚。光明也。
象傳	象曰。上天下澤履。君子以辯上下。定民志。
註	履者禮也。人行止之準則也。卦象內和悅而外剛健。禮嚴而和之象也。擔任領導人應以柔應剛，以剛為體以柔為用。要時時警惕，心之憂危若蹈虎尾。凜於春冰是也。領導國家，團體要履禮以辯上下，建立天下之志，方能定民志。以民之所好好之，以民以所惡惡之（當然是絕對大多數的人民），如此所成就的功業可顯於四方，巍然煥然。故光明。占得此卦虛心戒慎事可亨通之象也。

卦	乾上兌下
卦名	履（履不處也）
爻辭	初九。素履往。無咎。

象傳	象曰。素履之往。獨行願也。
註	初九陽剛在下，無外物所誘。認真經營自己的本份，率性素其位而行，不務乎其外。履之善也故占者無咎。孤往力行，擇善固執。做中流砥柱，守其所願之志而不變。獨行願也。占得此爻謀事終有成也。
卦	乾上兌下
卦名	履（履不處也）
爻辭	九二。履道坦坦。幽人貞吉。
象傳	象曰。幽人貞吉。中不自亂也。
註	履以坦行，用和為貴。幽獨之人多是賢者，素履行願，若能不刻意做作，而驚世駭俗。守中正之德，心志不自雜亂故占者貞吉也。
卦	乾上兌下
卦名	履（履不處也）
爻辭	六三。眇能視。跛能履。履虎尾。咥人凶。武人為于大君。
象傳	象曰。眇能視。不足以有明也。跛能履。不足與行也。咥人之凶。位不當也。武人為大君。志剛也。
註	六三。不中不正，柔而志剛，本無才德而自用自專。領導人必才德稱其位而不疚。占得此爻要戒之，一個眼看不清，跛腳走不穩，無自知之明的人強以為行，履涉險地，如何不凶？恰如以一個逞匹夫之勇，強暴之夫為大君，愚者好自用，賤者好自專，要狠之徒，豈可做為領導人？徒自殺其軀而已，故凶。
卦	乾上兌下
卦名	履（履不處也）
爻辭	九四。履虎尾。愬愬終吉。
象傳	象曰。愬愬終吉。志行也。
註	愬愬。畏懼貌。九四以剛明之才，近君之位，而其心存恐懼所以免禍。以柔順以事剛決之君，而得行其志也。占者要體會陽居陰位，務必要自惕自勵。縱然初始雖危而終能吉。

卦	乾上兌下
卦名	履（履不處也）
爻辭	九五。夬履。貞厲。
象傳	象曰。夬履貞厲。位正當也。
註	九五。居中得正，君上之象。然以天下之事為可為，以剛夬柔太過。占者要戒過正而危。在上位者不患其不樂，患其不能憂。雖有所恃，必有所害。使得正亦危道也。一個人正直到沒有一點人情，也就沒有了人味，凡事都都硬梆梆的，很難與民相親相愛。
卦	乾上兌下
卦名	履（履不處也）
爻辭	上九。視履。考祥。其旋。元吉。
象傳	象曰。元吉在上。大有慶也。
註	視者。回視而詳審也。上九當履卦之終，前無所履。可以回視其履矣。占得此爻要體會，履為辨惑。能詳審反省言行，仔細推敲琢磨。考其善，去其不善，必可元吉。

卦	坤上乾下 ䷊ 地天泰
卦名	泰（泰通也）
序卦	履而泰。然後安。故受之以泰。泰者通也。
卦辭	泰。小往大來。吉亨。
彖傳	彖曰。泰。小往大來。吉亨。則是天地交。而萬物通也。上下交而其志同也。內陽而外陰。內健而外順。內君子而外小人。君子道長。小人道消也。
象傳	象曰。天地交泰。后以財成天地之道。輔相天地之宜。以左右民。

註	泰者通也。付出己之誠。合眾人之心志，上下交心如天地交泰致中和以遂萬物之生。占得此卦要瞭解泰卦之大用。天地交是氣化運行合生萬物。上下交是志與眾同，其心相通。內健外順是聚德成行，扶植教化百姓。君子道長，小人道消是人人皆有士君子之行，裁制太過與贊助不及以致中和。
卦	坤上乾下
卦名	泰（泰通也）
爻辭	初九。拔茅茹。以其彙。征吉。
象傳	象曰。拔茅征吉。志在外也。
註	初九。陽居陽位利同德而進也。如拔草，連根及同類而起。占得此爻體會當能以群德彙集同志互助之。是利有攸往，成功可期也。
卦	坤上乾下
卦名	泰（泰通也）
爻辭	九二。包荒。用馮河。不遐遺。朋亡。得尚於中行。
象傳	象曰。包荒。得尚於中行。以光大也。
註	包荒者。用人得要有容量無所不包。泰卦九二爻為用人之道的要則。要用有專才之人，依需要擇人。要野無遺賢，用心的去發掘。要沒有朋黨之私。做到能者在職，賢者在位，人能盡其才。占者能深切體會，用人之道有容乃大，水太清無大魚之理，則能共濟其泰。
卦	坤上乾下
卦名	泰（泰通也）
爻辭	九三。無平不陂。無往不復。艱貞無咎。勿恤其孚。於食有福。
象傳	象曰。無往不復。天地際也。
註	九三。乾乾惕若厲。艱貞無咎之象也。人要本其誠信做事，以堅守正固之道，不要擔心自己有沒有誠信終能獲福。占得此爻要體察人無行萬里平地，有往就有復，有陂方顯平。世事瞬息萬變，不要昧於現在，人生必有高低順逆。謹守法度，艱貞守正，庶可保泰而無咎。這是自然的理也。

卦	坤上乾下
卦名	泰（泰通也）
爻辭	六四。翩翩。不富以其鄰。不戒以孚。
象傳	象曰。翩翩不富。皆失實也。不戒以孚。中心願也。
註	六四柔順得正。當泰之時有陰欲交泰乎陽。乃中心願乎陽也。占得此爻要瞭解具時位，有吸引力者不必藉外力能自然而然吸引他人親近，如男女之一見鍾情。
卦	坤上乾下
卦名	泰（泰通也）
爻辭	六五。帝乙歸妹。以祉元吉。
象傳	象曰。以祉元吉。中以行願也。
註	六五以柔中而下應九二之剛中。上下相交而其志同。占得此爻要知，陰陽必得交泰，得行其願，則泰道成矣，所以元吉。如陰陽合德，公主也得下嫁。結婚是天經地義的美事。所以為吉為福。
卦	坤上乾下
卦名	泰（泰通也）
爻辭	上六。城復于隍。勿用師。自邑告命。貞吝。
象傳	象曰。城復于隍。其命亂也。
註	上六。當泰卦之終。承平既久，泰極而否。故有城倒了，土又回到護城河中。表示人心離散喪失了憑藉。占得此爻要知，到了泰極而否之境，切不可用武力平服，會民益散亂，而是向百姓罪己，自誠而吝，盡己之力撥亂反正。泰吉而否係天運之自然，人無法改變自然循環，但盡人事之努力或可調整吉凶悔吝週期的長短，這也是人應努力的價值。

卦	乾上坤下 ䷋ 天地否
卦名	否（否閉塞不通也）
序卦	物不可以終通。故受之以否。
卦辭	否之匪人。不利。君子貞。大往小來。
彖傳	彖曰。否之匪人。不利。君子貞。大往小來。則是天地不交。而萬物不通也。上下不交。而天下無邦也。內陰而外陽。內柔而外剛。內小人而外君子。小人道長。君子道消也。
象傳	象曰。天地不交。否。君子以儉德辟難。不可榮以祿。
註	否者閉塞不通也。否之匪人即萬物不通，天下無道，天數也。當上下交征利，離心離德，人不像人，不做人事的亂世。君子唯當守其正，儉德避難，盡己之力善化人心，進之以禮，退之以義。尤不可在小人道長之時過於張揚招忌危害己身。占得此卦要牢記，天下無道，儉斂之。
卦	乾上坤下
卦名	否（否閉塞不通也）
爻辭	初六。拔茅茹。以其彙。貞吉亨。
象傳	象曰。拔茹貞吉。志在君也。
註	初六上應九四，又與六二相比。處否之時能夠心中有中心思想，有為有守。以群德彙集同志，守時待機。必有所成。占得此爻要體會處否之時應有的行止。自身端正，結合人心，共同為正確的目標努力。必能吉而亨通。
卦	乾上坤下
卦名	否（否閉塞不通也）
爻辭	六二。包承。小人吉。大人否亨。
象傳	象曰。大人否亨。不亂群也。

註	六二陰居陰位。包承。有小人與小人群結。六二與初六，六三上下相比，然不干涉，不傷害君子，因為君子亦為群，行止低調，雙方人馬不相交害攻伐。所以不亂群，雖否可亨。占得此爻要知道處否之時，君子務於結合人心，端正風氣行止儉斂，不爭本身名利，雖否能亨。
卦	乾上坤下
卦名	否（否閉塞不通也）
爻辭	六三。包羞。
象傳	象曰。包羞。位不當也。
註	六三不中不正，柔而志剛。位親比乎陽，而不能順乎陽從正道，可羞者也。占得此爻要瞭解為何可羞？因為六三表裡不一，位於親比乎陽，實則與六二之群通好，故其羞可知矣。
卦	乾上坤下
卦名	否（否閉塞不通也）
爻辭	九四。有命無咎。疇離祉。
象傳	象曰。有命無咎。志行也。
註	九四陽居陰位，近九五而從之，受九五之命造福其群，不唯無咎，更可獲一身之慶，其同類亦並受其福也。占得此爻知巽順居命達成濟否之志可中行願也。
卦	乾上坤下
卦名	否（否閉塞不通也）
爻辭	九五。休否。大人吉。其亡其亡。繫於苞桑。
象傳	象曰。大人之吉。位正當也。
註	九五陽剛中正，為能結束否境的大人，以國家之大而繫於苞桑之柔小，如累卵危之甚也。故念念不忘其亡，唯恐其亡也。所以能以如臨深淵，如履薄冰之心，謹慎力行去結束否境。占得此爻要體會休否之道，得有念茲在茲，戒慎恐懼的功夫才可達成。

卦	乾上坤下
卦名	否（否閉塞不通也）
爻辭	上九。傾否。先否後喜。
象傳	象曰。否終則傾。何可長也。
註	上九，否之極也。如泰終則復隍。否終則顛倒。處否極之位，當匡正時弊，重新再造。如革故鼎新，必須先經非常之破壞再行非常之建設才是能先否後喜。占得此爻利於大膽開創新局，竟撥亂反正之功。

卦	乾上離下 ䷌ 天火同人
卦名	同人（同人親也）
序卦	物不可以終否。故受之以同人。
卦辭	同人。於野亨。利涉大川。利君子貞。
彖傳	彖曰。同人。柔得位得中而應乎乾。曰同人。同人於野亨。利涉大川。乾行也。文明以健。中正而應。君子正也。唯君子為能通天下之志。
象傳	象曰。天與火同人。君子以類族辨物。
註	同人卦五陽一陰，陰爻當位，和諧相應之卦象也。九五，六二均居行正。六二應乎九五。內文明則能察於理。外剛健則能勇於義。中正則內無人慾之私。應乾則外合天德之公。占得此卦體會君子通天下之志，除天下之害。若得六二在野之民相應，共同為民謀福興利。志同而心一，故利於有所做為也。
卦	乾上離下
卦名	同人（同人親也）

爻辭	初九。同人于門。無咎。
象傳	象曰。出門同人。又誰咎也。
註	初九。以剛正居下，當同人之初，主動與人互動，則所同者廣。而無偏黨之私，占者如是則無咎也。占得此爻要知同人之初主動發揮群德，與鄰人，友人和合，大家均無咎，因為發自真誠往來。
卦	乾上離下
卦名	同人（同人親也）
爻辭	六二。同人于宗。吝。
象傳	象曰。同人于宗。吝道也。
註	六二。陰爻居中正之位。本應上應九五。與初九，九三不相比，而欲與之同。陰欲同乎陽，溺於私而非公，故其同吝道也。占得此爻由象得意為，當同於特定對象，如偏私於宗族的親戚，所同者有所不全，有所偏私則吝。
卦	乾上離下
卦名	同人（同人親也）
爻辭	九三。伏戎于莽。升其高陵。三歲不興。
象傳	象曰。伏戎于莽。敵剛也。三歲不興。安行也。
註	九三。剛而不中，上無應與欲同於六二，然以理勢俱屈。故不敢妄動。雖困而不致於凶。占得此爻，其意為九三欲拉攏六二而抗九五。然因位勢不敵，久而不敢舉事，此非和合之象。安於理勢，故不言凶。
卦	乾上離下
卦名	同人（同人親也）
爻辭	九四。乘其墉。弗剋攻。吉。
象傳	乘其墉。義弗剋也。其吉。則困而反則也。

註	九四。以剛居柔，位不中正。墉者墻也。乘其墉有欲發動攻擊之象。然能自反而弗剋攻之，是知過能改，故吉。占得此爻要深知，九四陽居陰位與初九無應，與九三相比，而生陵下（六二）之心，然能自反改過，自制私慾，終能趨吉避凶。人若能不惑於慾，困而能反則，亦智，勇的表現也。

卦	乾上離下
卦名	同人（同人親也）
爻辭	九五。同人先號咷而後笑。大師克相遇。
象傳	象曰。同人之光。以中直也。大師相遇。言相克也。
註	九五。陽剛之居，與六二相應。然為九三，九四強暴之輩所隔離。雖同矣，不得遂與之同。故有未同時不勝號咷，既同後不勝喜悦之象。占得此爻要體會，在同人的過程，排除了伏莽，乘墉之凶。結合群眾團結相合，歷經悲喜的轉合顯示出心志相通，共創目標的意志要如何的堅定。

卦	乾上離下
卦名	同人（同人親也）
爻辭	上九。同人于郊。無悔。
象傳	象曰。同人于郊。志未得也。
註	上九居同人之終，與內無應與，則無人可同。故有同人於郊之象。占得此爻要知既無所同，則各有所取，雖不能通天下之志，亦無所悔。順應自然而已。

卦	離上乾下 ䷍ 火天大有
卦名	大有（大有眾也）
序卦	與人同者。物必歸焉。故受之以大有。

卦辭	大有。元亨。
彖傳	彖曰。大有。柔得尊位。大中。而上下應之。曰大有。其德剛健而文明。應乎天而時行。是以元亨。
象傳	象曰。火在天上。大有。君子以遏惡揚善。順天休命。
註	大有者。所有之大也。六五一陰凝聚眾陽。陰居中正，可容，可畜，可凝聚萬物也。大有卦內剛健則能剋勝其私，自誠而光明。外文明則能灼見其理，自明而誠也。又貴於上下相應，應天之道而時行之。並能識別善惡，揚善必閑邪順天之美命。占得此卦要深知，處大有之時，當務之急，不可鄉愿苟且。舉直錯諸枉，能使諸枉直。
卦	離上乾下
卦名	大有（大有眾也）
爻辭	初九。無交害。匪咎。艱則無咎。
象傳	象曰。大有初九。無交害也。
註	大有初九，居下位。以凡民而大有，家肥屋潤，易遭人害。人來害我，非我之咎，唯艱而吝，則可保其大有而無咎也。占得此爻要深知，富有之時審慎言行與交友，除正己之外，亦要使周邊之人守正以避害。
卦	離上乾下
卦名	大有（大有眾也）
爻辭	九二。大車以載有攸往。無咎。
象傳	象曰。大車以載。積中不敗也。
註	九二陽居陰位，上應六五之君，居中相應，中德蓄積。克實富有，故有能大車以載，任重致遠有所往，可無咎。占得此爻告訴我們，積德是持續不斷漸積而成，如任重致遠也是一步一腳印而成。積德於中，立而不敗。為人臣一定要具有中德之行才不會敗壞大有之境。
卦	離上乾下
卦名	大有（大有眾也）

爻辭	九三。公用亨於天子。小人弗克。
象傳	象曰。公用亨天於子。小人害也。
註	九三。才剛志剛，上無應與，然處大有之時亦欲濟亨通之會也。然逢九四小人在前阻礙也是無法亨於天子之象也。占得此爻就如清乾隆之盛世，公卿大夫，亦欲亨於天子治國安邦，但逢佞臣和珅之流所阻，終致國勢為其所害。
卦	離上乾下
卦名	大有（大有眾也）
爻辭	九四。匪其彭無咎。
象傳	象曰。匪其彭無咎。明辨晢也。
註	九四居大有之時盛又近君。然以剛居柔處多懼之地，更要戒慎，明辨世事之道，盛極將衰之理方可無咎。占得此爻要知居時位之盛要自客。人寡言便是德，夫子約：「其人不言，言必有中」。
卦	離上乾下
卦名	大有（大有眾也）
爻辭	六五。厥孚交如。威如吉。
象傳	象曰。厥孚交如。信以發志也。威如之吉。易而無備也。
註	六五其體文明其德，中順又有陽剛群賢輔之。是以恭己無為，以居尊位虛己誠信以任九二之賢。使上下皆以誠信歸之。是其爭信之交，無絲毫之偽，終能創造大有盛世。占得此爻要深知，自己柔弱又居尊位，就得以義結合，以誠信感召，充分任賢，發揮識人之明及運用組織的力量治世。
卦	離上乾下
卦名	大有（大有眾也）
爻辭	上九。自天佑之。吉無不利。
象傳	象曰。大有上吉。自天佑也。

註	上九以剛明之德，當大有之盛，既有崇高之富貴，而下有六五柔順之君，剛明之群賢輔之。上九蓋無為唯亨，自天佑之，吉無不利。占得此爻知有是德，居是位。民心就是天心，結合民心就是合天心。

卦	坤上艮下 ䷎ 地山謙
卦名	謙（謙輕也）
序卦	有大者。不可以盈。故受之以謙。
卦辭	謙亨。君子有終。
彖傳	彖曰。謙亨。天道下濟而光明。地道卑而上行。天道虧盈而益謙。地道變盈而流謙。鬼神害盈而福謙。人道惡盈而好謙。謙尊而光。卑而不可踰。君子之終也。
象傳	象曰。地中有山謙。君子以裒多益寡。稱物平施。
註	謙能亨。君子之所以有終。天尊而能以謙施於下，生成萬物化育昭著。此言謙之必亨也。物之理越盈則越損，能盈而損之，滿而不溢，即天道虧盈而益謙。地道變盈而流謙。鬼神害盈而福謙。人道惡盈而好謙。統言天、地、鬼、神、人。三才皆好其謙。占得此卦要體會山在地下之象，君子應減其人慾之多。益其天理之寡。順應天理自可稱物平施，無所處而不當矣。政治學上說民不患寡而患不均。要效法謙道，減多益寡才能均。

卦	坤上艮下
卦名	謙（謙輕也）
爻辭	初六。謙謙君子。用涉大川。吉。
象傳	象曰。謙謙君子。卑以自牧。
註	初六柔謙，德也。初卑位也，謙而又謙也。君子有此謙德，以之濟險亦吉矣，故用涉大川吉。占得此爻深知，卑位者唯以謙德自養，險亦可濟。故吉。

卦	坤上艮下
卦名	謙（謙輕也）
爻辭	六二。鳴謙。貞吉。
象傳	象曰。鳴謙貞吉。中心得也。
註	六二柔順中正，與九三中心相得，陽唱而陰和，故鳴也。占得此爻要體會鳴謙係中心相得。自內而表之於外。所謂誠於中，形於外也。鳴謙之象，正而吉也。
卦	坤上艮下
卦名	謙（謙輕也）
爻辭	九三。勞謙君子。有終吉。
象傳	象曰。勞謙君子。萬民服也。
註	九三當謙之時以一陽而居五陰之中，陽剛能勞乎民而謙者也。然雖不伐其勞。而終不能掩其勤，萬民歸服豈不有終。故占者吉。古人說：「一勤天下無難事，百忍堂中有太和」。
卦	坤上艮下
卦名	謙（謙輕也）
爻辭	六四。無不利。撝謙。
象傳	象曰。無不利。撝謙。不違則也。
註	六四。撝謙尊其陽而卑其陰。六四才位皆陰，下有九三勞謙之賢。正萬民歸服之時能退避而去，柔而得正，故無不利。占得此爻要體會如何發揮謙者無敵之功。即謙而中。以禮節制。以謙德化眾，分散於萬民。不違陽尊陰卑之法則。故無不利。
卦	坤上艮下
卦名	謙（謙輕也）
爻辭	六五。不富以其鄰。利用侵伐。無不利。

象傳	象曰。利用侵伐。征不服也。
註	六五以柔居尊。在上而能謙者也。上能謙則從之者眾矣。故有不富以其鄰。而自利用侵伐。然用侵伐者，因其不服，不得已而征之也。非窮兵黷武。占得此爻要知，用謙之道也不是一味的慈悲。執著於違者就得侵伐，是為了全體福祉。

卦	坤上艮下
卦名	謙（謙輕也）
爻辭	上六。鳴謙。利用行師征邑國。
象傳	象曰。鳴謙志未得也。可用行師征邑國也。
註	上六當謙之終與九三為正應，見三之勞謙，亦相從而和之。故有鳴謙之象。然六二中正，與九三心相得結親比之好，致上六與九三心志不相得。所以六二貞吉，上六止利用行師也。占得此爻要瞭解，君子欲以謙德相應而志不得，可將謙德轉而結合眾人之志，向外開創。

卦	震上坤下 ䷏ 雷地豫
卦名	豫（豫怠也）
序卦	有大而能謙。必豫。故受之以豫。
卦辭	豫。利建侯行師。
彖傳	彖曰。豫剛應而志行。順以動。豫。豫順以動。故天地如之。而況建侯行師乎。天地以順動。故日月不過。而四時不忒。聖人以順動。則刑罰清而民服。豫之時義大矣哉。
象傳	象曰。雷出地奮。豫。先王以作樂崇德。殷薦之上帝。以配祖考。
註	豫者和樂也。一陽而眾陰從之也。陽之志得行也。剛應而志行即內順外動。所以成其豫也。凡事合乎天理則順，故一念一事皆天理也。以順動之天地且不違，而況於人之建侯行師乎。

	占得此卦要深知，和樂之源在於能順道以動，順理以動如雷出而萬物很有勁的生發。先王作樂以崇德上告天地教化人民，使萬物生生不息。古人云：聞樂知德。豫卦之象義是極具深意的。
卦	震上坤下
卦名	豫（豫怠也）
爻辭	初六。鳴豫凶。
象傳	象曰。初六鳴豫。志窮凶也。
註	初六卑又不中正，欲與九四近君權臣相應。上下懸絕，諸陰阻隔，應與之情乖矣。鳴豫，心志不相孚，欲豫而窮，凶之道也。占得此爻要知鳴豫之凶在於自矜、自傲、自誇終至自敗。
卦	震上坤下
卦名	豫（豫怠也）
爻辭	六二。介於石。不終日貞吉。
象傳	象曰。不終日貞吉。以中正也。
註	六二中正自守，安靜堅確，見機而做，即做即行，有過即改此乃貞吉之道。占得此爻要知六二貞吉，其重點在於操守堅正，為事念茲在茲，劍及履及，就像心中有塊石頭，眼中有點砂粒，必即刻排除，毫不延遲。
卦	震上坤下
卦名	豫（豫怠也）
爻辭	六三。盱豫悔。遲有悔。
象傳	象曰。盱豫有悔。位不當也。
註	六三不中不正，位不當也。九四為豫卦之主當權，六三與之親比。幸其權勢之足憑，而自縱其所欲也。占得此爻要警惕，小人得志，溺於豫，悔即至。悔而不吝則有過，過而不改，凶速來。速改已過。遷善之門，聖人以此勉之。

卦	震上坤下
卦名	豫（豫怠也）
爻辭	九四。由豫。大有得。勿疑。朋盍簪。
象傳	象曰。由豫大有得。志大行也。
註	九四為本卦之主，一陽動而眾陰悅從。故有由豫之象，由豫者，言人心之和豫也。占得此爻告訴我們，在此由豫，上下心志合一之時，最重要的是勿疑。由豫有孚，能使得志之時展其大行之志，俾人人皆享其和平。豫之大福也。
卦	震上坤下
卦名	豫（豫怠也）
爻辭	六五。貞疾恆不死。
象傳	象曰。六五貞吉。乘剛也。恆不死。中未亡也。
註	六五。但當豫之時，柔而不能立，又乘九四之剛。權之所主，眾之所歸，皆在於九四。己身衰弱極矣。故有貞疾之象（有心病）。占得此爻要體會雖形勢比人強，六五。以其得中，有居中之位，一時的勢弱，務必要忍耐。只要不失中位端正鞏固，終能以柔克剛，改變時勢的。
卦	震上坤下
卦名	豫（豫怠也）
爻辭	上六。冥豫。成有渝。無咎。
象傳	象曰。冥豫在上。何可長也。
註	上六以陰柔居豫之極。為昏冥於豫之象。冥豫之時宜當速改，何可長溺於豫而不反也。占得此爻要知道，人溺於逸樂，迷迷糊糊的天天高興，怎可長久？要及時覺悟，改正補過，方可無咎。

卦	兌上震下 ䷐ 澤雷隨
卦名	隨（隨無故也）
序卦	豫必有隨。故受之以隨。
卦辭	隨。元亨。利貞。無咎。
彖傳	彖曰。剛來而下柔。動而悅隨。大亨貞無咎。而天下隨時。隨時之義大矣哉。
象傳	象曰。澤中有雷。隨。君子以嚮晦入宴息。
註	隨卦之象有少女隨從長男，其義為此動彼悅亦隨之義也。然隨若不貞，雖大亨亦有咎也。此隨卦其理之所在。占得此卦要知道，情悅相隨貴在貞正，若心無所主，任隨人意則危而咎矣。動而悅隨，要隨其時位之合宜。如人生天地，有出必有入。有做必有息。有感必有寂。有動必有靜。隨此造化之自然，人事之當然，方得無咎。
卦	兌上震下
卦名	隨（隨無故也）
爻辭	初九。官有渝貞吉。出門交有功。
象傳	象曰。官有渝。從正吉也。出門交有功。不失也。
註	初九陽剛得位，當隨之時變而隨乎六二。六二居中得正，初九不失其所隨矣。從正而吉也。占得此爻由象得意，蓋方出門隨人之始，即結交有德之士，不失其所隨矣。
卦	兌上震下
卦名	隨（隨無故也）
爻辭	六二。係小子。失丈夫。
象傳	象曰。係小子。弗兼與也。
註	六二中正。當隨之時，義當隨乎六三。然六三不中不正。初得正故有兼與之象。占得此爻不言凶咎者。因六二中正，但所隨之時依義不可有兼與之隨。即腳踏二條船之意。如男女情悅擇一而隨，守中守正不言凶咎。但三心二意則失已之中正，萬萬不可。

卦	兌上震下
卦名	隨（隨無故也）
爻辭	六三。係丈夫。失小子。隨有求。得利居貞。
象傳	象曰。係丈夫。志舍下也。
註	丈夫者九四也。小子者六二也。九四為近君之大臣。六三舍六二而從九四，求富求貴皆有所得。但利乎其正。占得此爻得知六三亦是做了當隨之時的選擇。舍下從上，舍小子，從丈夫，求而有得這是結果。然六三不中不正，故以之戒占者務必守貞居正方無悔咎。若不如是必有悔咎。
卦	兌上震下
卦名	隨（隨無故也）
爻辭	九四。隨有獲。貞凶。有孚在道。以明何咎。
象傳	象曰。隨有獲。其義凶也。有孚在道。明功也。
註	九四為近君之大臣。當隨之時，義當隨乎五。處在這樣的時位要有明哲保身的智慧，占者戒之。若權勢至極功高震主，就算自己端正亦有貞凶之虞，卒及大禍之憂也。唯以誠事上，看淡權位財祿，謙讓不受方得無咎而不凶矣。
卦	兌上震下
卦名	隨（隨無故也）
爻辭	九五。孚於嘉。吉。
象傳	象曰。孚於嘉吉。位正中也。
註	九五。陽剛中正，當隨之時，義當隨乎上六。唯中正之人故孚於嘉，占得此爻得知尊位君者自身又誠孚於前賢，使之得有嘉美之遯，隨之最高境界既吉又美也。
卦	兌上震下
卦名	隨（隨無故也）

爻辭	上六。拘係之乃從維之。王用亨于西山。
象傳	象曰。拘係之。上窮也。
註	上六居隨卦之終，無所隨從，然九五有孚如此，維繫其相隨之心，固結不渝，上六則遯而歸山矣。占得此爻要深知上六無所隨從非凶也。所傳有人，可安心放下得嘉美之遯，最好的結果。企業，國家以培養接班人為第一要務，有繼者可承，其業可永續也。

卦	艮上巽下 ䷑ 山風蠱
卦名	蠱（蠱則飭也）
序卦	以喜隨人者。必有事。故受之以蠱。蠱者事也。
卦辭	蠱。元亨。利涉大川。先甲三日。後甲三日。
彖傳	彖曰。蠱剛上而柔下。巽而止。蠱蠱元亨。而天下治也。利涉大川。往有事也。先甲三日。後甲三日。終則有始。天行也。
象傳	象曰。山下有風。蠱。君子以振民育德。
註	蠱者。物久敗壞而蠱生也。上止下順，彼此萎靡因循。此其所以蠱也。然亂極必治，豈靜以俟其治哉。必歷涉艱難險阻以撥亂反正。針對蠱的原因，巽之柔懦而矯之以剛。艮以止息而矯之以奮發斯可元亨也。占得此卦要知治起衰亂之中，針對問題拼了老命去渡難關，為的是往前有所事事，使天下治也，改變社會風氣，使民能自我省察日趨於善。
卦	艮上巽下
卦名	蠱（蠱則飭也）
爻辭	初六。幹父之蠱。有子考無咎。厲終吉。
象傳	象曰。幹父之蠱。意承考也。

註	初六才柔位剛，當蠱之時志在克盡前愆。幹者。堪任其事也。親在曰幾諫。親不在曰幹蠱。占得此爻得知幹蠱貴在繼志述事，以今日之維新改其前日之廢墜，過程雖艱難危厲，但終能趨吉也。
卦	艮上巽下
卦名	蠱（蠱則飭也）
爻辭	九二幹母之蠱。不可貞。
象傳	象曰。幹母之蠱。得中道也。
註	九二。當蠱之時，上應六五。六五陰柔故有幹母蠱之象。然九二剛中，以剛乘柔惡其過於直遂也。故占者戒之。占得此爻要體會，幹蠱雖正但不可過剛，要講方法，有時對父母幾諫效果有限。反而採用委曲巽順以幹之能成。得中道而不可太過，即不可貞也。
卦	艮上巽下
卦名	蠱（蠱則飭也）
爻辭	九三。幹父之蠱。小有悔。無大咎。
象傳	象曰。幹父之蠱。終無咎也。
註	九三。以陽剛之才能，幹父之蠱者。然過剛自用，其心不免小有悔，然幹蠱非私意妄行所以無大咎。占得此爻戒之因求好心切，緩急失序，或因主觀太強而致悔。方法上能做適當的修正，朝既定的目標做去，終無咎也。
卦	艮上巽下
卦名	蠱（蠱則飭也）
爻辭	六四。裕父之蠱。往見吝。
象傳	象曰。裕父之蠱。往未得也。
註	裕者。寬裕也。怠而委事為裕。六四。以陰居陰位又當艮止，柔怠不能有為，故有裕蠱之見吝。占得此爻要深知，治蠱如拯溺救焚，猶恐緩不及事豈可拖延文飾。六四之柔失之不及以致事有缺陷，以之幹蠱，蠱焉能得治。

卦	艮上巽下
卦名	蠱（蠱則飭也）
爻辭	六五。幹父之蠱。用譽。
象傳	象曰。幹父用譽。承以德也。
註	六五。以柔居尊。下應九二。九二以剛中之才承順乎六五，以剛健大中之德治蠱可成並聞譽。占得此爻體會，用人要能知人善任，方可用人得譽。用人可不是件容易的事，尤其要成而聞譽。
卦	艮上巽下
卦名	蠱（蠱則飭也）
爻辭	上九。不事王侯。高尚其事。
象傳	象曰。不事王侯。志可則也。
註	上九。居蠱卦之終。無係應於下。在時事之外。以剛明之才無應援而處無事之地。蓋賢人君子不偶於時。而高潔自守者也。占得此爻體會，人雖不在其位，不居公職，其志仍可為法則。高尚之志足以起頑立儒，教化人心。

卦	坤上兌下 ䷒ 地澤臨
卦名	臨（臨，觀之義或與或求）
序卦	有事而後可大。故受之以臨。臨者大也。
卦辭	臨。元亨利貞。至於八月有凶。
彖傳	彖曰。臨。剛浸而長。說而順。剛中而應。大亨以正。天之道也。至於八月有凶。消不久也。
象傳	象曰。澤上有地臨。君子以教思無窮。容保民無疆。

註	臨者。居上觀下，觀看面對的事物。臨卦二陽方長，可大之象，然天道循環陰陽消長有吉就有凶。 占得此卦貴在明瞭： 天地循環終始之道，人要和順相應。居安思危，成之在於說而順，處危之時，困難雖有，剛柔用中以正天地之道，凶亦不久也。為政者要有無盡的愛意教化人民，使老有所終，壯有所用，幼有所長，民皆得其所也。 臨觀之義或與或求。與者予也。為民興利除害，愛民，保民是也。
卦	坤上兌下
卦名	臨（臨，觀之義或與或求）
爻辭	初九。咸臨。貞吉。
象傳	象曰。咸臨貞吉。志行正也。
註	初九當位與六四相應，彼此皆同乎臨。咸者感也，同也。因志相應又得正，故占者貞吉。
爻辭	九二。咸臨吉。無不利。
象傳	象曰。咸臨吉。無不利。未順命也。
註	九二之吉乃有剛中之德。陽勢上進。所以吉利也。未順命者，未順六五陰柔君上之命也。占得此爻要知道，九二順良知之命，不順六五陰柔之君不正確的指示。吉無不利貴乎於此。
卦	坤上兌下
卦名	臨（臨，觀之義或與或求）
爻辭	六三。甘臨。無攸利。既憂之無咎。
象傳	象曰。甘臨。位不當也。既憂之。咎不長也。
註	六三。不中不正，陰柔悅體，無發自至誠之心保民愛民，而是醉心名利，悅己之私，無攸利者，不誠無物也。然若能痛改前非，斯無咎矣。 占得此爻，貴在於占者有自省的功夫能善補過，雖一時的偏差，終能無咎。

卦	坤上兌下
卦名	臨（臨，觀之義或與或求）
爻辭	六四。至臨無咎。
象傳	象曰。至臨無咎。位當也。
註	六四。當坤兌之交。地澤相比。蓋臨親切之至者。所以占者無咎。六四與初九相應與六三，六五相比。以陰居陰位故當位。占得此爻體會位當者又與人相應相比，雖以陰臨陽然陰陽相應之至故能無咎。
卦	坤上兌下
卦名	臨（臨，觀之義或與或求）
爻辭	六五。知臨。大君之宜吉。
象傳	象曰。大君之宜。行中之謂也。
註	六五。柔中居尊。下任九二剛中之賢，與之相應。兼眾志以臨天下。蓋得大君之宜者。知者智也。智者不惑，不惑於權位名利之慾，能廣徵四方之才，行志以中故吉。占者有是德亦如是也。
卦	坤上兌下
卦名	臨（臨，觀之義或與或求）
爻辭	上六。敦臨。吉。無咎。
象傳	象曰。敦臨之吉。志在內也。
註	上六。居臨卦之終。外卦為坤，坤土敦厚。初九，九二二陽尊而應卑，上六高而從下，蓋敦厚之至也。占得此爻體會上六與六三雖無應，然志在內卦二陽。誠篤信實以上臨下。吉而無咎之道也。

卦	巽上坤下 ䷓ 風地觀

卦名	觀（臨，觀之義或與或求）
序卦	物大然後可觀。故受之以觀。
卦辭	觀。盥而不薦。有孚顒若。
彖傳	彖曰。大觀在上。順而巽。中正以觀天下。觀盥而不薦。有孚顒若。下觀而化也。觀天之神道。而四時不忒。聖人以神道設教。而天下服矣。
象傳	象曰。風行地上。觀。先王以省方。觀民設教。
註	觀者有象以示人而為人所觀仰。序卦臨者大也。物大然後可觀。即愛民之仰觀效法也。祭祀在誠，不在祭品之豐盛，方潔手而未奉祭品，人皆信而仰之也。人君欲為觀於天下，必所居之正，觀天下之不正，斯可以為民所觀。人君當觀民之所缺，民之所餘，因俗以設教也，占得此卦要體會，人君為萬民之表率而化育之。風行草偃而天下服矣。
卦	巽上坤下
卦名	觀（臨，觀之義或與或求）
爻辭	初六。童觀。小人無咎。君子吝。
象傳	象曰。初六童觀。小人道也。
註	初六。陰柔在下，去九五最遠。不能觀九五中正之德輝。猶童子之識。見不能及遠。故有童觀之象。小人無咎者。百姓日用而不知，可以無咎。然君子豈無咎哉。亦羞吝也。占得此爻啟示君子要知時識勢，不可短視，缺乏遠見，否則必羞吝獲咎。
卦	巽上坤下
卦名	觀（臨，觀之義或與或求）
爻辭	六二。闚觀。利女貞。
象傳	象曰。闚觀女貞。亦可醜也。
註	六二。陰柔，當觀之時，居內而觀外。不出戶庭，而欲觀中正之道，不可得也。女子得其正無外事闚觀無咎。而大丈夫志在四方，也故步自封見識狹隘則不足為取，羞而醜也。占者戒之。

卦	巽上坤下
卦名	觀（臨，觀之義或與或求）
爻辭	六三。觀我生進退。
象傳	象曰。觀我生進退。未失道也。
註	六三與上九相應。能自躬反省自己行止，進退存亡之所宜，未失正道也。故不言占之凶咎。占得此爻要明瞭自省的重要，這是明智保身最基本的功夫。
卦	巽上坤下
卦名	觀（臨，觀之義或與或求）
爻辭	六四。觀國之光。利用賓於王。
象傳	象曰。觀國之光。尚賓也。
註	六四。柔順得正。最近於九五之君。九五之君於邦有道最利覓有才德之士為國服務。與之心志相通。占得此爻要知道盛世明君難遇，有此時位，具才德之士利見用於當世，賓於明君，一展抱負尚己志願。
卦	巽上坤下
卦名	觀（臨，觀之義或與或求）
爻辭	九五。觀我生。君子無咎。
象傳	象曰。觀我生。觀民也。
註	九五。君上之位。天子行於四海，即中正以觀天下也。天子自我反省，是為天下之則。無咎之道也。占得此爻要體會人人都需要反省，權位愈高，影響愈大，君上自我反省，人民依以效法。君子之德風，小人之德草，風行草偃。教化之功莫甚焉。
卦	巽上坤下
卦名	觀（臨，觀之義或與或求）
爻辭	上九。觀其生。君子無咎。

象傳	象曰。觀其生。志未平也。
註	上九以陽剛居觀卦之極，雖不在其位，不任其事。但知居極位要常保慎重，自我觀照，觀察自己一生行止，仰觀九五明君，反求諸己，守死善道，至死不渝。得永保無咎。占得此爻激勵我們，人要不斷的修行，止於至善。

卦	離上震下 ䷔ 火雷噬嗑
卦名	噬嗑（噬嗑食也）
序卦	可觀而後有所合。故受之以噬嗑。嗑者合也。
卦辭	噬嗑亨。利用獄。
彖傳	彖曰。頤中有物。曰噬嗑。噬嗑而亨。剛柔分動而明。雷電合而章。柔得中而上行。雖不當位。利用獄也。
象傳	象曰。雷電噬嗑。先王以明罰敕法。
註	天下之事，所以不得亨者。以其所間也。噬而嗑，則物不得而間之。自亨通矣。噬嗑卦為立法定律之卦。明罰敕法。象傳。頤中有物，則其物做梗，以人事論如寇盜姦宄治化之梗也。去梗除惡當效法噬嗑卦象，震剛而動，離柔而明。如雷電合則雷震電耀。威明相濟。所謂動而明者，愈昭彰矣。柔而得中，寬猛得宜，有哀矜之念而又不流於姑息。此所以利用獄也。正其國法要如雷電之威明。振敕法度，使人知所畏避也。占得此卦要深知人命大於天下（無辜之人）但除惡務盡，除去真正有罪的人。敕法是為了明罰。沒有一點私慾。先教方殺。罰者一時所用之法，法者平日所定之罰。要明辨之，敕正而行。立法從寬，執法從嚴。亦剛柔合用之功也。
卦	離上震下
卦名	噬嗑（噬嗑食也）

爻辭	初九。屨校滅趾。無咎。
象傳	象曰。屨校滅趾。不行也。
註	初九無位下民之象也。以陽剛不柔順，難免犯刑。趾乃人之所用以行者。懲之於初，使不得行其惡。小人之福也。占得此爻要瞭解不以惡小而為之。犯小奸小惡者要即時糾正給予教訓。目的在於止其惡行，期能小懲大戒。終而無咎也。
卦	離上震下
卦名	噬嗑（噬嗑食也）
爻辭	六二。噬膚滅鼻。無咎。
象傳	象曰。噬膚滅鼻。乘剛也。
註	六二。柔順中正。聽斷以理。對於初九陽剛性直之人犯刑，以中正柔其剛以聽斷。必得其情。故有噬膚滅鼻之輕判，無咎。占得此爻要深知，除害必得乘剛，因其情理之不同而用剛柔。
卦	離上震下
卦名	噬嗑（噬嗑食也）
爻辭	六三。噬腊肉。遇毒。小吝。無咎。
象傳	象曰。遇毒。位不當也。
註	六三陰柔，不中不正。治獄而遇陳久煩瑣之事，一時難於斷理。故有噬腊遇毒之象。亦小有吝也。為何噬腊遇毒，惜其陰居陽位。占得此爻要知道，以柔居剛，陰害要先正己，遇事立斷。何毒之有。
卦	離上震下
卦名	噬嗑（噬嗑食也）
爻辭	九四。噬乾胏。得金矢。利艱。貞。吉。
象傳	象曰。利艱貞吉。未光也。

註	九四剛而不正。故戒之以剛直。六五柔中。故戒之以剛中。教占者當逢獄情之難服者，難明時，務必艱守正固方吉。 占得此爻啟示我們勢力之家不易鏟除，執法者務必如金之剛，矢之直才可貞吉。如經國先生在上海整頓經濟打老虎，碰上了黃潤金，多大的黑暗勢力，把他槍斃了，工作才能成功。 爻辭以噬得乾肉帶骨如火腿，不可丟去，就像碰到了對頭，要以無比的耐性，分解消化之，其收獲更為豐富。
卦	離上震下
卦名	噬嗑（噬嗑食也）
爻辭	六五。噬乾肉。得黃金貞厲。無咎。
象傳	象曰。貞厲無咎。得當也。
註	六五柔居尊位。用刑於人，人無不服，然恐其柔順不斷，故戒之要公正，剛直，心存危厲無忽也，如此治獄方得當也。 占得此爻切記執法者，法、理、情兼顧但不可顛倒次序，得先依法理治獄。
卦	離上震下
卦名	噬嗑（噬嗑食也）
爻辭	上九。何校滅耳凶。
象傳	象曰。何校滅耳。聰不明也。
註	上九居卦之上，當獄之終。罪大惡極，怙惡不悛者有桎梏荷在頸上之象。占者如此凶可知也。占得此爻要知，重罪判定至沒有轉圜的餘地，主要原因在於犯刑者一錯再錯，耳不聽，目不明。心險，不信好言，又沒有認清事實的智慧，太糊塗了。

卦	艮上離下 ䷕ 山火賁
卦名	賁（賁無色也）
序卦	物不可以苟合而已。故受之以賁。賁者飾也。
卦辭	賁亨。小利有攸往。
彖傳	彖曰。賁亨。柔來而文剛。故亨。分剛上而文柔。故小利有攸往。天文也。文明以止。人文也。觀乎天文。以察時變。觀乎人文。以化成天下。
象傳	象曰。山下有火。賁。君子以明庶政。無敢折獄。
註	賁卦是管理民政，與上一卦噬嗑卦不同，不可動不動就敕法以刑。而是要導引人民依禮而行，愛民、親民與便民。柔來文剛，以成離明，內而離明，則足以照物所以亨。即用柔之文德來飾我們的剛。讓我們知道止所當止，人事之行止皆燦然有禮。如為人君止於仁、為人父止於慈、為人子止於孝、為人臣止於盡忠、為人友止於信……皆以柔文剛，止於文明。這樣的思想還分什麼古今。占得此卦還有一原則要把握，古人言，繪事後素。一切事的重點在實不在飾。就如繪畫，紙張先得白淨（實）就利於繪畫（飾）。要記位，無論文飾何事，不可失其原有功能，文飾是加強本有的功能。就如女孩子，過於抹白，本身就越欠白。過於化妝，會失去自然的美。
卦	艮上離下
卦名	賁（賁無色也）
爻辭	初九。賁其趾。舍車而徒。
象傳	象曰。舍車而徒。義弗乘也。
註	初九剛德明順，重內輕外。初在下，無可乘之理。能安於所應之行止，不逾越，故能自賁於下而隱者也。有舍非義之車，安於徒步之象。占得此爻，當以此自處。守己應有的分際。
卦	艮上離下
卦名	賁（賁無色也）
爻辭	六二。賁其須。

象傳	象曰。賁其須。與上興也。
註	六二以陰柔居中正，從九三陽爻興起者。如鬍鬚不能自動，隨頤而動。則鬍鬚雖美乃附於頤以為文者也。占得此爻告訴我們在團體之中要主從相合，大家一起發揮群德。人之生存於家庭、社會、國家，一定要有群德才能興起者也。（有好的發展）
卦	艮上離下
卦名	賁（賁無色也）
爻辭	九三。賁如，濡如。永貞吉。
象傳	象曰。永貞之吉。終莫之陵也。
註	九三。以一陽居二陰之間。當賁之時，陰來比己，為之左右先後。蓋得其賁而潤澤者也。故有賁如濡如之象。占得此爻能守永貞之戒斯吉矣。發揮群德，永遠保有之。團體之內誰都不會欺侮誰，一心一德吉而無悔也。
卦	艮上離下
卦名	賁（賁無色也）
爻辭	六四。賁如皤如。白馬翰如。匪寇婚媾。
象傳	象曰。六四當位。疑也。匪寇婚媾。終無尤也。
註	六四與初九相應，蓋相為賁者。然為九三所隔。而不得遂也。故未成其賁而成其皤。六四陰居當位，守正。以與初九始雖相隔而終則相親。占得此爻要體會一時的橫逆阻隔，端賴有無比的耐心素行己願終能有成。
卦	艮上離下
卦名	賁（賁無色也）
爻辭	六五。賁於丘園。束帛戔戔。吝。終吉。
象傳	象曰。六五之吉。有喜也。

註	六五與六二無應。乃與上比。上九丘園象徵高蹈之賢。故束帛以聘。然六五以戔戔束帛為禮有以於吝（吝者該給而不給）。但重要的是誠意，在上位者雖禮薄然意勤，禮賢下士乃人民可喜之事，所以雖吝終吉。占得此爻除了知道人君貴於禮賢下士，亦要知道送禮的對象，要送的恰到好處。對於隱居在野的賢者，誠意，尊重的心更為重要。
卦	艮上離下
卦名	賁（賁無色也）
爻辭	上九。白賁。無咎。
象傳	象曰。白賁無咎。上得志也。
註	上九。高潔之賢，居賁卦之極，賁極有色復於無色也。故有白賁之象。文勝而反於質，無咎之道也。六五之君以束帛禮聘之豈不得志。占得此爻告訴我們人要不斷的修德，雖隱於野仍對社會有所貢獻。

卦	艮上坤下 ䷖ 山地剝
卦名	剝（剝爛也）
序卦	致飾然後亨則盡矣。故受之以剝。剝者剝也。
卦辭	剝。不利有攸往。
彖傳	彖曰。剝。剝也。柔變剛也。不利有攸往。小人長也。順而止之觀象也。君子尚消息盈虛。天行也。
象傳	象曰。山附於地。剝。上以厚下安宅。
註	事物文飾太過了，勝過了原有的質（本體功能），假象撐不住了就剝，就凶了。以前當兵，營舍及床鋪都是木製的，每次長官視察或環境檢查，就將之重新粉刷上漆。一次兩次重重覆覆，表面遠看很新，但實際材質已年久腐朽。漆很快就剝落了。這就是文飾過頭，招致剝離。然而勢以至剝怎麼辦呢？占得此卦告訴我們，處剝之時不可再往外發展了，要儉德避難。順應剝的自然程序，順而止之。

	在上位者（上九那僅存的一陽爻）要損上益下，財散人聚以厚民之生為要如省刑罰，薄稅斂，方能安宅（保住家與國）。目前全世界遭遇到金融海嘯，也是處剝之時，一定要用國家甚至聯合各國政府的力量協助人民，從最基本的民生經濟救起，將最基本的體質重新建立。由剝卦而成頤卦。而成損卦。而成大畜卦。而成大有卦。
卦	艮上坤下
卦名	剝（剝爛也）
爻辭	初六。剝床以足。蔑貞凶。
象傳	象曰。剝床以足。以滅下也。
註	事物之剝落，人事之凶至，都是漸來的，初六方剝足即言蔑貞（正道將遭毀滅）。如履霜而知堅冰至。占得此爻要戒之，防微杜漸太重要了。
卦	艮上坤下
卦名	剝（剝爛也）
爻辭	六二。剝床以辯。蔑貞凶。
象傳	剝床以辯。未有與也。
註	辯者。床之下，足之上。分辯處也。六二與六五不應，陰勢續長，亦蔑貞凶之象。占得此爻就人事而言，六二左右皆陰，上又無應，其境愁困。猶如貧在鬧市無人問，只嘆人家富居深山有遠親。
卦	艮上坤下
卦名	剝（剝爛也）
爻辭	六三。剝之無咎。
象傳	剝之無咎。失上下也。
註	六三在群陰之中獨與上九上應。為小人中具有自省之智的君子，去其黨而從正。其義無咎。對六三而言是失去其上下之陰的朋黨，得與上九之一君子相應。占得此爻告訴我們，處剝之時，仍有相應之士，堪用之才，不要一桿子打翻一船人，公道自在人心，雖然目前不能發揮力量，但將來撥亂反正，重新建設仍需要靠這些力量，所以曰無咎。

卦	艮上坤下
卦名	剝（剝爛也）
爻辭	六四。剝床以膚凶。
象傳	象曰。剝床以膚。切近災也。
註	六四。乃至上卦之體了，剝床而及人膚，禍切身矣，故直接曰凶。言禍己及身而不可免了。占得此爻也沒什麼好說的了，坦然面對而已。
卦	艮上坤下
卦名	剝（剝爛也）
爻辭	六五。貫魚以宮人寵。無不利。
象傳	象曰。以宮人寵。終無尤也。
註	六五為眾陰之長，剝卦至六五已至陰長陽消之極矣，依卦象本卦為內順外止，即指至六五陰不再剝陽，反統領眾陰以次上行，聽命於陽之象，此小人之福，而君子之幸也。占得此爻體會天下之事陰陽消長，此起彼落，不能至極而不變。凶至止凶而復吉。吉至終吉而反凶。剝復之機，否極泰來有所待也。人生除了戒慎，也要有無限的希望。
卦	艮上坤下
卦名	剝（剝爛也）
爻辭	上九。碩果不食。君子得輿。小人剝廬。
象傳	象曰。君子得輿。民所載也。小人剝廬。終不可用也。
註	上九。諸陽皆消，一陽在上，碩果獨存之象。果碩大不食，必剝落腐爛。然其中之核落土後又復生仁。猶陽無可盡之理，窮上反下，又復生於下也。一陽既剝於上，則逢此國破家亡，人無所覆庇，以安其生，此剝廬之象。然陽無可剝盡之理，剝於上必生於下，故有君子得輿，為民所載，而國破家亡小人無獨存之理。占得此爻君子與小人均當自審。君子要損上益下能為民所賴以安身為己任。小人若肆其惡趕盡殺絕，最後連自己立身之地都沒有。

卦	坤上震下 ䷗ 地雷復
卦名	復（復反也）
序卦	物不可以終盡。剝。窮上反下。故受之以復。
卦辭	復。亨。出入無疾。朋來無咎。反復其道。七日來復。利有攸往。
彖傳	彖曰。復亨。剛反。動而以順行。是以出入無疾。朋來無咎。反復其道。七日來復。天行也。利有攸往。剛長也。復其見天地之心乎。
象傳	象曰。雷在地中。復。先王以至日閉關。商旅不行。后不省方。
註	復者。來復也，象徵天地陰陽氣化消息，循環無端。此為陰極陽生之機。復卦為亨通之卦，在人事而言，以孝入悌出的行動順應自然之理而行。當然德不孤必有鄰，朋自外來。剛反而復之道，七日來復，卦有六爻，逢七即反復。表示陰氣雖盛而陽氣未嘗息也。陽氣雖盛而陰氣未嘗息也。亦即利有攸往，陰陽利行順應自然循環發展。占得此卦要體會天地之心。天地之心就是生之不息。卦象地雷復，月逢十一月，所謂冬至一陽生，處此一陽方長，萬物始萌之時當上下安靜以養微陽。商旅不行者，下之安靜也。后不省方者，上不擾民也。人身亦然，月令齋戒。休息養生機。
卦	坤上震下
卦名	復（復反也）
爻辭	初九。不遠復。無祇悔。元吉。
象傳	象曰。不遠之復。以修身也。
註	初九。一陽初生於下，復之主也。事初其失不遠，故有不能遠復於善。若知錯能改即不至乎悔者也。占得此爻告訴我們，為學之道無它，唯知不善則速改之，以從善而已。復則人欲去而天理遠。修身之要是也。
卦	坤上震下
卦名	復（復反也）
爻辭	六二。休復吉。

象傳	象曰。休復之吉。以下仁也。
註	六二。柔順中正。近於初九。見初九之復而能下之。故有休復之象，吉之道也。 休者。休而有容也。人之有善，若己有之。能下初九之賢而復。 占得此爻要瞭解休復之吉在於能有容能親仁。能容多少就能做多大的事業，所以說有容乃大。夫子曰：克己復禮為仁。能親仁、養仁、下仁，則無不可用之人，無不可信之人，這是聖人之言。
卦	坤上震下
卦名	復（復反也）
爻辭	六三。頻復。厲無咎。
象傳	象曰。頻復之厲。義無咎也。
註	六三。以陰居陽位。不中不正。又處動極，復之不固。故有頻失頻復之象。然當復之時既失而能知其復，頻失之時，雖不免危厲，而至於復則無咎也。占得此爻要知道，頻復非善也。不二過方為善。
卦	坤上震下
卦名	復（復反也）
爻辭	六四。中行獨復。
象傳	象曰。中行獨復。以從道也。
註	六四。柔而得正，在群陰之中。而獨能下應乎初九陽剛。不從其類而從陽也。故有中行獨復之象。六二曰仁。六四曰道。仁與道皆修身之事。六二比而近故曰仁。六四應而遠故曰道。爻象之精極矣。 占得此爻要知能擇善固執，堅定信念的可貴。
卦	坤上震下
卦名	復（復反也）
爻辭	六五。敦復無悔。
象傳	象曰。敦復無悔。中以自考也。

註	六五。以中德居尊位。當復之時，其心無私，信道篤執，德堅不移。故有敦厚其復之象。如是則心與理一，當然無悔。占得此爻可以知道，敦復無悔是因為能以中德，中道自考也。（自視，自明，自成也）
卦	坤上震下
卦名	復（復反也）
爻辭	上六。迷復。凶。有災眚。用行師終有大敗。以其國君凶。至於十年不克征。
象傳	象曰。迷復之凶反君道也。
註	上六。陰柔居復之終。又無中順之德，與下又無應。迷其復而不知復也。致天災人禍沓然並至，天下之事無一可為，若更以用師以下，必因師敗而並及其國君，有傾危之憂，凶之大也。占得此爻要知道迷復之凶在於不知民心，居否不知否則終無泰矣。違反群道而逆行，終久不能成事雪恥。

卦	乾上震下 ䷘ 天雷無妄
卦名	無妄（無妄災也）
序卦	復則不妄矣。故受之以無妄。
卦辭	無妄。元亨。利貞。其匪正有眚。不利有攸往。
彖傳	彖曰。無妄。剛自外來。而為主於內。動而健。剛中而應。大亨以正。天之命也。其匪正有眚。不利有攸往。無妄之往何之矣。天命不祐行矣哉。
象傳	象曰。天下雷行。物與無妄。先王以茂對時育萬物。
註	無妄者。至誠無虛妄也。以凡事盡其在我，而於吉凶禍福皆委之自然，九五，六二剛中而應，則大亨以正。即正就亨通，不正就有災。無妄之下卦為震，剛自外來，做主於內又性震動。非至誠無虛妄矣。所以有因人所造成的災害，而不利有攸往。至誠乃天命之實理。誠者，天之道也。誠之者，人之道也。即盡人事聽天命。

	占得此卦體會自然之象即春雷動，萬物長，順應自然生生不息，君上養民，教以不失其時，萬物因時而茂。以人事而言至誠是最為重要的，做事當然要講方法，無妄卦告訴我們不缺德都可能有災，所以我們要戒之，要積德要存誠務實，應做的事還沒做就妄求。人一妄求就失正，有災，當然不利發展。
卦	乾上震下
卦名	無妄（無妄災也）
爻辭	初九。無妄。往吉。
象傳	象曰。無妄之往。得志也。
註	初九陽剛，居無妄之初，純乎其誠而做為，何往而不遂其心志。占得此爻利於發展。
卦	乾上震下
卦名	無妄（無妄災也）
爻辭	六二。不耕穫。不菑畬則利有攸往。
象傳	象曰。不耕穫。未富也。
註	六二。柔順中正，當無妄之時無私意期望之心，故有不耕穫不菑畬之象，即明其道不必謀其功。正其義不必謀其利。如此則利有攸往。占得此爻體會應效法六二努力耕耘，盡其在我，不以功利為先。畬者。良田也。心作良田百世耕，心不私意期望富有，得到什麼。占者如是必利於發展所為了。
卦	乾上震下
卦名	無妄（無妄災也）
爻辭	六三。無妄之災。或繫之牛。行人之得。邑人之災。
象傳	象曰。行人得牛。邑人災也。
註	六三即邑人也，邑人有牛繫之，本不期失。偶脫所繫，而為行人所得。致邑人失牛。失牛不幸非邑人有以致之，故為無妄之災。占得此爻告誡我們誠都能有不期之災，反過來講人也可能有不期之福。逢此無妄之災得要坦然面對放開心胸，不是得到，就是學到。無妄之災也是寶貴的經驗。

卦	乾上震下
卦名	無妄（無妄災也）
爻辭	九四。可貞無咎。
象傳	象曰。可貞無咎。固有之也。
註	九四陽剛健體，其才亦可以有為。然居柔位又下無應與。謹守無妄之正道可無咎矣。若妄動又不免有咎。 占得此爻告訴我們率性之謂道。人修德不用學，與生俱來的天性。順著人性做事，心安理得就是可貞無咎。
卦	乾上震下
卦名	無妄（無妄災也）
爻辭	九五。無妄之疾。勿藥有喜。
象傳	象曰。無妄之藥。不可試也。
註	九五陽剛中正。以居尊位而下應六二亦中正無妄之至也。如是而猶有疾，乃無妄之疾。故不必刻意嘗而攻治。耐心聽其自愈。占得此爻要體會，當彼我雙方均守中守正，做應做的一切而仍被誤會，清者自清，時間是最好的證明。
卦	乾上震下
卦名	無妄（無妄災也）
爻辭	上九。無妄。行有眚。無攸利。
象傳	象曰。無妄之行。窮之災也。
註	上九居無妄卦之終，非有妄，但時位窮極，不可再發展了。 占得此爻告訴我們，縱有誠之德，但時位居窮厄之時（環境時勢不允許時），若勉強行之會有災禍的。所以人要識時，明智保身。

卦	艮上乾下 ䷙ 山天大畜
卦名	大畜（大畜時也）
序卦	有無妄。然後可畜。故受之以大畜。
卦辭	大畜。利貞。不家食。吉。利涉大川。
彖傳	彖曰。大畜剛健。篤實輝光。日新其德。剛上而尚賢。能止健。大正也。不家食吉。養賢也。利涉大川。應乎天也。
象傳	象曰。天在山中。大畜。君子以多識前言往行。以畜其德。
註	大畜卦以陽畜陽所畜大也。大畜首要利貞。富者之病患不正也。富而好禮難也。次之，富者利於服務社會，奮鬥不已，向外發展。卦義告示要日新其德，在上位親賢養賢，居下則禁民之強暴。順應自然之理發展，積小而大，以成其畜。卦象告示，天在山中，所畜多大啊。上位者要見賢思齊，多識（心會神通曰識）其言行，以親其用以求其心契合。占得此卦要深知富而有禮，富更要守正，富更要造福社會，所畜更大。
卦	艮上乾下
卦名	大畜（大畜時也）
爻辭	初九。有厲。利己。
象傳	象曰。有厲利己。不犯災也。
註	初九陽剛乾體，志於必進。然為六四相應所畜，外卦艮止，欲進逢止故往有危矣。唯止則不取禍矣。故教占者必利於止也。占得此爻告誡我們，大畜卦之初，居下應禁民之強暴。躁進則危厲，所以利於止而不行。即不自犯災害也。
卦	艮上乾下
卦名	大畜（大畜時也）
爻辭	九二。輿說輹。
象傳	象曰。輿說輹。中無尤也。

註	九二亦為六五所畜，亦居下位。然有中德能自止而不進。故有輿說輹之象。說音脫，輹脫則輿不得行也。占得此爻以瞭解九二守中德知所進退。故能無尤。
卦	艮上乾下
卦名	大畜（大畜時也）
爻辭	九三。良馬逐。利艱貞。曰閑輿衛。利有攸往。
象傳	象曰。利有攸往。上合志也。
註	九三以陽居乾陽之極。當大畜之時，如良馬奔騰，正多識前言往行。猶恐其過剛銳進，唯當艱貞從容以待時。並要涵養於未用之時習以衛國衛民，載重致遠之學以待時而動。占得此爻深切的體會，畜所以能大，都在於先能涵養。九三之位要稱德不稱力，習什麼?習載重致遠，時候到了與上合志，利於開創發展。
卦	艮上乾下
卦名	大畜（大畜時也）
爻辭	九四。童牛之梏元吉。
象傳	象曰。六四元吉。有喜也。
註	六四艮體居上，當畜乾之時，與初九相應。初九陽剛居卦之初，其力甚微，於此止之為力甚易。故有施橫木於小牛牛角以防其觸。止惡於未形，用力少而成功多。善而吉也。占得此爻就是要告誡我們防患於未然的重要。大畜卦積小而大以成其畜。防微杜漸以閑其邪。這就是元吉有喜。
卦	艮上乾下
卦名	大畜（大畜時也）
爻辭	六五。豶豕之牙。吉。
象傳	象曰。六五之吉。有慶也。
註	六五以柔中居尊位。當畜乾之時，畜乎九二。以柔中使下位強梗者自屈服故吉。如以繩繫豶於木椿去其勢（去其銳利之牙）。占得此爻要知道，六五居上功成而能大畜，得要去掉多少障礙，不可硬幹而是以柔制剛，日新其德。

卦	艮上乾下
卦名	大畜（大畜時也）
爻辭	上九。何天之衢亨。
象傳	象曰。何天之衢。道大行也。
註	上九。畜極而通之義。畜之既久，其道大行。卦象的止健，閑與衛的涵養就是為了上九之衢亨。道大行也。六十四卦中，大多上九均不吉，唯有大畜一卦道大行，其亨可知也。

卦	艮上震下 ䷚ 山雷頤
卦名	頤（頤養正也）
序卦	物畜然後可養。故受之以頤。頤者養也。
卦辭	頤。貞吉。觀頤自求口實。
彖傳	彖曰。頤貞吉。養正則吉也。觀頤。觀其所養也。自求口實。觀其自養也。天地養萬物。聖人養賢。以及萬民。頤之時，大矣哉。
象傳	象曰。山下有雷。頤。君子以慎言語。節飲食。
註	頤卦講如何自養之道。端正鞏固止於正道則吉。頤卦層面廣大，小自個人自養，上至聖人養賢養萬民，天地養萬物均含於其中。頤之時義大矣哉。卦象啟示山下有雷，雷動則萬物得養而生成。君子當慎言語以成其德，節飲食以養其體。即養要以正，以慎以節。占得此爻要體會物畜而後要頤養，養之以正，以慎，以節，則可大可久，反之則前之所畜將很快耗盡。吉凶之差端在能否止於正道。所以聖人告誡頤養正也。
卦	艮上震下
卦名	頤（頤養正也）

爻辭	初九。舍爾靈龜。觀我朵頤。凶。
象傳	象曰。觀我朵頤。亦不足貴也。
註	初九與六四相應，然下卦欲動上卦為止，其性互異。初九於此頤養之初，唯知有口體之慾，垂涎欲食之象。不能慎節養正，不足取也。占得此爻要瞭解自養以正不是人人可能做到，因為有慾。佛家說去執著心，人慾就是人的執著心。要節慾，寡慾，去慾那可不是空話，那得要踏踏實實的下一番功夫才行。
卦	艮上震下
卦名	頤（頤養正也）
爻辭	六二。顛頤。拂經于丘頤。征凶。
象傳	象曰。六二征凶。行失類也。
註	六二陰柔不能自養。必待食於陽。然內卦震性妄動。不求養於初。而求養於外。則違養道之常理。而行失其類矣。占得此爻讓我們瞭解人不可強求而失已位，攀附權貴不能長久，甚至見拒而取羞也。若執意違理而往必凶矣。
卦	艮上震下
卦名	頤（頤養正也）
爻辭	六三。拂頤。貞凶。十年勿用。無攸利。
象傳	象曰。十年勿用。道大悖也。
註	六三陰柔不中不正，內卦至三上，則動極而妄動矣。六三已戒之，仍執意違理外求，凶之甚矣。不得用其養也，需求無度怎能不凶。占得此爻告誡我們，人溺於慾者其凶無期。上帝要毀滅一個人，先讓他瘋狂。人亦有自取滅亡而終不改者。
卦	艮上震下
卦名	頤（頤養正也）

爻辭	六四。顛頤吉。虎視眈眈。其欲逐。逐無咎。
象傳	象曰。顛頤之吉。上施光也。
註	六四當頤養之時，求養於上，上施養於四。四得所養矣，故有眈視欲逐之象。天下之物，自養於內者莫如龜。求養於外者莫如虎。六四爻位外卦，虎求養於外，外卦上施合求養之道故吉。占得此爻體會時位合宜，志得切實際，設定目標努力追求，眈者視近而志遠，這樣的追求吉而無咎的。
卦	艮上震下
卦名	頤（頤養正也）
爻辭	六五。拂經。居貞吉。不可涉大川。
象傳	象曰。居貞之吉。順以從上也。
註	六五居尊能自養，但陰柔，無養人之才，違背常道。然養賢及民，君道之正。故教占者，順以從上，守此正道則吉。不可不量己之力，而當濟人之任。以君位而待養於臣，順以從之而養民也。占得此爻要知道當才能不足改變時勢，不要亂出頭，以能者自居。要生存，就要順以從上，任賢養民。
卦	艮上震下
卦名	頤（頤養正也）
爻辭	上九。由頤。厲吉。利涉大川。
象傳	象曰。由頤厲吉。大有慶也。
註	六五依賴上九以養民。上九以陽剛之德居尊位，故有由頤之象。由者從也。天下之養皆從上九以養之，而知君賴我以養，則恐有專權僭逼故曰厲，戒之以厲而後許之以吉也，占得此爻告誡我們，權臣如周公，姜尚，曾國藩等尤要臨淵履冰盡臣道，尊王不可專權方能厲吉。

卦	兌上巽下 ䷛ 澤風大過
卦名	大過（大過顛也）
序卦	不養則不可動。故受之以大過。
卦辭	大過。棟橈。利有攸往。亨。
象傳	象曰。大過。大者過也。棟橈。本末弱也。剛過而中。巽而說行。利有攸往。乃亨。大過之時大矣哉。
象傳	象曰。澤滅木。大過。君子以獨立不懼。遯世無悶。
註	大過卦大象坎。坎主險陷，橈之象也。本弱則無所承。末弱則無所寄。此卦上缺下短亦有撓之象也。大過卦貴在內巽而外行之以悅也。以人事論，體質本是剛毅，足以奮發有為。而又用之以中，占者無咎。占得此卦啟示我們，卦象澤原為木潤本之物。今乃滅沒其木。是大過矣。大過卦即是處於非常的環境，就要用非常的智慧與手段做非常的事，不受限於禮教。有膽有識有修為。不求同俗但求同理。不求人知但求天知。舉世不見知而不悔。必有大過於人的操守及義理方幹得此事，而且時過則機失。人捧勝不捧敗，成王敗寇。棟者中也，任重也。當棟橈了，必須以剛過而中，巽而說行，獨立不懼的魄力掌握時機匡正時勢。
卦	兌上巽下
卦名	大過（大過顛也）
爻辭	初六。藉用白茅。無咎。
象傳	象曰。籍用白茅。柔在下也。
註	初六當大過之時，上承四剛，以陰柔承薦之故慎矣。如物不直接放在地上，而墊以茅草舖之，而茅草又選用上好柔軟的白茅舖之是慎之大過也。然慎雖大過而不過。占得此爻告訴我們大過之初要慎之至也。提醒自已身處何位，應如何為。故無不利。
卦	兌上巽下
卦名	大過（大過顛也）
爻辭	九二。枯楊生稊。老夫得其女妻。無不利。
象傳	象曰。老夫女妻。過以相與也。

註	九二以剛居柔，陽木過盛。稊者木之稚也。枯陽即老夫，再娶之夫也。生稊即女妻，未嫁而幼者也。象徵老夫娶少妻。無不利者，言陽方大過之始。得少陰以之相與，則剛不過於剛，巽順足以深入乎義理。而又行之以和。不拂乎人情，所以利有攸往。乃亨。占得此爻要體會人要適其時，當其事也。你認為人家異常，人家還誠心相與呢。
卦	兌上巽下
卦名	大過（大過顛也）
爻辭	九三。棟橈凶。
象傳	象曰。棟橈之凶。不可以有輔也。
註	九三陽爻居內卦之上，內卦下陰弱則上不正。故有棟橈之象。棟為木堅多心，在人事而言則為剛愎自用之害。一個人過於剛，則自以為是。很難取人之善，不會得到輔助的力量。占者深戒之。
卦	兌上巽下
卦名	大過（大過顛也）
爻辭	九四。棟隆吉。有它吝。
象傳	象曰。棟隆之吉。不橈乎下也。
註	九四居外卦，外卦兌陰。陰虛在上，上虛下實則有所承載。故有棟隆之象。占者固吉矣。然九四下應乎初六，初六過於柔矣，致棟大不能隆，吝之道也，故又戒占者以此。占得此爻告誡我們，本身端正鞏固還不夠，你得要令周邊的人也守正才行，不然則有吝。所以要更進一步做到不因周邊的人失正所拖累。
卦	兌上巽下
卦名	大過（大過顛也）
爻辭	九五。枯楊生華。老婦得其士夫。無咎。無譽。
象傳	象曰。枯楊生華。何可久也。老婦士夫。亦可醜也。

註	九五以陽剛應乎過極。生華者。楊樹開花則成白絮飛散，終無益於枯也。象徵老妻少夫，揆之於理無罪名。然非配合之美矣。安有得譽哉。占得此爻要戒之，在男女而言，老婦少夫終散漫，亦可醜。係言不唯不能成生育之功。而配合亦非宜。在人事言，要警戒遇有非常之利、位、權、名之時別高興的昏了頭。人生就是苦與空，名利是極其短暫的。
卦	兌上巽下
卦名	大過（大過顛也）
爻辭	上六。過涉滅頂凶。無咎。
象傳	象曰。過涉之凶。不可咎也。
註	上六處大過之極，勇於必濟，有冒險過涉之象。然才弱不能以濟，故有滅頂之象。然殺身雖凶，成仁之事其義無咎。占得此爻要知道，遇非常之時得有非常之智及非常的抉擇。如史可法，文天祥殺身是凶，名留青史是不可咎也。

卦	坎上坎下 ䷜ 習坎
卦名	坎（坎險也）
序卦	物不可以終過。故受之以坎。坎者陷也。
卦辭	習坎。有孚。維心亨。行有尚。
彖傳	彖曰。習坎。重險也。水流而不盈。行險而不失其信。維心亨。乃以剛中也。行有尚。往有功也。天險不可升也。地險山川丘陵也。王公設險。以守其國。險之時用大矣哉。
象傳	象曰。水洊至。習坎。君子以常德行。習教事。
註	習。重習也。坎。坎陷也。習坎者。渡險而達到終極的目的。怎樣做?身在坎險之中，所可自主者，獨此心耳。渡險要有誠心，心要有所主，要有奮鬥的目標即行有尚，士尚志也。故可出險有功。

	占得此卦要體會，渡險要以水為師。水流通未嘗泛濫而盈滿，水流濕必有目標。天下之有孚者，莫過於水。險有無形之險即天險。有有形之險即地勢之險。君上為保其國而設險，人亦要效法為守己身而設險。所以險之為用，上極於天，下極於地，中極於人。其用太大了。所以君子要不斷的進德修業。渡險以達到目標，不立目標，白忙一場。更要設險以保國保民及保己身。無形之險又如律法、禮教。有形之險亦如披山帶河據其形勝以為險。
卦	坎上坎下
卦名	坎（坎險也）
爻辭	初六。習坎。入于坎窞。凶。
象傳	象曰。習坎入坎。失道凶也。
註	初六陰柔居重險之下，其險陷益深。窞者。坎險之最深處。占者如是則終於淪沒其凶可知矣。占得此爻告誡我們渡濟險難之時。內不依理而缺德，外不以誠而失道。凶無止境也。
卦	坎上坎下
卦名	坎（坎險也）
爻辭	九二。坎有險。求小得。
象傳	象曰。求小得。未出中也。
註	九二處於險中。僅止於險而已。欲出險而未能也。占得此爻告示我們，九二陽剛居柔位能知險之所在。未逢時機。留得青山在，以待亨通之時。渡險貴在能審機待時。
卦	坎上坎下
卦名	坎（坎險也）
爻辭	六三。來之坎坎。險且枕。入于坎窞。勿用。
象傳	象曰。來之坎坎。終無功也。

註	六三陰柔又不中正，而履重險之中，貴乎能面臨平險，而安然以對。止所當止，不冒然行動。占得此爻要體會人處於險難，不逢時位，才弱力薄之際，恪遵卦辭所示心誠，把握目標，做該做的事，安處於當下。謹守誠與儉以守機待時。切記，不論境之吉凶，應做的事要一樣不少的去做。
卦	坎上坎下
卦名	坎（坎險也）
爻辭	六四。樽酒。簋貳。用缶。納約自牖。終無咎。
象傳	象曰。樽酒簋貳。剛柔際也。
註	六四柔順得正。當國家險難之時，近九五剛中之君，剛柔相濟，其勢亦合，有簡約相見之象。始雖險陷終得無咎。占得此爻體會當坎陷艱難，世故多艱，非但君擇臣，臣亦擇君。下求上交，情合禮薄亦可相應互通心志。
卦	坎上坎下
卦名	坎（坎險也）
爻辭	九五。坎不盈。祇既平。無咎。
象傳	象曰。坎不盈。中未大也。
註	九五猶在險中，然陽剛中正，計其時亦將出險矣，故將無咎也。占得此爻告訴我們，當居坎險之時盡了人事，做好了應有的準備，還得時候到了才能出險。
卦	坎上坎下
卦名	坎（坎險也）
爻辭	上六。係用徽纆。寘於叢棘。三歲不得凶。
象傳	象曰。上六失道。凶三歲也。
註	上六以陰柔居險之所極。所陷益深，終無出險之期。如以繩索綁縛罪犯，囚之於叢棘之中。占者如此死亡之禍不能免矣。故凶。占得此爻要牢牢記住，遇險難欲出，其道即有孚，維心，行有尚。誰失此道，誰就永遠凶。

卦	離上離下 ䷝ 麗離
卦名	離（離麗也明也）
序卦	陷必有所麗。故受之以離。離者麗也。
卦辭	離。利貞亨。畜牝牛。吉。
彖傳	彖曰。離麗也。日月麗乎天。百穀草木麗乎土。重明以麗乎正。乃化成天下。柔麗乎中正。故亨。是以畜牝牛吉也。
象傳	象曰。明兩作離。大人以繼明照於四方。
註	離為火，火無常形，附物而明。所謂以薪傳火也。離卦六二爻居下卦之中正，六五爻居上卦之中但不正。故利於正而後亨。牝牛順之至也，畜牝牛即養順德於中，正所以消火炎上之燥性也，故吉。離卦卦象，在天日月附麗乎。在地百穀草木附麗乎。在人中正附麗乎。用以推己及人生養萬物。順應天地生成之德而行之，故曰吉。占得此爻要體會人要效法離卦的精神，日新又新，不斷的努力，達成每天行動的責任就是繼明照於四方。
卦	離上離下
卦名	離（離麗也明也）
爻辭	初九。履錯然。敬之無咎。
象傳	象曰。履錯之敬。以辟咎也。
註	初九以剛居下，而處明體。敬以直內，安靜而不躁妄。則可無咎。占得此爻要瞭解，於明當位之時，做事都難免有錯。環境我們不能變更，但敬事辟咎是我們可以下功夫的。
卦	離上離下
卦名	離（離麗也明也）
爻辭	六二。黃離元吉。
象傳	象曰黃離元吉。得中道也。

註	六二柔麗乎中，而得其正。故有黃離之象。以人事而論乃順以存心而不邪側。順以處事而不偏倚，無所處不當也，大吉之道故曰元吉。占得此爻告示我們以中正之道（順德於中），附麗是善且吉。
卦	離上離下
卦名	離（離麗也明也）
爻辭	九三。日昃之離。不鼓缶而歌。則大耋之嗟凶。
象傳	象曰。日昃之離。何可久也。
註	九三位於重明之間。前明將盡，後明當繼之時也。故有日昃之象。盛衰倚伏天運之常，人生至此樂天之命鼓缶而歌。以安其日用之常，此則達者之事。若不能安常以自樂，非為無益，適自速其死矣，故戒占者不當如此。占得此爻要記住，人要沒有繼明的修養，不隨遇而安，年老之日猶嘆息不已，凶啊。在世的每一天人都要好好的活著，做該做的事。
卦	離上離下
卦名	離（離麗也明也）
爻辭	九四。突如其來如。焚如。死如。棄如。
象傳	象曰。突如其來如。無所容也。
註	九四失位不中不正。當兩火交接之時，不能容於其中。三爻上而不能反，五居尊位不敢犯均不能容也，取象為如宅失火而突然破門，則大火突然噴出無法控制。必至焚如，死如，成灰棄如而後已，占者之凶可知矣。占得此爻特別提醒我們，敬慎不敗的重要性，對環境要注意，有危及生存之虞的事務一定要杜絕。例如人的嗜欲，千萬不可吸毒、賭博，其害會毀滅我們。
卦	離上離下
卦名	離（離麗也明也）
爻辭	六五。出涕沱若。戚嗟若吉。
象傳	六五之吉。離王公也。

註	六五。以柔居尊位，而守中。有文明之德。然附麗於強剛之間，憂懼不已。然後能吉，戒占者當如是。占得此爻要知道附麗沒有錯，但要看自己有沒有眼光。逢器量不能容眾之人莫附之。時時警惕擇可附之人，陰陽相資故吉。
卦	離上離下
卦名	離（離麗也明也）
爻辭	上九。王用出征有嘉。折首。獲匪其醜。無咎。
象傳	象曰。王用出征。以正邦也。
註	六五用上九非窮兵黷武。乃消弭寇賊亂邦。然出征唯殲滅其魁首而招降所屬。無咎者。勇足以折首而仁及於其屬。占得此爻告示我們六五附麗於上九以期達成四海望王師，萬邦歸正朔之功。

卦	兌上艮下 ䷞ 澤山咸
卦名	咸（咸速也）
序卦	有天地。然後有萬物。有萬物然後有男女。有男女然後有夫婦。有夫婦然後有父子。有父子然後有君臣。有君臣然後有上下。有上下然後禮義有所錯。
卦辭	咸。亨。利貞。取女吉。
彖傳	彖曰。咸。感也。柔上而剛下。二氣感應以相與。止而說。男下女。是以亨利貞。取女吉也。天地感而萬物化生。聖人感人心。而天下和平。觀其所感。而天地萬物之情可見矣。
象傳	象曰。山上有澤。咸。君子以虛受人。
註	周易上經首乾坤，乾坤者天地定位也。言天地萬物之本。下經首咸恆，咸恆者山澤通氣也。男女相感悅而知止，樂而不淫。止於禮而能悅。所以咸卦亨通，男女相感依於禮，貞正而悅，婚姻之道必女守貞靜，男先下之。（主動追求，展現誠意）則為得男女之正。娶這樣的女子，婚姻亨吉。咸卦有更重要的關鍵就是能以虛受人。虛者無私也。

	占得此卦要深知，夫婦相處之道是能以虛來受人，能有容也。夫妻吵架最愚之人。夫婦相感又能有容這就是咸卦卦義所言，天地萬物之情可見矣。
卦	兌上艮下
卦名	咸（咸速也）
爻辭	初六。咸其拇。
象傳	象曰。咸其拇志在外也。
註	拇。足大指也。初六陰柔又居在下，與九四為正應。所感雖淺，然觀其拇之動則知其心志已在外卦之九四矣。占得此爻為有感人之心而無感人之事所以無吉無凶之占。如男女初遇一見鍾情而女止男悅之感也。
卦	兌上艮下
卦名	咸（咸速也）
爻辭	六二。咸其腓。凶居吉。
象傳	象曰。雖凶居吉。順不害也。
註	六二陰柔上應九五。不待其求而感之，占者不免於凶。若能安其居以待九五上之求，則得進退之道而吉矣。占得此爻要體會六二（如女方）要守住中正之位，中德柔順，靜而居守。將無害於其所感。女人愈聖潔愈高貴，聖潔源自中德柔順。
卦	兌上艮下
卦名	咸（咸速也）
爻辭	九三。咸其股。執其隨。往吝。
象傳	象曰。咸其股。亦不處也。志在隨人所執下也。
註	九三以陽剛之才而居下卦之上，宜自得其正道以感於物矣。然所居之位應於上六，以陽而從陰，乃以君子而悅小人之象，固不無羞吝。占得此爻告示我們，人不可隨其所附，心無所主，九三位處內卦艮，要止其隨，若把持不住必致羞吝之境，非常的可惜呢。

卦	卦名	爻辭	象傳	註
兌上艮下	咸（咸速也）	九四。貞吉悔亡。憧憧往來。朋從爾思。	象曰。貞吉悔亡。未感害也。憧憧往來。未光大也。	九四以陽居陰而失正，又應乎初之陰柔，不免悔矣故戒占者。占得此爻要知道，陰陽相感貴在端正鞏固，以誠相感，內省不疚則吉而無悔。若三心二意不能正大光明而感應之機窒矣。為什麼會憧憧往來呢？因為心意不定。
兌上艮下	咸（咸速也）	九五。咸其脢。無悔。	象曰。咸其脢。志末也。	九五以陽居兌體之中。比於上六之陰，陰陽相悅，則九五之心志，唯在此末而已。而不專注與六二相應。所以不能感物。占得此爻要牢記，相感貴乎誠與正。心意相感重在基層，越上層越沒效用也趨凶。例如與教育程度越高的人越不容易相感與交心，為什麼？因為自視高，易聞言不信。就算相感也容易反背。
兌上艮下	咸（咸速也）	上六。咸其輔頰舌。	象曰。咸其輔頰舌。滕口說也。	上六以陰居兌卦之終，處咸之極。感人以言，而無其實。爻象顯示諂媚的情狀。今天很多政治人物就是最好感人以言。信口雌黃，彼此虛偽，心照不宣。自己騙自己。

卦	震上巽下 ䷟ 雷風恆
卦名	恆（恆久也）
序卦	夫婦之道。不可以不久也。故受之以恆。恆者久也。
卦辭	恆。亨。無咎。利貞。利有攸往。
彖傳	彖曰。恆久也。剛上而柔下。雷風相與。巽而動。剛柔皆應。恆。恆亨無咎。利貞。久於其道也。天地之道。恆久而不已也。利有攸往。終則有始也。日月得天而能久照。四時變化而能久成。聖人久於其道。而天下化成。觀其所恆。而天地萬物之情可見矣。
象傳	象曰。雷風恆。君子以立不易方。
註	恆久也。男動乎外，女順乎內，人理之常。夫婦偕老，終身不變，皆恆之義也。男女論交感之情則少為親切。論尊卑之序則長當謹嚴。恆卦亨而後無咎何也。因為利於正，利有攸往。唯其恆久不已，所以攸往不窮。如天地寒暑迭更，陰陽互換，循環無端。在人事論，效法恆卦的精神守居己位，謙遜為尚，誠心相應此為夫婦恆長（常）之道。真有不愉快就躲一躲、喫喫茶，幽默寬容以對，以之應變。
卦	震上巽下
卦名	恆（恆久也）
爻辭	初六。浚恆貞凶。無攸利。
象傳	象曰。浚恆之凶。始求深也。
註	初六與九四為正應，然初六陰居陽位，九四陽居陰位。夫婦皆不正。初六爻凶者，妻求夫之深而凶也。夫婦相處需日久而孚契，而后可以深求其常道。如驟而求之深，彼此因不相契合而無攸利也。占得此爻要體察人情事故，與人相交，一開始就太唐突太過於要求，雖貞亦凶無攸利。
卦	震上巽下
卦名	恆（恆久也）
爻辭	九二。悔亡。
象傳	象曰。九二悔亡。能久中也。

註	九二以陽居陰本有悔矣，以其久中，故其悔亡。人能恆久於中豈止悔亡。占得此爻要深知，不逢時位而能無悔者，在於能恆守中道，做好該做的事，不怨天尤人。能無怨就能無悔。
卦	震上巽下
卦名	恆（恆久也）
爻辭	九三。不恆其德。或承之羞。貞吝。
象傳	象曰。不恆其德。無所容也。
註	九三雖得位，然過剛不中，若此心不定改節失職，則雖正亦可羞矣。故戒占者如此。占得此爻要深知，如九二雖不逢時位但能守中終可無悔。九三得位，但過剛不能守中，造成失位見黜承羞，殊為不值。
卦	震上巽下
卦名	恆（恆久也）
爻辭	九四。田無禽。
象傳	象曰。久非其位。安得禽也。
註	九四以陽居陰位，久非其位，且應爻深入，正應之初六亦陰柔失位。故有田無禽之象。既無禽則不能與妻備其中饋之具，夫非其夫矣。占得此爻體會以夫婦論，男人動乎於外努力工作養家活口是應盡之分。若久非其位，失職之夫，不能養家，那有資格為人夫為人父呢？所以要知道問題點，負起責任，立即改善為要。
卦	震上巽下
卦名	恆（恆久也）
爻辭	九五。恆其德。貞。婦人吉。夫子凶。
象傳	象曰。婦人貞吉。從一而終也。夫子制義。從婦凶也。
註	六五以陰柔居陽剛之位，中而不正。婦人以順為正故吉。丈夫以柔順為常不能剛果決斷非所當也，故占者有凶如此。占得此爻告誡大丈夫要有制宜的智慧，不可悉如婦人之順從，全以女人當家是不適宜的。

卦	震上巽下
卦名	恆（恆久也）
爻辭	上六。振恆凶。
象傳	象曰。振恆在上。大無功也。
註	上六陰柔。本不能固守其恆者也。且居恆之極，處震之終，恆極則反常，震終則過動。故有振恆之象，占者之凶可知矣。占得此爻引以為戒，從歷史中汲取教訓，如王安石紛改舊制，所謂振恆也，凶者不唯不能成事而反僨事也。如現今的毀憲，草率的修憲就是振恆，上無益於國，而下不利於民。

卦	乾上艮下 ䷠ 天山遯
卦名	遯（遯則退也）
序卦	物不可以久居其所。故受之以遯。遯者退也。
卦辭	遯。亨。小利貞。
彖傳	彖曰。遯亨。遯而亨也。剛當位而應。與時行也。小利貞。浸而長也。遯之時義大矣哉。
象傳	象曰。天下有山。遯。君子以遠小人。不惡而嚴。
註	遯者退避也。君子要能識時，當遯則遯，則身雖遯而道亨。小人則利於正，而不害君子，遯而亨之道也。九五當正之位，下與六二相應，身在位而心則遯，為什麼呢？因為九五識時，察知陰浸長尚未盛大，然其陽漸消，見人之所未見，不眷戀祿位，當機決去。能明哲保身，知遯之時義是極其不易的。占得此卦要體察遯卦為如何智保己身，要識時要及時。識時在剎那間，稍有遲疑就凶了。該遯不遯，陰再浸長則成天地否了，要避禍都來不及了。尤要知道當遯之時，君子以禮律身，遠離小人不用惡聲厲色，本身守中守正不惡而嚴，小人自遠。
卦	乾上艮下

卦名	遯（遯則退也）
爻辭	初六。遯尾厲。勿用有攸往。
象傳	象曰。遯尾之厲。不往何災也。
註	初六在下無位，又陰柔所居不正。無德無位。君子晦處以俟時，遯亦有方，不與小人同遯雖厲無災咎。占得此爻要深知，遯不但要識時及時亦要俟時。要有規劃。人最怕又想遯又不想遯，失去了應有的行止，故致厲甚至災咎。
卦	乾上艮下
卦名	遯（遯則退也）
爻辭	六二。執之用黃牛之革。莫之勝說。
象傳	象曰。執用黃牛。固志也。
註	六二與九五為正應。均為居中得正當位而應。相交之志堅固不可脫也。故有執黃牛之革。莫之勝說之象。占者亦當如此。占得此爻告示我們固執遯志要堅定如是絕不可見異思遷，所以遯之時義大也。
卦	乾上艮下
卦名	遯（遯則退也）
爻辭	九三。繫遯有疾。厲。畜臣妾吉。
象傳	象曰。繫遯之厲。有疾憊也。畜臣妾吉。不可大事也。
註	九三當陰長。凌陽之界，與初六，六二兩爻同為艮體，下比於陰。故有當遯而係戀之象。既有所繫，則不能遯矣。蓋疾而為厲之道也。九三唯能剛正自守，畜止同體在下之二陰以馭之方可由疾厲趨吉。但縱是如此亦疾於人情之私，不能成大事。就如有姑息之心難以成事。占者戒之，想的到做不來皆因心有所執，放不下啊！
卦	乾上艮下
卦名	遯（遯則退也）

爻辭	九四。好遯。君子吉。小人否。
象傳	象曰。君子好遯。小人否也。
註	九四以剛居柔下應初六，故有好而不遯之象。好者愛也。愛必眷戀。然乾體剛健又有遯而不好之象。占者因其人何如而異也。若為剛果之君子，則有以勝其人慾之私。止知其遯，不知其好，得以遂其潔身之美，故吉矣。若小人則循慾忘反。止知其好，不知其遯。故在小人則否。占得此爻當知愛戀惡厭，人之私情也。所宜所止，君子，小人所以異也。
卦	乾上艮下
卦名	遯（遯則退也）
爻辭	九五。嘉遯。貞吉。
象傳	象曰。嘉遯貞吉。以正志也。
註	嘉遯者。嘉美乎六二也。當二陰浸長之時，六二以艮體，執以黃牛之革，不凌犯乎陽，其志可謂堅固矣。九五為君者見六二之志固，乃褒嘉之。表正其志。占得此爻體會君子當位，六二固其事上之志，九五就要表正其身為臣下之志。此乃君止中正之心也。正而且吉之象也。
卦	乾上艮下
卦名	遯（遯則退也）
爻辭	上九。肥遯。無不利。
象傳	象曰。肥遯無不利。無所疑也。
註	上九以陽剛而居卦極，去柔最遠。無所係應。獨無所疑。蓋此心超然於物外者也。故有肥遯之象。心廣體胖，何肥如之。占得此爻要知行正不自疑，問心無愧，吉無不利。

卦	震上乾下 ☳☰ 雷天大壯
卦名	大壯（大壯則止）
序卦	物不可以終遯。故受之以大壯。
卦辭	大壯。利貞。
彖傳	彖曰。大壯。大者壯也。剛以動故壯。大壯利貞。大者正也。正大。而天地之情可見矣。
象傳	象曰。雷在天上。大壯。君子以非禮弗履。
註	大壯卦四陽盛長，陽盛而壯也。大壯卦辭不言吉亨，而言利貞者。聖人憂盛危明也。所謂壯者，非徒以其勢之盛，乃其理之正也。故利於正。所以居安思危方有善終。乾陽無慾而動方為大壯。壯在無私無慾而動。乾剛震動。剛則能勝其人慾之私。動則能奮其必為之志。何事不可行哉。占得此爻要領悟卦體勢壯，卦德理壯。能正方能大能壯，方能盛剋人慾之私。以人事而論則行止依禮，貞正則無不大也。
卦	震上乾下
卦名	大壯（大壯則止）
爻辭	初九。壯於趾。征凶有孚。
象傳	象曰。壯於趾。其孚窮也。
註	初九陽剛處下。當壯之時，壯於進者也。故有壯趾之象。以是而往，凶之道也。初九與九四無應援，又卑下無位，故曰窮。占得此爻要告誡我們陽處卑下無位又無應援，唯自信其德以自守可也。切不可有所往，往則凶矣。
卦	震上乾下
卦名	大壯（大壯則止）
爻辭	九二。貞吉。
象傳	象曰。九二貞吉。以中也。
註	九二以陽剛居柔位，上與六五相應。壯不過壯，以柔濟剛，剛柔相得，正而吉也。占得此爻貴在中以行正，不恃其強所以貞吉。

卦	震上乾下
卦名	大壯（大壯則止）
爻辭	九三。小人用壯。君子用罔。貞厲。羝羊觸藩。羸其角。
象傳	象曰。小人用壯。君子罔也。
註	九三過剛不中，純用血氣之強，過於壯者也。取公羊恃其強壯，乃觸其藩，其角出於藩外，反遭困制，造成了後遺症之象。占得此爻戒示，君子以義理為勇，以非禮弗履。所謂智者不怒也。用壯為小人之事，苟用其壯雖正亦厲。
卦	震上乾下
卦名	大壯（大壯則止）
爻辭	九四。貞吉悔亡。藩決不羸。壯於大輿之輹。
象傳	象曰。藩決不羸。尚往也。
註	九四當大壯之時，以陽居陰。不恃其剛，前無困阻，而可以尚往矣。占得此爻要體會大壯之時，陽不可過剛，要剛柔相濟。突破障礙方可一直往前行。
卦	震上乾下
卦名	大壯（大壯則止）
爻辭	六五。喪羊于易。無悔。
象傳	象曰。喪羊于易。位不當也。
註	大壯卦四陽在下。至六五爻已無陽，則喪失其所謂大壯矣。故有喪羊于易之象。既失其壯，則不能前進，僅得無悔而已。占得此爻要體會當失其壯，喪其勢時要和平處之，虧要吃以補位不當也。正所謂各傳心腹事，盡在不言中。
卦	震上乾下
卦名	大壯（大壯則止）

爻辭	上六。羝羊觸藩。不能退。不能遂。無攸利。艱則吉。
象傳	象曰。不能退。不能遂。不詳也。艱則吉。咎不長也。
註	上六壯終動極。所以觸藩而不能退。然其質本柔，又不能遂其進。占得此爻無攸利可知矣。然猶幸其不剛而不妄進也。若能艱以處之。則得以遂其進而吉矣。占得此爻要懂得處逆境之時要能吃苦，要能度勢審機而行。唯艱又能詳（慎密的度勢而行、審機而進）而咎不長矣。心思之艱難所以能詳。識見之詳明所以能守艱。

卦	離上坤下 ䷢ 火地晉
卦名	晉（晉晝也）
序卦	物不可以終壯。故受之以晉。晉者進也。
卦辭	晉。康侯。用錫馬蕃庶。晝日三接。
彖傳	彖曰。晉進也。明出地上。順而麗乎大明。柔進而上行。是以康侯用錫馬蕃庶。晝日三接也。
象傳	象曰。明出地上。晉。君子以自昭明德。
註	晉者進也。以日出地上，前進而光明之義。以人事論，乃逢世道維新，治教休明之時，虛中下賢之君，照臨其邑國之侯，有寵而錫馬三接之象（古天子禮遇諸侯以三饗、三問、三勞。此三接之禮也。三者多也）。即既請吃飯，又再慰問，還要犒賞的意思。占得此卦要深知人要往光明處發展，有遠見的進。唯有柔進才能上行，以柔化剛是中國人上行之法。卦象告示我們領導人要有應時之明，虛中有容，用賢養賢，格致誠心，修齊治平如日之自強至明，能成就進而光明之事功。
卦	離上坤下
卦名	晉（晉晝也）
爻辭	初六。晉如。摧如。貞吉。罔孚。裕無咎。

象傳	象曰。晉如摧如。獨行正也。裕無咎。未受命也。
註	初六以陰居下。當升進之時，而應近君之九四。遇有逢六二，六三陰爻不信之阻礙。占者守正則吉矣。寬裕以處之可以無咎的。占得此爻要體會初六位居下不見信於人，欲有所進，受到了波折，然要有目標，堅守正道，不要因為別人不信服我們而怨世，要寬裕容眾，庸言之信，庸行之謹建立信譽，以超人的智慧守善道，該做的事快快去做，未害其為進也。
卦	離上坤下
卦名	晉（晉晝也）
爻辭	六二。晉如愁如。貞吉。受茲介福。于其王母。
象傳	象曰。受茲介福。以中正也。
註	六二中正上無應援。故有欲進而愁之象。如能謹言慎行恪守原具有之中德，久而必彰。占得此爻告示我們，為事要居安思危，位置站穩了，謹言慎行終致無咎甚至有福了。
卦	離上坤下
卦名	晉（晉晝也）
爻辭	六三。眾允悔亡。
象傳	象曰。眾允之志。上行也。
註	六三不中正，當欲進之時，眾所不信而有悔。然所居之地近乎離明又順體之極，有順上向明之志。久而行之，是以眾皆信之，同初六，六二合同上進，終有眾允之象而占者悔亡也。占得此爻要深知六三雖不中正，但若能順上向明，結合坤卦三陰爻好好的奮鬥，言寡尤，行寡悔，終可悔亡，漸漸的上行趨離明。即能嚮明而治。
卦	離上坤下
卦名	晉（晉晝也）
爻辭	九四。晉如鼫鼠。貞厲。

象傳	象曰。鼫鼠貞厲。位不當也。
註	九四。不中正。當晉之時竊近君位之佞臣（鼫鼠之臣，才不堪其位之臣），性好貪而忌人。就算有位亦危矣。占得此爻告誡鼫鼠之臣，荀子勸學篇叫牠「梧鼠」說梧鼠五技而窮。能飛不能上屋，能緣不能窮木，能游不能渡谷，能穴不能掩身，能走不能先人。後人以之比喻人技多才小而不適於應用。即才不堪其位之臣。雖是國家所任，仍致獲咎。
卦	離上坤下
卦名	晉（晉晝也）
爻辭	六五。悔亡。失得勿恤。往吉。無不利。
象傳	象曰。失得勿恤。往有慶也。
註	六五柔中為自昭明德之主。天下臣民莫不順而麗之。是以事皆無悔亡，而心不累於得失，持此以往，吉無不利也。占者有是德，斯應是占矣。占得此爻告示，為政者要先養不患得患失的器量，中以行正，廓然大公，如此以往吉而有慶也。有善不一定有慶，有慶必有善也。
卦	離上坤下
卦名	晉（晉晝也）
爻辭	上九。晉其角。維用伐邑。厲吉無咎。貞吝。
象傳	象曰。維用伐邑。道未光也。
註	上九明已極矣。又當晉卦之終，前無所進。此心維繫戀乎六三所應之陰私。用以伐邑，其道本不光明。然理若可伐而伐之，事雖危厲，終可無咎。但雖邑所當伐，其事固貞，亦可羞矣。故戒占者以此。占得此爻要知其深意，人有繫戀之私就容易走上絕路。就算做理當做的事，亦為羞吝。何況是於理不符或是非必要做的事，將造成內部爭鬥之害。政治為什麼黑暗，人性為什麼轉惡？就是因為人有了繫戀之私，執之不去。

卦	坤上離下 ䷣ 地火明夷
卦名	明夷（明夷誅也）
序卦	進必有所傷。故受之以明夷。夷者。傷也。
卦辭	明夷。利艱貞。
彖傳	彖曰。明入地中。明夷。內文明而外柔順。以蒙大難。文王以之。利艱貞。晦其明也。內難而能正其志。箕子以之。
象傳	象曰。明入地中。明夷。君子以蒞眾。用晦而明。
註	明夷。明受傷了，以國家而言，昏庸殘暴的混蛋為君，當權有勢之時，賢者仍需艱難委曲，以守其貞正。為的是要保國家社稷。是以自晦其明以避禍。占得此卦要效法文王以內文明而外柔順，以渡過關天下之難。效法箕子艱貞不移，不失其正又不顯其正，能明智保身。賢者遭逢明夷的凶險之境要親民、愛民。內不失己，外晦其明，艱守正道，俟機渡險。
卦	坤上離下
卦名	明夷（明夷誅也）
爻辭	初九。明夷于飛。垂其翼。君子于行。三日不食。有攸往。主人有言。
象傳	象曰。君子于行。義不食也。
註	初九陽明在下。當傷之時，有飛而垂翼之象。占者不唯方行，而有不食之厄。此其時所遭逢之逆境，如言語之譏，不可得而避者。安其義命方行。占得此爻要警惕，在凶險的環境得俟機速離，像鳥飛去之速，連垂翼的工夫都沒有。三天不吃飯都沒關係。別人批評，譏諷都不要管他，見機而作，不吃這碗安定的飯。
卦	坤上離下
卦名	明夷（明夷誅也）
爻辭	六二明夷。夷於左股。用拯馬壯吉。
象傳	象曰。六二之吉。順以則也。

註	六二中正為離明之主，文明君子傷於昏暗之君，夷於左股，言傷之猶未重，為以去暗君，言用健壯之馬以救，則吉矣。（健壯之馬，即營救的方法如賄賂珍寶、美女。如割地、利益交換……等。）占得此爻要知營救六二之賢，因六二內文明而外柔順，行止依法則。值得救之以匡正亂世。
卦	坤上離下
卦名	明夷（明夷誅也）
爻辭	九三。明夷於南狩。得其大首。不可疾貞。
象傳	象曰。南狩之志。乃大得也。
註	九三剛明之臣，上六昏暗之君。革命必須俟時，如天命未絕，人心尚在，猶為君臣。伐暴救民，其事正也，故不可疾，唯在於貞（天下有道，得其民心也）。占得此爻要深知革命要先得民心，要俟時而行。否則僅以暴去暴安得向明而治之南狩之志。
卦	坤上離下
卦名	明夷（明夷誅也）
爻辭	六四。入於左腹。獲明夷之心。于出門庭。
象傳	象曰。入於左腹。獲心意也。
註	六四陰柔得正，與上六同體。已於幽暗之中，得昏暗之主暴虐之心意。故有入腹獲心之象。知其無道必亡天下，不可輔矣。於是遯去。占者得此亦當遠去也。占得此爻告誡我們要有識時勢，辨是非之明。但反過來說對於昏暗殘暴之主而言，左近之人就是壞你之人。
卦	坤上離下
卦名	明夷（明夷誅也）
爻辭	六五。箕子之明夷。利貞。
象傳	象曰。箕子之貞。明不可息也。
註	六五近至闇之君。然有柔中之德也。晦其明而正其志，佯狂受辱也。居明夷如箕子。乃貞之至也。故占者利於貞。占得此爻要深知明夷利晦其明而正其志。千萬記住明可晦不可息，要長存不息於內。裝瘋賣傻以晦其明是可以的。但明若息了，那可就真糊塗了。

卦	坤上離下
卦名	明夷（明夷誅也）
爻辭	上六。不明晦。初登於天。後入於地。
象傳	象曰。初登於天。照四國也。後入於地。失則也。
註	上六為明夷之主，以陰居坤土之極。昏闇之至者。以初則尊為天子，居可傷人之勢。專以傷人之明為事。終則自傷而失天命。欲為匹夫而不可得矣。失則以德言，以傷人為事，失君之則矣。是以自取滅亡。占得此爻其象之凶可知矣。陳前總統啊！最後想做平民也不可得啊。上天要毀滅一個人一定會給他很多次的機會。一再蹉跎，是以自取滅亡。上對不起父母的栽培，中對不起全黨同志先進的牽成。下對不起全民的付託。真是可惜了。

卦	巽上離下 ䷤ 風火家人
卦名	家人（家人內也）
序卦	傷於外者。必反其家。故受之以家人。
卦辭	家人。利女貞。
彖傳	彖曰。家人。女正位乎內。男正位乎外。男女正。天地之大義也。家人有嚴君焉。父母之謂也。父父、子子。兄兄、弟弟。夫夫、婦婦。而家道正。正家而天下定矣。
象傳	象曰。風自火出。家人。君子以言有物而行有恆。
註	家人。利女貞。蓋女貞乃家人之本，治家之先務。正雖在女，而其所以正之者。則在丈夫。亦即女正乎內，男正乎外。正即卦辭之貞也。一家之中先要有最值得尊敬的父母。使家中的成員各盡其份，各素其位。而後家道正。正家而天下定矣。占得此卦要知齊家為治國之本。齊家以禮，治國以法。以禮使之成員素其位，盡其份。父慈子孝，兄友弟恭，夫義婦順。其言顧行，行有恆，則行顧言。言行合一則身修家齊。

卦	巽上離下
卦名	家人（家人內也）
爻辭	初九。閑有家。悔亡。
象傳	象曰。閑有家。志未變也。
註	閑者防也，闌也。初九以離明陽剛，則有整肅威如之吉。所以有閑家之象。以是而處家，則有以潛消其一家之瀆亂，而悔亡矣。占得此爻要知道，一家之風氣要養正，閑邪存誠家風不閑，心志易變。所以古時三姑六婆不准到大家庭嚼舌根，是有它的用意。
卦	巽上離下
卦名	家人（家人內也）
爻辭	六二。無攸遂。在中饋貞吉。
象傳	象曰。六二之吉。順以巽也。
註	六二柔順中正，女之位正乎內者。男主外，女主內之意。一個家庭男人得負起養家之責，給予家人穩定安適的環境。女人在家有兩大責任，一為承嗣，教養保護孩子。二為中饋，照顧全家飲食起居。女人發揮女人的特質，以柔順的中德將家人融合在一起。占者如是貞則吉矣。
卦	巽上離下
卦名	家人（家人內也）
爻辭	九三。家人嗃嗃。悔厲。吉。婦人嘻嘻終吝。
象傳	象曰。家人嗃嗃未失也。婦人嘻嘻。失家節也。
註	處家之道當威愛並行。九三一家之主過剛戒之在威而乏愛，使婦、子不能堪。致有悲怨之聲，則一家乖離。反失處家之節。 占得此爻要知，一家之主雖要嚴厲管事使家中倫序整齊能漸趨於吉。但不可太過，不唯悔厲。而終至於吝矣。切記之。

卦	巽上離下
卦名	家人（家人內也）
爻辭	六四。富家大吉。
象傳	象曰。富家大吉。順在位也。
註	六四以柔順之體得其位。經歷了初爻能閑家。二爻位乎內而主中饋。三爻位乎外而治家之嚴。家豈不富。四爻又以巽順保其所有。唯亨其富，豈不大吉。是以有富家之象。而占者大吉也。

卦	巽上離下
卦名	家人（家人內也）
爻辭	九五。王假有家。勿恤。吉。
象傳	象曰。王假有家。交相愛也。
註	九五。剛健中正。蓋身修，家齊。家正而天下治者也。不憂而吉可知矣，占得此爻做丈夫的要知道，在太太，子女面前得有樣子，受到他們的尊敬。即君子懷型。家中成員互敬互愛，所以無憂恤而能吉。長輩告訴我們，做丈夫的能讓妻，子尊敬你，就成功了。

卦	巽上離下
卦名	家人（家人內也）
爻辭	上九。有孚威如。終吉。
象傳	象曰。威如之吉。反諸身也。
註	上九以剛居上能柔人之終故吉。正家長久之道就在於能有孚，家人至誠對待。能威如，家風整齊有序。占得此爻要深知處家之道，貴在反諸身也。即有規矩，守分際。俗云：「居不容，居不容。」居家不要偽裝要誠心以對。禮勝則離（虛偽，擺架子）。樂勝則流（太隨便，沒大沒小的）。

卦	離上兌下 ䷥ 火澤睽
卦名	睽（睽外也）
序卦	家道窮必乖。故受之以睽。睽者乖也。
卦辭	睽。小事吉。
彖傳	彖曰。睽。火動而上。澤動而下。貳女同居。其志不同行。說而麗乎明。柔進而上行。得中而應乎剛。是以小事吉。天地睽而其事同也。男女睽而其志通也。萬物睽而其事類也。睽之時用大矣哉。
象傳	象曰。上火下澤。睽。君子以同而異。
註	睽。乖異也。卦體上離火炎上。下兌澤潤下。其性相違。睽。兌說離明。說麗乎明。柔進而上行者。說麗明則有德。進乎五則有位。應乎剛則有輔。性雖反而正適其用，此乃對待之用也。所以能事同（相輔相成），知始做成。化育萬物。能志通。夫唱婦隨，交感情通。能事類。聲應氣求，隨機感應。天地不睽，不能成造化。男女不睽，不能成人道。萬物不睽，不能成物類。此其時用所以大也。占得此卦要體會，睽是家道窮致乖離了正道。要趨吉反正，則要能說而麗乎明，順應物性異中求同，體異而用同，以人事而言就是擇明之難啊。異中求同之後進而同中求異。就是建立了倫理（禮）之本。這是中國人的禮法智慧。
卦	離上兌下
卦名	睽（睽外也）
爻辭	初九。悔亡。喪馬勿逐自復。見惡人無咎。
象傳	象曰。見惡人。以辟咎也。
註	初九當睽乖之時。上無應援。然陽剛得正。故占者悔亡。但時當睽，不可強求人之必合。故必去者不追。唯聽其自還。來者不拒。雖惡人亦見之。此善於處睽者也。占得此爻要深知，在睽的環境，過去的不必強留，自己有用，別人終會自復。誰來了都見，不要有分別心，廣結善緣以辟睽乖之咎。
卦	離上兌下
卦名	睽（睽外也）
爻辭	九二。遇主於巷。無咎。

象傳	象曰。遇主於巷。未失道也。
註	九二以剛中而居兌體。上應六五之君。當天下睽乖之時，君主柔弱，國勢毀折。非但君擇臣，臣亦擇君之時。君臣相遇於巷得賢明之人以輔，得以濟睽。周公許其無咎。孔子許其未失道也。占得此爻要體會非常之時要唯變所適。
卦	離上兌下
卦名	睽（睽外也）
爻辭	六三。見輿曳。其牛掣。其人天且劓。無初有終。
象傳	象曰。見輿曳。位不當也。無初有終。遇剛也。
註	六三不中不正。上應上九，欲與之合。然當睽之時。上下皆不正，上九亦欲相合。曳掣不能行。故無初之象。然陰陽正應。初雖睽乖而終得合也。占得此爻要自知，有危難要求人，要遇剛，（公而無私也） 雖因位不當而無初（沒有好的開始），但終得和合。
卦	離上兌下
卦名	睽（睽外也）
爻辭	九四。睽孤。遇元夫交孚。厲無咎。
象傳	象曰。交孚無咎。志行也。
註	九四以陽剛，當睽之時，左右之鄰皆陰柔小人。有孤立而無助，睽孤之象也。然九四性本離明。知初九為大人君子。與之同德，誠心交往。更能居安思危。終能無咎而遂行心志。占得此爻要知道，處睽孤之時要誠心交結具才德之士，居安思危，一切都是為了士尚志，為了志能行而難可濟也。有多少能力就做多少事。
卦	離上兌下
卦名	睽（睽外也）
爻辭	六五。悔亡。厥宗噬膚。往何咎。
象傳	象曰厥宗噬膚。往有慶也。

註	六五當睽之時。以柔居尊位，有悔之象。然質本文明，柔進上行。有柔中之德，下應剛中之賢。虛己下賢故悔可亡矣。上下如此相應，其合甚易如噬膚之柔。占得此爻得知以是而往，睽可濟故有慶。
卦	離上兌下
卦名	睽（睽外也）
爻辭	上九。睽孤。見豕負塗。載鬼一車。先張之弧。後說之弧。匪寇婚媾。往遇雨則吉。
象傳	象曰。遇雨之吉。群疑亡也。
註	上九以陽剛處明終睽極之位，猜疑難合。故為睽孤。上九之孤，自孤也。因猜疑而孤也。與六三爻本為正應，然六三承乘皆不正之陽，陰居陽位又不當位。始雖睽孤，終而群疑亡又復相合故有此象。往遇雨有陰陽相合，婚媾之象也。占得此爻要體會在明終睽極之時位，一定得群疑去除，誠心相合，可趨吉避凶，占者如是則吉。

卦	坎上艮下 ䷦ 水山蹇
卦名	蹇（蹇難也）
序卦	乖必有難。故受之以蹇。蹇者難也。
卦辭	蹇。利西南。不利東北。利見大人。貞吉。
彖傳	彖曰。蹇難也。險在前也。見險而能止。知矣哉。蹇利西南。往得中也。不利東北。其道窮也。利見大人。往有功也。當位貞吉。以正邦也。蹇之時用大矣哉。
象傳	象曰。山上有水。蹇。君子以反身修德。
註	蹇卦卦象。山上有水，為山所阻，不得流行，蹇之意也。唯反身修德，亦能以誠動物此善於濟蹇者也。見險能止，不冒其險。明哲保身，不其智哉。反身修德待時而行，利於從有才德有位之賢，往前奮鬥定有功也。占得此卦體會處蹇之時如何因應，能如是蹇可濟，功可成也。

卦	坎上艮下
卦名	蹇（蹇難也）
爻辭	初六。往蹇來譽。
象傳	象曰。往蹇來譽。宜待也。
註	初非濟蹇之位，六居初為失位更非濟蹇之才。故有進而往則冒其蹇。退而來則來其譽之象。夫子曰：「才難」具治國之能的政治之才幹者，難求啊！占者遇此當有所待也。待其時之可進也。
卦	坎上艮下
卦名	蹇（蹇難也）
爻辭	六二。王臣蹇蹇。匪躬之故。
象傳	象曰。王臣蹇蹇。終無尤也。
註	王者九五也，臣者六二也。六二當國家蹇難之時，主憂臣辱。故有王臣蹇蹇之象。然六二柔順中正，能拼了老命事君，故有匪躬之象。力雖不濟，心已捐生有何所尤。占得此爻，不論成敗利鈍，盡忠職守而已。初六以不往為有譽。六二以匪躬為無尤。差別在於初六無位，六二當位。當位者自應盡忠職守。
卦	坎上艮下
卦名	蹇（蹇難也）
爻辭	九三。往蹇來反。
象傳	象曰。往蹇來反。內喜之也。
註	來反者。親比於人之象也。九三陽剛得正，當蹇之時與上六為正應。但為九五所隔。故來反而比於六二。合六二之巽順及九三之剛明。可以成濟蹇之功矣。占得此爻要深得其意，巽德，明德相合方可濟蹇。內卦六二之陰樂於從陽，故有內喜之象。

卦	坎上艮下
卦名	蹇（蹇難也）
爻辭	六四。往蹇來連。
象傳	象曰。往蹇來連。當位實也。
註	六四近君當濟。然以陰柔之才，無撥亂與衰之略，於是來連於九三。合力以濟其象如此，占者凡事親賢而後可。人要有自知之明方能親賢，以陽實合陰虛以為用。有才有位足以有為。可以濟蹇矣。
卦	坎上艮下
卦名	蹇（蹇難也）
爻辭	九五。大蹇。朋來。
象傳	象曰。大蹇朋來。以中節也。
註	九五居尊。有陽剛中正之德，當蹇難之時，下應六二。自上而下應之為來。六二又得九三之來反，六四又來連於九三，如此應乎朋而來碩。比乎朋而來連。皆翕然並至，以共濟其蹇矣。故有大蹇朋來之象。占者有是德方應是占也。占得此爻要體認國有大難能有朋自外來，是因為領導人有剛健之中德，足以聯屬之。有九五之尊位足以節制之。所以能大蹇朋來。
卦	坎上艮下
卦名	蹇（蹇難也）
爻辭	上六。往蹇來碩吉。利見大人。
象傳	象曰。往蹇來碩。志在內也。利見大人。以從貴也。
註	上六。才柔不能濟蹇，且居卦極往無所之。然正應於九三，而九三則陽剛得位。眾之所歸。故得九三即得眾矣。上六內應九三，外從九五之貴也。占得此爻要明察，要有所用，必有所司，司必有事。沒位得要聯合同志尚賢而嚴分。

卦	震上坎下 ☳☵ 雷水解
卦名	解（解緩也）
序卦	物不可以終難。故受之以解。解者緩也。
卦辭	解。利西南。無所往。其來復吉。有攸往夙吉。
象傳	彖曰。解。險以動。動而免乎險。解。解利西南。往得眾也。其來復吉。乃得中也。有攸往夙吉。往有功也。天地解而雷雨作。雷雨作。而百果草木皆甲折。解之時大矣哉。
象傳	象曰。雷雨作。解。君子以赦過宥罪。
註	解者，難之散也。居險能動，則出於險之外矣。解之象也。蹇止解動，解卦震坎位於東北。利西南。有攸往夙吉。皆告之動能得吉也。人處於不順之時愈要動。俗云：人越挪越活，樹越挪越死。依卦象及天地氣化運行之道，冬去春到，陰陽交泰，則氣解而雷雨作動。百果草木皆因時至嫩芽脫殼而發，天地之所以行化成之功。時至而不失，此解之時也，所以為大。就人事而言赦過宥罪（無心失理之謂過。恕其不及，而赦之不罰。有心為惡之謂罪。矜其無知，而宥之從輕）。天地以雷雨交作以解萬物之屯。君子以赦過宥罪以解萬民之難。占得此卦體會天地仁恕之心，難可得解緩之意。
卦	震上坎下
卦名	解（解緩也）
爻辭	初六。無咎。
象傳	象曰。剛柔之際。義無咎也。
註	初六以柔在下，上應九四陽剛，以濟其不及。交相為用，則剛柔皆不過，而所事皆得宜也。占得此爻要知，難解之始宜安靜休息。陰陽比附，同心和合，事皆得宜矣。
卦	震上坎下
卦名	解（解緩也）
爻辭	九二。田獲三狐。得黃矢。貞吉。
象傳	象曰。九二貞吉。得中道也。

註	九二陽剛得中。上應六五之君，為之信任，於國家大難方解之後，蓋有舉直錯諸枉之權。退小人而進君子者也。故能去狐媚，得中直之士。故有田獲三狐，得黃矢之象。正而且吉。占得此爻要深知，國之田獲有三意即以田獵之舉之獲來祭祀，敬天祭祖。來訓練國防。來提供餐食。率士除國奸，子率以正，孰敢不正。利有攸往既正且吉之象也。
卦	震上坎下
卦名	解（解緩也）
爻辭	六三。負且乘。致寇至。貞吝。
象傳	象曰。負且乘。亦可醜也。自我致寇。又誰咎也。
註	六三陰柔不中不正，然乘九二，乃小人竊居高位。才不堪其位，終必失之者也。故有負乘致寇之象。占得此爻雖正亦可羞也。縱然是在上位者擢升之，因委派不當之人，致自招其咎，非人之咎也。
卦	震上坎下
卦名	解（解緩也）
爻辭	九四。解而拇。朋至斯孚。
象傳	象曰。解而拇。未當位也。
註	九四近君之位。當大臣之任。九二與九四皆有陽剛之德故曰朋。但九四比於六三，間於負乘之小人。則君子之朋安得而至。唯解去小人，則君子之朋自至而孚信矣。占得此爻要戒之，能遠小人而親賢者，方可解難。
卦	震上坎下
卦名	解（解緩也）
爻辭	六五。君子維。有解。吉有孚于小人。
象傳	象曰。君子有解。小人退也。
註	維者繫也。孚字，君子者。指九四與九二也。六五以陰居尊位。近比於九四，又與九二為正應。皆陽剛之君子也。六五若虛中下賢。誠心維繫。非但君子，亦能孚信於小人。而小人自退矣。所以有解而吉之意。故教占者必如此，可成解難之功。

卦	震上坎下
卦名	解（解緩也）
爻辭	上六。公用射隼于高墉之上。獲之無不利。
象傳	象曰。公用射隼。以解悖也。
註	上六柔順得位，當動極解終之時，蓋能去有所憑依之小人者也。故有公用射隼於高墉。而獲之象。占得此爻，則悖逆之大患，解之已盡矣（除惡務盡）故無不利。悖道者，悖於團體之人。團體不宜可辭職，但不可革命。國家不好可革命，國家興亡匹夫有責。

卦	艮上兌下 ䷨ 山澤損
卦名	損（損減也）
序卦	緩必有所失。故受之以損。
卦辭	損。有孚元吉。無咎。可貞。利有攸往。曷之用。二簋可用享。
彖傳	彖曰。損。損下益上。其道上行。損而有孚。元吉無咎。可貞。利有攸往。曷之用。二簋可用享。二簋應有時。損剛益柔有時。損益盈虛。與時偕行。
象傳	象曰。山下有澤。損。君子以懲忿窒慾。
註	卦象澤深山高。損其深以增其高。深澤方顯山高，此損之象也。凡曰損，本拂人情之事。或過或不及。或不當其時，皆非正理。非有孚則不吉。有咎。非可貞之道。不能攸往矣。當損之時有孚至誠祭享鬼神，其禮至薄亦無害也。損卦非常道也，有孚並因時而用。蓋天下之理。不過損益盈虛而已。昇平之世二簋以祭太吝，然亂世之時欲以二簋祭祀尚不可得，故知非其時則吝，於損之時則不吝。在人事而言處損之時務必戒怒，寡慾。身心修行。占得此卦要深知損而有孚可有元吉。無咎。可貞。利有攸往之四善。因時而用，財散而民可聚矣。

卦	艮上兌下
卦名	損（損減也）
爻辭	初九。已事遄往。無咎。酌損之。
象傳	象曰。已事遄往。尚合志也。
註	初九陽剛與六四陰柔相應。當損之時，初以益四故有已事遄往之象。占得此爻，固無咎矣。然損剛益柔，有時不可以驟損。必斟酌（斟酌自己的量）而後損也。許其無咎。而又戒之以此。
卦	艮上兌下
卦名	損（損減也）
爻辭	九二。利貞征凶。弗損益之。
象傳	象曰。九二利貞。中以為志也。
註	九二剛中，中則正矣，安於中德以自守未有不利者也。征者。不守其剛中之德。而有所往則流於不中不正矣。所以凶也。占得此爻要深切體會九二剛中當損之時，志在自守。弗損。貞之道也。以守中道為己志，己位已正，不可投君上之惡，損及中德，不吉反凶。切要以守中道為己志。
卦	艮上兌下
卦名	損（損減也）
爻辭	六三。三人行。則損一人。一人行。則得其友。
象傳	象曰。一人行。三則疑也。
註	六三不中不正，正於損益上下交接之爻。陰陽剛柔相得則專。三則雜亂，損其有餘。一則得友，益其不足也。占得此爻事當致一，陰陽，剛柔兩相交。配合而專一。有疑就得損之。在人事而言，切不要存以己度人之心術。必即損去之。
卦	艮上兌下
卦名	損（損減也）

爻辭	六四。損其疾。使遄有喜。無咎。
象傳	象曰。損其疾。亦可喜也。
註	六四陰柔得正。與初九為正應。賴其陽剛益己。而損其疾。使初九能遄往，則六四得損其疾。而有喜無咎也。占得此爻貴知六四能即時改過，方得初九與之正應以剛益柔。做人處事亦是如此，不靠著別人原諒，而是要自己即速改過以吸引朋友願意相助。過則勿憚改是本爻精義所在，亦是無咎可喜之由。
卦	艮上兌下
卦名	損（損減也）
爻辭	六五。或益之。十朋之龜。弗克違。元吉。
象傳	象曰。六五元吉。自上佑也。
註	六五當損之時，柔順虛中以應九二。九二縱有不期而至之大利益，亦不違中德之守。占者得此元吉可知。占得此爻要知以中德相應是經得起考驗的，不是嘴上說說而已。當有大利益予與，都不能違背我們的操守。必有是德，方有是應。本爻更提示六五在上位者。當損之時若能柔順虛中，損已益賢，必得中德相應。元吉可知。
卦	艮上兌下
卦名	損（損減也）
爻辭	上九。弗損益之。無咎貞吉。利有攸往。得臣無家。
象傳	象曰。弗損益之。大得志也。
註	上九居艮之極，必止之不損下益上。上九不損下而自益，是即益下也。如此上下無私，所以大得志也。占得此爻利有攸往。財散民聚，人民懷惠，公而忘私，豈不大得志矣。

卦	巽上震下 ䷩ 風雷益
卦名	益（益增也）
序卦	損而不已。必益。故受之以益。
卦辭	益。利有攸往。利涉大川。
彖傳	彖曰。益。損上益下。民說無疆。自上下下。其道大光。利有攸往。中正有慶。利涉大川。木道乃行。益動而巽。日進無疆。天施地生。其益無方。凡益之道。與時偕行。
象傳	象曰。風雷益。君子以見善則遷。有過則改。
註	益。損上益下，惠澤於民。國之政事在上位者能損上以益下，則並上亦益矣。民益君益，如大自然中風益雷勢，雷益風威。雷威所及，八方皆應，故其益無方。上下交相益，憑藉著巽（遜）通以動。所以利有攸往，能日進無疆。占得此爻要知損益都得與時，損減益增以平衡用中之理化育萬物。在人事而言，有善而速從則過益寡。有過而速改則善益增。
卦	巽上震下
卦名	益（益增也）
爻辭	初九。利用為大作。元吉無咎。
象傳	象曰。元吉無咎。下不厚事也。
註	初九陽剛在下為動之主與六四相應受上之益為所信任。然位卑任重，則有所不堪者。必其所做的事，周悉萬全，方可無咎。不負六四之信任。占得此爻要深刻了解位卑任重，為事必須設想週到效法坤卦之德，無初有終，不誇己功，終能為民興利。成以上益下之功。
卦	巽上震下
卦名	益（益增也）
爻辭	六二。或益之。十朋之龜。弗克違。永貞吉。王用亨於帝吉。
象傳	象曰。或益之。自外來也。

註	六二當益之時，虛中處下，全心全力與九五相應。事君一本無求益之心。而自得君上之寵益。占者必如是方吉。占得此爻要知以下事上要放空求益之心更戒以永貞，堅定不渝。如是方吉。
卦	巽上震下
卦名	益（益增也）
爻辭	六三。益之用凶事。無咎。有孚中行。告公用圭。
象傳	象曰。益用凶事。固有之也。
註	六三陰柔不中不正。又居內卦之極。然當益下之時，故有受上之益，而行凶事。占得此爻可以無咎。如何為之？必當有孚誠信。以中道可行之事告於公。六三與上九相應，受上之益而用行凶事，例如出征，如賑災等事，辦的不妥當就成了凶事。六三定要以無私的心開誠佈公的去執行。終可無咎的。
卦	巽上震下
卦名	益（益增也）
爻辭	六四。中行告公。從利用。為依遷國。
象傳	象曰。告公從。以益志也。
註	六四陰居正位。有益下之志，與初九相應。又有益下之權。若初九以中道可行之事告於六四。而六四從之並上下協謀。遷國安民亦無不利。在在都以益下為志必無不利。知人知事為智。智而行之為勇。行而得中為仁。占得此爻交相益。
卦	巽上震下
卦名	益（益增也）
爻辭	九五。有孚惠心。勿問元吉。有孚惠我德。
象傳	象曰。有孚惠心。勿問之矣。惠我德。大得志也。
註	九五。陽德中正為益下之主。當益之時，以益下之惠心，充分信任，受權交六四執行。不必問而知元吉矣。這是領袖學。施政之善在己。何必問百姓。占得此爻可知以此行之可大得益下之志也。

卦	巽上震下
卦名	益（益增也）
爻辭	上九。莫益之。或擊之。立心勿恆凶。
象傳	象曰。莫益之。偏辭也。或擊之。自外來也。
註	上九以陽剛居益卦之極。極則變而不益矣。故有莫益或擊之之象。其關鍵在於益民之心，立心無恆。占得此爻要深知，益民不已，則日進無疆。其益無方。所以立心當恆。若不恆，則不能益而不已，反由吉轉凶。愛民養民若有差別待遇就會遭致反對。吉凶悔吝繫於一心。

卦	兌上乾下 ䷪ 澤天夬
卦名	夬（夬決也）
序卦	益而不已必決。故受之夬。夬者決也。
卦辭	夬。揚於王庭。孚號有厲。告自邑。不利即戎。利有攸往。
彖傳	彖曰。夬。決也。剛決柔也。健而說。決而和。揚於王庭。柔乘五剛也。孚號有厲。其危乃光也。告自邑。不利即戎。所尚乃窮也。利有攸往。剛長乃終也。
象傳	象曰。澤上於天。夬。君子以施祿及下。居德則忌。
註	夬者決也。陽決陰也。然一陰位居眾陽之上，得志放肆在君側，君上聽信不疑，此等小人是何等的難以決除。不可直接攻伐，要採取健而說（悅），決而和。這是對付強勢敵人的不二法門。以誠信號召天下，施祿及下。不以能者，有德者自居，在時機尚未成熟之前健而不怯，以容其惡，溫涼水裡煮青蛙。以和平漸進的方式，破除障礙，終可在反擊力道最少的狀況下去除奸惡。占得此卦要瞭解去奸除惡在主客觀條件不具足之前一定要忍住。這是夬卦的精要。
卦	兌上乾下

卦名	夬（夬決也）
爻辭	初九。壯於前趾。往不勝為咎。
象傳	象曰。不勝而往。咎也。
註	初九當夬之時，位卑又無應與，恃剛而往，欲決小人必無成反得咎。占得此爻可知失敗在於不自量力冒然行動必得咎。
卦	兌上乾下
卦名	夬（夬決也）
爻辭	九二。惕號。莫夜有戎。勿恤。
象傳	象曰。有戎勿恤。得中道也。
註	九二當夬之時。以剛居柔又得中道。故能日夜警惕，有備有輔，所以不用擔心。占得此爻做好準備，俟時而行。
卦	兌上乾下
卦名	夬（夬決也）
爻辭	九三。壯於頄有凶。君子夬夬。獨行遇雨。若濡有慍。無咎。
象傳	象曰。君子夬夬。終無咎也。
註	九三。當夬之時，以剛居剛，又與上六小人為正應。以致見恨於同類之君子。嗔其與小人相合，以致有凶。然九三決小人之心堅決，而不與之正面衝突。終能成其決除小人之謀也，占者如是則能免凶而無咎矣。這就是彖傳所言：健而說（悦）。夬而和的精義所在。
卦	兌上乾下
卦名	夬（夬決也）
爻辭	九四。臀無膚。其行次且。牽羊悔亡。聞言不信。
象傳	象曰。其行次且。位不當也。聞言不信。聰不明也。

註	九四。以陽居陰。不中不正，有臀無膚，行不進。而不能決小人之象。故教占者能牽連眾陽同進，決除小人。則可以亡其不進之悔。但九四位不當，行不正，終不能堅決的除惡，最後主要的原因在於聞言不信，聰不明也。占得此爻戒之在此。
卦	兌上乾下
卦名	夬（夬決也）
爻辭	九五。莧陸夬夬。中行無咎。
象傳	象曰。中行無咎。中未光也。
註	九五當夬之時，為夬之主，本居中得正，可以決小人。但比於上六，不免溺於其私。因一時溺愛之心復萌，則決之不勇矣。占得此爻必要堅定除惡務盡之心，如清除莧草連根拔起，土都翻了，可無咎矣。心有所私，致除惡未斬其根，令有潛滋暗長之虞。戒之戒之。
卦	兌上乾下
卦名	夬（夬決也）
爻辭	上六。無號。終有凶。
象傳	象曰。無號之凶。終不可長也。
註	上六一陰當權之時，有九三相應有九五相比。然至夬卦之極，群陽夬陰，上六位孤無應終有凶。占得此爻要牢記，雖是五陽夬一陰，仍要益而不已，健而說，決而和。

卦	乾上巽下 ䷫ 天風姤
卦名	姤（姤遇也，柔遇剛也）
序卦	決必有所遇。故受之以姤。姤者遇也。

卦辭	姤。女壯。勿用取女。
彖傳	彖曰。姤遇也。柔遇剛也。勿用取女。不可與長也。天地相遇，品物咸章也。剛遇中正。天下大行也。姤之時義大矣哉。
象傳	象曰。天下有風。姤。后以施命誥四方。
註	姤卦一陰生於五陽之下，陰至微矣。一陰遇五陽有女壯之象。戒占者勿用取女。以其女德不貞，絕不能長久，不能從一而終也。然天下事非皆如此，陰陽不期而遇，這一遇之間有善有不善。或治或亂。或成或敗。或窮或通。皆不可偽為而求姤遇。唯其遇而已。時當相遇莫之為而為。人之為道遠人。卦象，風行天下，物無不遇，姤之象也。在施政而言，君上令教化於天下為民興利除害，如風與光，風之所致，光之所照無所不至。又如水之德，專平天下之不平。順時而行，時至而不失之，此為姤卦時義之大用也。
卦	乾上巽下
卦名	姤（姤遇也，柔遇剛也）
爻辭	初六。繫於金柅。貞吉。有攸往。見凶。羸豕孚蹢躅。
象傳	象曰。繫於金柅。柔道牽也。
註	初六。一陰始生。當遇之時，陰不當往遇乎陽。故教占者有繫於金柅之象，能如此則正而吉矣。若有所往立見其凶，故又有宜如小豕相遇，不肯前進之象。戒之深矣。為何要如繫於金柅使之前無所往呢？實在是因為陰柔牽乎陽，不易自控。所以特別告誡占者。姤為一陰五陽之卦，陰主動遇諸陽，還不大亂嗎？
卦	乾上巽下
卦名	姤（姤遇也，柔遇剛也）
爻辭	九二。包有魚。無咎。不利賓。
象傳	象曰。包有魚。義不及賓也。
註	一陰無二陽之理，況五陽乎？九二與初六本非正應。九二欲以陽包陰，故有包魚之象。占得此爻僅得無咎。然不可奉及於賓。賓者為與初六正應的九四也。會引起事端的。故曰不利賓。

卦	乾上巽下
卦名	姤（姤遇也，柔遇剛也）
爻辭	九三。臀無膚。其行次且。厲無大咎。
象傳	象曰。其行次且。行未牽也。
註	初六為九二所包。九三遇剛不中。隔九二未牽連乎初六，故難遇之。然相遇是亦無咎矣。九三。行雖未牽而且次之心尚存，占得此爻雖危厲而無大咎也。心有所愧，其行就次且。

卦	乾上巽下
卦名	姤（姤遇也，柔遇剛也）
爻辭	九四。包無魚。起凶。
象傳	象曰。無魚之凶。遠民也。
註	九四不中不正，當遇之時與初六為正應。初六亦陰柔不正，有為九二所包，故有包無魚之象。九二包有魚係九二與初六位不正然彼此皆欲相遇乃不正之遇，九四不平再與九二相爭豈不起凶哉。占得此爻戒在相爭，以男女交往而言，初六之女，陰柔不正，與九四相應，又為九二所包，近水樓台亂放電，俗語說包戶下處，已結私情闢了小公館。九四若惑於慾，起而與九二相爭，凶之象也。應好好的想想，為了陰柔不正的初六相爭，自己又居失位遠離的劣勢，真的要這樣做嗎？初六雖是凶象之主因，但吉凶悔吝的決定仍掌控在自己。

卦	乾上巽下
卦名	姤（姤遇也，柔遇剛也）
爻辭	九五。以杞包瓜。含章。有隕自天。
象傳	象曰。九五含章。中正也。有隕自天。志不捨命也。
註	九五居中得正，當遇之時有中正之德，居尊位。故有以杞包瓜含藏章美之象。如坤之德，含章可貞（才美不外現）並能志不捨天命，施命誥四方。猶天下之風，無物不相遇也。其相遇之大何如哉。占者有是德方應是占也，有是占者，有是德也。占得此爻吉無不利。

卦	乾上巽下
卦名	姤（姤遇也，柔遇剛也）
爻辭	上九。姤其角。吝無咎。
象傳	象曰。姤其角。上窮吝也。
註	上九居上卦之極。故窮，唯窮所以吝。當遇之時高亢過剛，不遇乎初，與九三不相應，與九五不相比。故有姤其角之象。吝之道也。然不近陰私，雖是無路可盡到頭了。亦可無咎。占得此爻以吝自持（以儉德自處）終可無咎。

卦	兌上坤下 ䷬ 澤地萃
卦名	萃（萃聚也）
序卦	物相遇而後聚。故受之以萃。萃者聚也。
卦辭	萃亨。王假有廟。利見大人。亨。利貞。用大牲吉。利有攸往。
彖傳	彖曰。萃聚也。順以說。剛中而應。故聚也。王假有廟。致孝亨也。利見大人。亨聚以正也。用大牲吉。利有攸往。順天命也。觀其所聚。而天地萬物之情可見矣。
象傳	象曰。澤上於地。萃。君子以除戎器。戒不虞。
註	萃卦講上下之德，結合群眾之道。萬物群聚而生，萃之象也，卦體上說下順。內順乎外，外說乎內。九五以剛中而下交，六二以柔中而上應。利於正，凡物當豐厚，凡事宜攸往，占得此卦者亨也。宗廟為團結人心，血脈相連之所。盡志以致其孝。盡物以致其亨。聚之以正，陽倡陰和。乾始坤生，天地之聚也。情交氣感，聲氣相求，萬物亦此聚也。天地萬物之情聚而現矣。聖人告之，聚眾先得除（治）去舊更新。小心謹慎防患不預之事發生。居安思危，有備無患。
卦	兌上坤下

卦名	萃（萃聚也）
爻辭	初六。有孚不終。乃亂乃萃。若號。一握為笑勿恤。往無咎。
象傳	象曰。乃亂乃萃其志亂也。
註	初六陰柔與九四為正應。占得此爻教占者要有孚堅固，主動親賢以手握之。以陰握陽雖不免為人所笑。然必勿恤。往而與九四為聚，無咎也。初六質本陰柔，急於欲萃。容易無法始終如一，故戒之自亂方寸。
卦	兌上坤下
卦名	萃（萃聚也）
爻辭	六二。引吉無咎孚。乃利用禴。
象傳	象曰。引吉無咎。中未變也。
註	六二中正。正應九五之中正。蓋同德相應者也。六二中德不變，故有引之（誠意專心）之象。占得此爻不唯吉而且無咎。人的誠心超過了豐盛的祭品。聚眾之卦，人人都得相互誠信，始終如一。領導人更是得永遠大公無私，無所偏倚方能吉而無咎。
卦	兌上坤下
卦名	萃（萃聚也）
爻辭	六三。萃如嗟如。無攸利。往無咎。小吝。
象傳	象曰。往無咎。上巽也。
註	六三陰柔，不中不正。當萃之時，欲萃者其本志也。但上與上六不相應故有嗟如無攸利之象。然若能往而從之，以我性順而從彼性悅。以能相聚可以無咎。但因已之陰柔不能萃剛明之人。而僅萃群小，亦有小吝之象。占得此爻意即陰柔之性未能誠孚。如交友不能推心置腹，故有小吝。道盡了人情的劣根。
卦	兌上坤下
卦名	萃（萃聚也）
爻辭	九四。大吉。無咎。

象傳	象曰。大吉。無咎。位不當也。
註	九四不中不正，本不吉，有咎。然位近九五之君，有相聚之權。率三陰以順而聚於九五。上悅下順。逢時位成故大吉，無咎。然大吉而僅言無咎，係位不當也。位不當者不中不正也，既不中正則大吉亦不吉，無咎亦終有咎。故占得此爻以之為戒，人雖逢時位成，必得端正鞏固，否則必如曇花一現短暫得很。
卦	兌上坤下
卦名	萃（萃聚也）
爻辭	九五。萃有位。無咎。匪孚。元永貞。悔亡。
象傳	象曰。萃有位。志未光也。
註	九五當天下之尊為萃之主。然與九四牽三陰相聚又私溺上六一陰。陽與陰聚，又悅又動又順又和樂。安能保其志之光明，故占得此爻要警惕，有位有勢更要能守善貞正，悔才會亡。否則誠信不足，中德不具，焉能結合群眾成其志業。
卦	兌上坤下
卦名	萃（萃聚也）
爻辭	上六。齎咨涕洟。無咎。
象傳	象曰。齎咨涕洟。未安上也。
註	上六處萃卦之終。求萃而不可得。唯痛哭流涕哀求於九五而已。故有此象。然憂思之過，危者必平。又遇九五，上溺陰私，所以無咎。占得此爻要自惕，居安都要思危，何況環境又不安。

卦	坤上巽下 ䷭ 地風升
卦名	升（升進而上也）
序卦	聚而上者謂之升。故受之以升。
卦辭	升。元亨。用見大人。勿恤。南征吉。
彖傳	彖曰。柔以時升。巽而順。剛中而應。是以大亨。用見大人。勿恤有慶也。南征吉志行也。
象傳	象曰。地中生木。升。君子以順德。積小以高大。
註	升者。聚而往上進者。居上親賢欲用則見之，故曰用見大人。賢德者嚮明而進，不必擔心，必有所成。升卦內巽外順，柔以時升，心不躁妄，行不悖理。具剛中之德，上下相應。是以元亨有慶，嚮明而進，其道之得行。卦象，地中生木，木是天天生，天天長。積小以成其高大。占得此卦貴在巽而順，精進不已。人要有愛心更要有毅力，前進再前進，積小以高大，是以志行亨通。
卦	坤上巽下
卦名	升（升進而上也）
爻辭	初九。允升大吉。
象傳	象曰。允升大吉。上合志也。
註	初六柔順，居初當升之時，與六四互信而合志。因柔與時升，皆欲升，初六又與上合志。故均以信而升。占得此爻必能聚而上升，故大吉。人無信絕不能成事。誠信又能與上互合心志是以大吉。
卦	坤上巽下
卦名	升（升進而上也）
爻辭	九二。孚。乃利用禴無咎。
象傳	象曰。九二之孚。有喜也。
註	九二陽剛居中上與六五柔順相應。蓋孚信之至者矣。故有利用薄祭，亦可交神之象。占得此爻必遂其生，喜其得升也。君臣相孚，豈止無咎，且有喜也。

卦	坤上巽下
卦名	升（升進而上也）
爻辭	九三。升虛邑。
象傳	象曰。升虛邑。無所疑也。
註	九三以陽剛之才。當升之時而進臨於坤。故有升虛邑之象。占得此爻，升而無疑者可知矣。以九三升六四。以實升虛。虛則不逼六五，故無所疑。
卦	坤上巽下
卦名	升（升進而上也）
爻辭	六四。王用亨於岐山。吉無咎。
象傳	象曰。王用亨於岐山。順事也。
註	六四以柔居柔。與六五同體。蓋順事乎五之至者也。故六五欲用乎九二。乃通乎六四以求之。故有王用亨於岐山之象。岐山指六四也。占得此爻吉而無咎也。因為六四柔以時升能順事乎六五也。
卦	坤上巽下
卦名	升（升進而上也）
爻辭	六五。貞吉升階。
象傳	象曰。貞吉升階。大得志也。
註	六五以柔居尊位，下應九二剛中之賢。乃通過六四以求之，貞而且吉也。九二當升之時，因六五用六四之求。即覲君而升階矣。占得此爻上下相孚有大得志之慶。
卦	坤上巽下
卦名	升（升進而上也）
爻辭	上六。冥升。利於不息之貞。

象傳	象曰。冥升在上。消不富也。
註	上六居升之極。乃昏於升而不知止者也。有冥升之象。占得此爻要切記，端正鞏固，順應天理。可以常升而不已。然若富貴利達，升其人慾之私，其升必有消長。盈者必虛，泰者必否。見其日消，而不見其長。故曰消不富也。

卦	兌上坎下 ䷮ 澤水困
卦名	困（困窮病也）
序卦	升而不已。必困。故受之以困。
卦辭	困。亨貞。大人吉。無咎。有言不信。
彖傳	彖曰。困。剛揜也。險以說。困而不失其所亨。其唯君子乎。貞。大人吉。以剛中也。有言不信。尚口乃窮也。
象傳	象曰。澤無水。困。君子以致命遂志。
註	處困能亨。則得其貞。然豈小人所能哉。必有學有守之大人能實踐躬行方得吉而無咎。占得本卦要知處困不力行不守貞正去自亨其道。唯欲以言求免於困。其人必不信而益困矣。險以說（悅）卦德也。處險而能悅，則是在困窮艱險之中，而能樂天知命，心不愧不怍。心則亨也。體察人情世故，不得志之人若不思積極改善，只會自怨自艾向人訴苦，誰會信其所言，看重其人。君子處困，不唯心不愧怍，自亨其道。更能為遂志而成仁取義。做到身困而志亨。
卦	兌上坎下
卦名	困（困窮病也）
爻辭	初六。臀困于株木。入于幽谷。三歲不覿。
象傳	象曰。入于幽谷。幽不明也。

註	困者，柔揜剛，小人困君子也。初六以陰柔之才，居坎陷之下。當困之時，上欲與九四相應，近欲與九二相比。亦欲以陰揜剛，而困君子矣。然才柔居下，故有困坐木根，入幽谷不得見九二，九四之象。占得此爻欲困君子不成，反自困，其境凶吝不明。
卦	兌上坎下
卦名	困（困窮病也）
爻辭	九二。困于酒食。朱紱方來。利用亨祀。征凶。無咎。
象傳	象曰。困于酒食。中有慶也。
註	九二以剛中之德，當困之時，其因守中德而為人君之所舉用。故有困於酒食，朱紱方來之象。占得此爻教占者處困之時要至誠以應之，雖凶亦可無咎。人最為了不起的是，在處困之時猶能至誠以應，有所為有所不為不變其中德，為物所遷。處凶亦能自亨其道。來夫子以南陽諸葛為例，困於酒食者，自耕隆中也。朱紱方來者，劉備三顧也。利用亨祀者，應聘輔漢也。征凶者。死而後已也。無咎者，盡君臣之義也。
卦	兌上坎下
卦名	困（困窮病也）
爻辭	六三。困于石。據于蒺藜。入于其宮。不見其妻凶。
象傳	象曰。據于蒺藜乘剛也。入于其宮不見其妻。不祥也。
註	六三陰柔不中不正。當困之時，又亦揜九二之剛而困君子矣。但居坎陷之極，所承所乘者皆陽剛。孤陰在於其間還要使壞。前困者如石之堅而無情。後據者又有芒刺。則有喪亡將至，一己之家且不能保之凶。占得此爻實因死不悔改，自陷己於絕境。
卦	兌上坎下
卦名	困（困窮病也）
爻辭	九四。來徐徐。困于金車。吝。有終。
象傳	象曰。來徐徐。志在下也。雖不當位。有與也。

註	來徐徐者。九四來於初六也。自上而下曰來。九四與初六為正應，但不中不正又不當位，故有徐徐而來於初之象。然又為九二所隔，故有困於金車之象。夫以陰困陽，九四不能自亨其道，猶志在於初六。固為可羞有吝之象。然九四陽有所與。知道自己在做什麼，終不會久為陰所困。占得此爻深知處困之時，擇善而固執，雖因時，位不當，推動得很困難，然志篤行堅雖吝有終。這都是極其不易的智慧與毅力。
卦	兌上坎下
卦名	困（困窮病也）
爻辭	九五。劓刖。困于赤紱。乃徐有說。利用祭祀。
象傳	象曰。劓刖。志未得也。乃徐有說。以中直也。利用祭祀。受福也。
註	九五為困卦之主。陽居中，上下居陰陽為陰揜。九五與九二，九四應與，然六三陰小與九四相比又揜九二，欺上瞞下，致九五，九四，九二諸陽上下俱刑傷。然九五中正而悅體。有才有為又守中正之德，豈能終於其困。盡其誠信，雖一時志未能得。終能脫困而受福。占得此爻要確知，當客觀形勢不利之時，要誠守中德，保有主觀力量，終能不受其困，轉危為安。
卦	兌上坎下
卦名	困（困窮病也）
爻辭	上六。困于葛藟。于臲卼曰動悔。有悔征吉。
象傳	象曰。困于葛藟。未當也。動悔有悔。吉行也。
註	上六陰柔。亦欲揜剛而困君子。然處困卦之極。反不能困剛而自困，故有困於葛藟，危而不安之象。占得此爻如誠能發其悔悟之心。去其陰邪之疾。摒棄揜剛，從吉而行。天下本無事，庸人自擾之，知時知位知所當行，助人者人恆助之，害人者陷己於險境。

卦	坎上巽下 ䷯ 水風井
卦名	井（井通也）
序卦	困乎上者。必反下。故受之以井。
卦辭	井。改邑不改井。無喪無得。往來井井。汔至亦未繘井。羸其瓶凶。
彖傳	彖曰。巽乎水而上水。井。井養而不窮也。改邑不改井。乃以剛中也。汔至亦未繘井。未有功也。羸其瓶。是以凶也。
象傳	象曰。木上有水。井。君子以勞民勸相。
註	井者地中之象也。水入於下而取於上，如汲水，以木承水而上，行其用也。水為民生之必需，故改邑不改井 井中之水濟人利物，往來用之不窮。故曰無喪無得往來井井。濟人利物如汲水，必須善用器物，方可將水取出以用，方盡其功用。若不加善用，不唯不得其水。並將汲水之具墜落於井，豈不有凶。為政者當教民養民，則民德日新。占得此卦要謹慎，按部就班不可操之過急唯變所適。
卦	坎上巽下
卦名	井（井通也）
爻辭	初六。井泥不食。舊井無禽。
象傳	象曰。井泥不食。下也。舊井無禽。時舍也。
註	初六陰濁在下，井底有泥將成廢井。連飛禽亦莫之顧而飲。占得此爻不利於用可知矣。陰濁在下的井，為時所棄捨，失去了它的功用。
卦	坎上巽下
卦名	井（井通也）
爻辭	九二。井谷射鮒。甕敝漏。
象傳	象曰。井谷射鮒。無與也。
註	九二陽剛居中。才德足以濟民利物。但上無應與，水不能汲引。又與初六柔弱之陰爻相比，不能成井養之功。占得此爻以水淺甕漏為象，為事不能成功可知矣。

卦	坎上巽下
卦名	井（井通也）
爻辭	九三。井渫不食。為我心惻。可用汲。王明。並受其福。
象傳	象曰。井渫不食。行惻也。求王明。受福也。
註	渫者。治井而清潔也。九三以陽居陽。而與上六為正應。然上六陰柔不能汲引，則九三將不為時用，難成濟人利物之功。令人憂惻。故有井渫不食。為我心惻之象。唯捨正應而求九五之王明。若得陽明之君以汲引之。則能成井養之功而並受其福。占得此爻要體會人能知時又能唯變所適。足以成其事功的。確實的記住了。
卦	坎上巽下
卦名	井（井通也）
爻辭	六四。井甃無咎。
象傳	象曰。井甃無咎。脩井也。
註	甃者砌其井也。井至六四。既渫且甃。井日新矣。六四陰柔得正，近九五之君，蓋能盡脩治臣下之職。如脩治其井以瀦畜九五之寒泉。可輔君上成井養之功，故能無咎。占得此爻能盡其職，安得有咎。
卦	坎上巽下
卦名	井（井通也）
爻辭	九五。井洌寒泉食。
象傳	象曰。寒泉之食。中正也。
註	洌者。甘潔，寒美清醇也。九五。以陽剛之德。居中正之位。則井養之德已具，井養之功已行矣。占得此爻已為民立養，立教。民得以利賴。事皆咸宜。
卦	坎上巽下
卦名	井（井通也）
爻辭	上六。井收勿幕。有孚。元吉。

象傳	象曰。元吉在上。大成也。
註	上六。居井卦之極。井已成矣。九五寒泉，為人所食。上六乃不掩其口。其水又孚信不竭。則利澤於民。其井養之功之所就能養天下也。占得此爻其所成之事功大而元吉也。

卦	兌上離下 ䷰ 澤火革
卦名	革（革去故也）
序卦	井道不可不革。故受之以革。
卦辭	革。已曰乃孚。元亨利貞。悔亡。
象傳	象曰。革。水火相息。二女同居。其志不相得曰革。已曰乃孚。革而信之。文明以說。大亨以正。革而當。其悔乃亡。天地革而四時成。湯武革命。順乎天而應乎人。革之時大矣哉。
象傳	象曰。澤中有火。革。君子以治歷明時。
註	革者，變革也。已曰乃孚者，信而後革也。言當人心大多數信而相孚契後，方可言革。不輕於革之意。除弊興利必得要亨於正。則革之當其可悔亡矣。陰陽往來，革而信之則四時成矣。就人道而言，如湯武革命，放桀，伐紂是為順天命而應人志也。君子體會革之意，治曆以明其時。晝夜者一日之革也。晦朔者一月之革也。分至者一季之革也。占得此卦切記小至個人謀事變動，除弊興利。大至伐暴救民，均應先具共識、互信，為事端正鞏固。順時勢應事理，成其所事不苟不驟。革卦之時用大矣。
卦	兌上離下
卦名	革（革去故也）
爻辭	初九。鞏用黃牛之革。
象傳	象曰。鞏用黃牛。不可以有為也。

註	初九。當革之時以陽剛之才居初位。卑無可革之權，如乾之初九曰潛龍勿用。因為陽在下也。且上無應與，其不可為也。占得此爻要切記，革道匪輕，不可妄動。尤其是陽性如火炎上，恐其不能固守其不革之志，必固之以黃牛之革。為事稍有衝動必敗。
卦	兌上離下
卦名	革（革去故也）
爻辭	六二。己曰乃革之。征吉無咎。
象傳	象曰。己曰革之。行有嘉也。
註	六二以文明之才。而柔順中正。又上應九五之君故人皆尊而信之。正所謂己曰乃孚，革而信之者，故宜情悅性健，易於革故。占得此爻有更化善治之吉。而無輕變妄動之咎也。
卦	兌上離下
卦名	革（革去故也）
爻辭	九三。征凶貞厲。革言三就有孚。
象傳	象曰。革言三就。又何之矣。
註	革言者，革之議論也。三就者，再三商度其革之利害可否。九三以剛居剛，又居離卦之極。蓋革若躁動，則不能詳審也。占得此爻，以是往凶，可知矣。縱然是事在所當革，亦有危厲。當革之時，不容不革。故必再三詳審其利害可否。以竟其功。
卦	兌上離下
卦名	革（革去故也）
爻辭	九四。悔亡。有孚。改命吉。
象傳	象曰。改命之吉。信志也。
註	改命者。到此已革矣。九四卦已過中。已改其命矣。當事不容不革，唯於未改之先，將所改之志，孚於上下。則利有攸往，自獲其吉矣。占得此爻，知能掌握改革之要，就是先將改革之志，上而信於君，下而信於民。方行改革之舉。其事成而獲吉。

卦	兌上離下
卦名	革（革去故也）
爻辭	九五。大人虎變。未占有孚。
象傳	象曰。大人虎變。其文炳也。
註	九五以陽剛中正之才德，居尊位為革卦之主，得稱大人。而行順天應人之舉。此不待占決而自孚信者，吉無不利。其創造新局，光明璀燦。占者有是德，方應是占矣。
卦	兌上離下
卦名	革（革去故也）
爻辭	上六。君子豹變。小人革面。征凶。居貞吉。
象傳	象曰。君子豹變。其文蔚也。小人革面。順以從君。
註	上六當世道革成之後。而天命維新矣。君子豹變如公候開國承家。小人革面如百姓心悅誠服。故戒占者必得守其改革之命則正而吉也。若別有所往則凶。占得此爻告示，從事變革必得一路走來，始終如一。

卦	離上巽下 ䷱ 火風鼎
卦名	鼎（鼎取新也）
序卦	革物者莫如鼎。故受之以鼎。
卦辭	鼎。元吉。亨。
彖傳	彖曰。鼎象也以木巽火。亨飪也。聖人亨以享上帝。而大亨以養聖賢。巽而耳目聰明。柔進而上行。得中而應乎剛。是以元亨。
象傳	象曰。木上有火。鼎。君子以正位凝命。

註	鼎者。亨飪之器。亨飪有調和之意，鼎之用也。亨飪之事，祭祀，賓客而已。祭祀之大者，無出於上帝。賓客之重者，無過於聖賢。革去故也。鼎取新也。以人事論。內巽外聰。有其德，進而上行。有其位，應乎剛有其輔。是以元亨。大禹鑄九鼎，周成王定鼎，以鼎為宗廟之寶器。為君者要如鼎端莊安正其位，凝成天命。堅固國家安於磐石，協乎上下，以承天休。占得本卦效法鼎卦給我們的啟示，革故必得鼎新，如鼎亨飪調和食物，鼎能安正堅固，方能盡其用，反之則耳足皆折，慎之慎之。
卦	離上巽下
卦名	鼎（鼎取新也）
爻辭	初六。鼎顛趾。利出否。得妾以其子。無咎。
象傳	象曰。鼎顛趾。未悖也。利出否。以從貴也。
註	初六居下。尚未亨飪，正洗鼎之時。顛趾以出否。順利將鼎中之污穢除清。占得此爻，事雖若悖其上下尊卑之序，然未悖於理，於義無咎也。爻辭以妻無子嗣，以其欲生子，而不得不買妾也。有妻得妾非得已也為例。
卦	離上巽下
卦名	鼎（鼎取新也）
爻辭	九二。鼎有實。我仇有疾。不我能即。吉。
象傳	象曰。鼎有實。慎所之也。我仇有疾。終無尤也。
註	九二。以剛居中，能守其剛中之實德。雖與初六陰柔相比而不輕於所與。能慎於所往，擇善而交。不失身於陰黨，又有何過。占得此爻謀事能守中德，慎所往。吉而無尤。
卦	離上巽下
卦名	鼎（鼎取新也）
爻辭	九三。鼎耳革。其行塞。雉膏不食。方雨虧悔。終吉。
象傳	象曰。鼎耳革。失其義也。

註	九三以陽剛居鼎腹之中。本有美實之德。但應木火之極，烹飪太過。故有鼎耳過熱至不可舉，令雉膏之美味，不得其食。不免有悔。然陽剛端正不失其位。故有方雨虧悔之象，以水降熱，損其熾熱而悔者不至於悔也。終吉者。鼎可移，美味可食也。占得此爻行事守正，始雖不利，終則吉也。
卦	離上巽下
卦名	鼎（鼎取新也）
爻辭	九四。鼎折足。覆公餗。其形渥。凶。
象傳	象曰。覆公餗。信如何也。
註	九四。居大臣之位。任天下之重者也。但本身不中不正。而下又應初六陰柔。委任亦非其人。不能勝大臣之位，卒至傾覆國家。占得此爻敗國殺身。凶可知也。
卦	離上巽下
卦名	鼎（鼎取新也）
爻辭	六五。鼎黃耳。金鉉。利貞。
象傳	象曰。鼎黃耳。中以為實也。
註	六五。有虛中之德。上比上九。下應九二。皆具剛明。鼎具黃耳，金鉉，則中之為實者必美味矣。而占得此爻則利於貞固。務實有成。
卦	離上巽下
卦名	鼎（鼎取新也）
爻辭	上九。鼎玉鉉。大吉。無不利。
象傳	象曰。玉鉉在上。剛柔節也。
註	上九以陽居陰。剛而能柔。故有溫潤玉鉉之象。功可以養人也。占得此爻。凡事大吉。而又行無不利也。

卦	震上震下 ䷲ 洊雷震
卦名	震（震起也）
序卦	主器者莫若長子。故受之以震。震者動也。
卦辭	震。亨。震來虩虩。笑言啞啞。震驚百里。不喪匕鬯。
彖傳	彖曰。震亨。震來虩虩。恐致福也。笑言啞啞。後有則也。震驚百里。驚遠而懼邇也。出可以守宗廟社稷。以為祭主也。
象傳	象曰。洊雷震。君子以恐懼脩省。
註	革故鼎新之後，震起之。主器者莫若長子，本卦言長子如何主器。卦辭告示主器要得亨通，先得心存戒慎恐懼，如壁虎周環於壁間，不自安寧而驚顧。言行不違理越分。言笑自如。養成意氣安閒，處變不驚不失其常的氣度。蓋易之為理。危者使平。易者使傾。生於憂患，死於安樂。不懼是由於能懼，能懼所以脩省。修正己身，使事合天理，察己過，遏己慾。占得此卦體會卦意依以行之，自能承擔重責，有為有守。
卦	震上震下
卦名	震（震起也）
爻辭	初九。震來虩虩。後笑言啞啞。吉。
象傳	象曰。震來虩虩。恐致福也。笑言啞啞。後有則也。
註	初九，九四陽也。乃震之所為震者。初九先虩虩，心戒慎恐懼，無慢易之心，則言行舉動自有法則。而後獲福獲吉。占得此爻，戒慎行事其吉如是。
卦	震上震下
卦名	震（震起也）
爻辭	六二。震來厲。億喪貝。躋于九陵勿逐。七日得。
象傳	象曰。震來厲。乘剛也。
註	六二當震動之時。乘初九之剛，直接遭衝擊故有所失。然居中得正，無心以逐其所失。避險去禍，失而復還。占得此爻切記當逢無妄之災，能以柔順中正自守。始雖不免喪失，終則不求而自獲也。

卦	震上震下
卦名	震（震起也）
爻辭	六三。震蘇蘇。震行無眚。
象傳	象曰。震蘇蘇。位不當也。
註	六三不中不正。居內外二震之間。下震將盡，上震繼之。故有蘇蘇盡而又起之象。占得此爻，戒占者在事之存亡交替之間，若仍能奮發有為，恐懼脩省，去其不中不正，以就其中正，即能遷善改過，仍可渡過難關。
卦	震上震下
卦名	震（震起也）
爻辭	九四。震遂泥。
象傳	象曰。震遂泥。未光也。
註	九四以剛居柔。不中不正。陷於二陰之間。處震懼而莫能守。欲震起而莫能奮。無才無能又溺於偏安之私，故於險陷而不能奮起。占得此爻，事必無成。
卦	震上震下
卦名	震（震起也）
爻辭	六五。震往來厲。億無喪。有事。
象傳	象曰。震往來厲。危行也。其事在中。大無喪也。
註	六五以柔弱之才，居人君之位。當國勢動盪之時，故有往來危厲之象。然以其具中德。才雖不足以濟變而中德猶可以自守，故國勢猶可救弊。占得此爻不失中德，雖處危厲，終可不失己位。
卦	震上震下
卦名	震（震起也）
爻辭	上六。震索索。視矍矍。征凶。震不于其躬。于其鄰。無咎。婚媾有言。
象傳	象曰。震索索中未得也。雖凶無咎。畏鄰戒也。

註	上六。以陰柔居震卦之極。心中危懼，不能自安。故有索索矍矍之象。（心有所求，瞻眎徬徨，不自安寧）以是而往，方寸亂矣，豈能濟變。故占者動則獲咎，凶之象也。所以致此者，以其不能未雨綢繆，應變於先。占得此爻戒之在防患於未然，有備戒方得無咎。

卦	艮上艮下 ䷳ 兼山艮
卦名	艮（艮止也）
序卦	物不可終動止之。故受之以艮。艮者止也。
卦辭	艮其背。不獲其身。行其庭。不見其人。無咎。
彖傳	彖曰。艮止也。時止則上。時行則行。動靜不失其時。其道光明。艮其止。止其所也。上下敵應。不相與也。是以不獲其身。行其庭。不見其人。無咎也。
象傳	象曰。兼山艮。君子以思不出其位。
註	序卦：物不可終動止之。止其所當止也。非固執而不變遷者也。以時止則止也。八純卦諸爻皆不相應。獨於艮言者。艮性止，止則執固不遷，所以有所過與不及，而僅得無咎。艮卦以思不出其位。正所以止乎其理，出其位則越其理也。占得此爻要體會處艮止之環境，止不失其時。守己理、位，觀其時何如耳可無咎矣。處吝而能無咎趨吉之端。人生處事動靜皆不失其時。處吉思防悔，有悔即用吝以避凶。
卦	艮上艮下
卦名	艮（艮止也）
爻辭	初六。艮其趾。無咎利永貞。
象傳	象曰。艮其趾。未失正也。

註	初六陰柔。無可為之才，又居卑下之位。以是能止，故有艮趾之象。占得此爻應如是不輕舉冒進。可以無咎而正矣。
卦	艮上艮下
卦名	艮（艮止也）
爻辭	六二。艮其腓。不拯其隨。其心不快。
象傳	象曰。不拯其隨。未退聽也。
註	六二居中得正，上比於九三。以陰柔中正之質，求九三陽剛之助可也。但艮性止而不求助所從之九三，則其中正之德無所施用，所以內心常不快。占得此爻，事必因不主動求助而停滯。人行正事要不吝求助。要放下身段行其所當行。接受人助，續再助人廣結善緣，豈不是美事。切不可封閉自己，斷了自己的路。
卦	艮上艮下
卦名	艮（艮止也）
爻辭	九三。艮其限。列其夤。厲薰心。
象傳	象曰。艮其限。危薰心也。
註	九三以人體而言，當於腰身。腰為身之變動屈伸之位，不當艮止而艮，影響全身的行動，故身心不安且危厲。占得此爻為事切記不當止而上之。則執一不能變通，自陷身心於危厲。
卦	艮上艮下
卦名	艮（艮止也）
爻辭	六四。艮其身。無咎。
象傳	象曰。艮其身。止諸躬也。
註	六四以陰居陰。安靜韜晦，括囊無咎。既艮其身，則無所做為，如是無咎。占得此爻好好的放空自己，淡泊明志，寧靜致遠。守機待時可也。
卦	艮上艮下

卦名	艮（艮止也）
爻辭	六五。艮其輔。言有序。悔亡。
象傳	象曰。艮其輔。以中正也。
註	六五。當輔（口舌也）之處也。六五以陰居陽，然以其得中。故有不妄發言，而發必當理，所以悔亡。占得此爻謹言慎行，無有悔吝之事。人，耳朵最脆弱，口舌最衝動。口舌之戒避免失言之悔。切記之。
卦	艮上艮下
卦名	艮（艮止也）
爻辭	上九。敦艮。吉。
象傳	象曰。敦艮之吉。以厚終也。
註	上九以陽剛居艮極。自始至終，一止於貞而不變。敦厚於止者，故占者如是，其道光明。何吉如之。厚終者。敦篤於終而不變也。

卦	巽上艮下 ䷴ 風山漸
卦名	漸（漸女歸待男行也）
序卦	物不可以終止。故受之以漸。漸者進也。
卦辭	漸。女歸吉。利貞。
彖傳	彖曰。漸之進也。女歸吉也。進得位。往有功也。進以正。可以正邦也。其位剛得中也。止而巽。動不窮也。
象傳	象曰。山上有木。漸。君子以居賢德善俗。
註	漸者漸近也。有不遽進之義。卦象木在山上，以漸而高。卦辭以女歸以漸，經納采，問名，納吉，納徵，請期、親迎。六禮備而後成婚。主於進又戒以利貞。

	漸卦之義，進必以禮。不苟於相從，得以遂其進之志。蓋進之心愈急，則進之機益阻。在人的成長亦因習俗移人。故性相近而習相遠也。君子法其象義，擇居處於賢德善俗之地。故孟母三遷以之教養孟子成其賢。占得本卦要體會欲進得位，往有功者。貞正為要，內能知止，外以巽順而進。必有所成。
卦	巽上艮下
卦名	漸（漸女歸待男行也）
爻辭	初六。鴻漸于干。小子厲。有言無咎。
象傳	象曰。小子之厲。義無咎也。
註	鴻。大雁也。木落南翔，冰泮北歸。其至有時，其群有序。初六陰柔上無應與，當漸之時，漸進於下，有鴻漸於干之象，有居不得位之厲。所謂人微言輕。然當進之時，以漸而進亦理之所宜。所以終得無咎。占得此爻雖不當位，但依時序以漸進其義無咎。這是成長進步必經的階段。
卦	巽上艮下
卦名	漸（漸女歸待男行也）
爻辭	六二。鴻漸于磐。飲食衎衎。吉。
象傳	象曰。飲食衎衎。不素飽也。
註	六二。柔順中正，而進以其漸。又上有九五中正之應。占得此爻則吉。鴻漸於磐而飲食自適，居中得位貞正敬事得吉。飲食自適吉之小也。
卦	巽上艮下
卦名	漸（漸女歸待男行也）
爻辭	九三。鴻漸于陸。夫征不復。婦孕不育。凶。利禦寇。
象傳	象曰。夫征不復。離群醜也。婦孕不育。失其道也。利用禦寇。順相保也。
註	九三過剛，當漸之時，上無應與乃比於六四欲進。以陽比陰，附麗其醜，而失其道矣。非漸之貞者也。故占得此爻有夫征不復，婦孕不育之凶象。然此爻象利用禦寇。禦寇之道在於人和，眾人同心協力，不分以陽比陰，以陰比陽。順以相保故利也。

卦	巽上艮下
卦名	漸（漸女歸待男行也）
爻辭	六四。鴻漸于木。或得其桷。無咎。
象傳	象曰。或得其桷。順以巽也。
註	六四以柔弱之資，似不可以漸進。然不失其位又巽順以正。有鴻漸於木或得其桷之象。如卦辭所言，其位得中，止而巽。雖柔弱亦可無咎。占得此爻，依以行事，終有得也。

卦	巽上艮下
卦名	漸（漸女歸待男行也）
爻辭	九五。鴻漸于陵。婦三歲不孕。終莫之勝吉。
象傳	象曰。終莫之勝吉。得所願也。
註	九五陽剛居中得正，應乎六二，可以漸進相合。得遂其所願。但為中爻相比所隔（六二比九三，九三比六四，六四比九五）然終不能奪其正應之願。占得此爻謀事之發展雖逢阻隔而後吉也。

卦	巽上艮下
卦名	漸（漸女歸待男行也）
爻辭	上九。鴻漸于陸。其羽可用為儀吉。
象傳	象曰。其羽可用為儀吉。不可亂也。
註	上九木在山上，漸長至高。可謂進之極矣。但巽性不果，順而知止，進而復退於陸。此則知進知退，猶人之言行可為法則也。故有其羽可用為儀之象。占得此爻事必為吉。因為知進知退。以人事論，富貴利達不足以亂其心志，知止止之，知終終之唯聖人能之。所以可以為人之儀則。

卦	震上兌下 ䷵ 雷澤歸妹
卦名	歸妹（歸妹女之終也）
序卦	進必有所歸。故受之以歸妹。
卦辭	歸妹。征凶。無攸利。
象傳	彖曰。歸妹。天地之大義也。天地不交。而萬物不興。歸妹。人之終始也。說以動所歸妹也。征凶。位不當也。無攸利。柔乘剛也。
象傳	象曰。澤上有雷。歸妹。君子以永終知敝。
註	男有室，女有家。本天地之常經。然男女相合貴在貞正。本卦說而動則女先乎男，以私情相合。卦中六爻，二至五爻皆不當也。以柔乘剛，六三乘九二之剛。六五乘九四之剛。位又不當，有婦制其夫，違男女內外之正，悖夫婦唱隨之理。所以征凶無攸利。占得本卦所謀無攸利。觀其合之不正。而動於一時情慾之私。即知其終之有敝。所以欲善其終必慎其始。故占者戒之。
卦	震上兌下
卦名	歸妹（歸妹女之終也）
爻辭	初九。歸妹以娣。跛能履。征吉。
象傳	象曰。歸妹以娣。以恆也。跛能履。吉相承也。
註	初九居下。爻象以新嫁妻妹取象，上無應與，相比。兌悅居下，有順從之義，守己分際亦能維持調護承助其正室，吉之道也。 占得此爻要知時位，做好相從者的職分，全心全力承助乎正室，以賢正之德恆以相承。終能獲吉。
卦	震上兌下
卦名	歸妹（歸妹女之終也）
爻辭	九二。眇能視。利幽人之貞。
象傳	象曰。利幽人之貞。未變常也。

註	九二陽剛得中但所應者為陰柔不正之六五。以賢女所配不良。不能大成內助之功。然豈可輕易放棄，改其剛中之德。夫婦結合貴在恆常，當效法內卦兌，以順悅之德，貞而有容。占得此爻利以柔化剛，恆常不移，事終有成。
卦	震上兌下
卦名	歸妹（歸妹女之終也）
爻辭	六三。歸妹以須。反歸以娣。
象傳	象曰。歸妹以須。未當也。
註	六三不中不正，新嫁妻妹本非賤者。然若言行失其職分，自賤其位，遭人輕視，未得其適。占得此爻，謀事無成，應好好自我檢討。
卦	震上兌下
卦名	歸妹（歸妹女之終也）
爻辭	九四。歸妹愆期。遲歸有時。
象傳	象曰。愆期之志。有待而行也。
註	九四陽爻而無正應。以女子嫁期遲滯未歸為象。然不是不嫁而是心志有所待也。婚嫁之事得有所應，不得草率行之。占得此爻謀事為事待時可也，值得等待。
卦	震上兌下
卦名	歸妹（歸妹女之終也）
爻辭	六五。帝乙歸妹。其君之袂。不如其娣之袂良。月幾望。吉。
象傳	象曰。帝乙歸妹。不如其娣之袂良。其位在中。以貴行也。
註	六五柔中居尊。蓋有德而貴者也。下應九二。以君王具才德之女下嫁於人之象。貴如有才德的公主也得嫁人。然其尚德不尚飾，以中德為尊貴。占得此爻要深知對於事物要如何的分析輕重及判別價值。

卦	震上兌下
卦名	歸妹（歸妹女之終也）
爻辭	上六。女承筐。無實。士刲羊。無血。無攸利。
象傳	象曰。上六無實。承虛筐也。
註	上六以陰柔居卦中下無應比。女待嫁過時而無配，歸妹不成者也。所以有承筐無實，刲羊無血。人倫以廢，後嗣以絕之象。有何攸利？占得此爻事無所終，無攸利可知矣。花開堪折直須折，莫待無花空折枝。男、女都一樣。不要錯過了時機，空悲嘆。

卦	震上離下 ䷶ 雷火豐
卦名	豐（豐多故親）
序卦	得其所歸者必大。故受之以豐。豐者大也。
卦辭	豐。亨。王假之。勿憂。宜日中。
彖傳	彖曰。豐大也。明以動。故豐。王假之。尚大也。勿憂宜日中。宜照天下也。日中則昃。月盈則食。天地盈虛。與時消息。而況於人乎。況於鬼神乎。
象傳	象曰。雷電皆至豐。君子以折獄致刑。
註	豐。盛大也。卦象以明而動，盛大之由也。豐之境如天下一統，明君在位，國勢盛大，日中遍照天下。然日豈常中。天地造化之理盈虛有時，天地且如此，況人與鬼神乎。占得此卦體會天地運行之理不可憂宜日中，不宜日昃。而是應時而行。行所當行之事，盡其在我，唯明動相資所尚盛大也。
卦	震上離下
卦名	豐（豐多故親）

爻辭	初九。遇其配主。雖旬無咎。往有尚。
象傳	象曰。雖旬無咎。過旬災也。
註	初九為明之初，九四為動之初。豐卦之初，明而往則有尚。可嘉之道也。然仍戒於需知消息盈虛與時偕行之理。占得此爻，謀事有好的開始，重要的是要按部就班一步一腳印。
卦	震上離下
卦名	豐（豐多故親）
爻辭	六二。豐其蔀。日中見斗。往得疑疾。有孚發若。吉。
象傳	象曰。有孚發若。信以發志也。
註	六二居豐之時，為離之主，至明者也。而上應之六五為昏暗之主，往而從之，彼必見疑，有何益哉。然聖人於事難行處，均教人以貞以有孚。所以六二唯再積誠信以感發之則可趨吉。吉者至誠足以動人，彼之昏暗可開。占得此爻要知道於事窒礙難行之時要能有貞正誠信的功夫，感人心志終可獲吉。
卦	震上離下
卦名	豐（豐多故親）
爻辭	九三。豐其沛。入中見沫。折其右肱。無咎。
象傳	象曰。豐其沛。不可大事也。折其右肱。終不可用也。
註	九三處明之極，而應之上六柔暗，則明有所蔽。故有日中下細雨，不能豐其澤之象。明既有所蔽，動而不明安能成大事？亦即以有用之才，而置無用之地，如人折右臂，終不可用也。占得此爻要知欲成大事，保豐亨。必明動相資，千里馬得遇伯樂方可成事。
卦	震上離下
卦名	豐（豐多故親）
爻辭	九四。豐其蔀。日中見斗。遇其夷主吉。
象傳	象曰。豐其蔀。位不當也。日中見斗。幽不明也。遇其夷主。吉行也。

註	九四陽居陰位，下無應與，日中見斗者，應乎其昏暗也。然初九與九四分別為明之初，動之初同德相濟其豐，故有其夷主之吉。因九四不得位，有豐極而暗之戒。占得此爻要深切體會，明動相資確可成事，但若失位，不能久長。
卦	震上離下
卦名	豐（豐多故親）
爻辭	六五。來章有慶。譽吉。
象傳	象曰。六五之吉。有慶也。
註	卦自上而下謂之來。六五為豐卦之主。六二為之正應。有六五能屈己下賢以求而致之章明之才。如此明動相資。有慶譽之吉矣。占得此爻事得吉慶。
卦	震上離下
卦名	豐（豐多故親）
爻辭	上六。豐其屋。蔀其家。闚其戶。闃其無人。三歲不覿。凶。
象傳	象曰。豐其屋。天際翔也。闚其戶。闃其無人。自藏也。
註	上六以柔暗之質，居明動豐亨之極。承平既久，奢侈日盛。故有豐其屋之象。然勢極則反當反其暗，草塞其家，家人離散，三年不見。如泰之後而城復於隍，明夷初登於天。後入於地之境相同。占得此爻其凶可知。必得居安思危，積德行善。有能力就淑世濟民深耕福田。養子孫以德以才為家道亨通之基也。

卦	離上艮下 ䷷ 火山旅
卦名	旅（旅寡也）
序卦	窮大者必失其所居。故受之以旅。
卦辭	旅。小亨。旅貞吉。
彖傳	彖曰。旅。小亨。柔得中乎外。而順乎剛。止而麗乎明。是以小亨。旅貞吉也。旅之時義大矣哉。
象傳	象曰。山上有火。旅。君子以明慎用刑。而不留獄。
註	旅，羈旅也。寄居做客也。旅途親寡勢渙情疎，縱有亨通之事，亦必微小。然其亨者，以其能守正。旅貞吉者聖人教占者處旅之道也。旅卦卦象內艮外離，內止外明也。羈旅之期間，柔得中不取辱。順乎剛不招禍。止而不妄動。明而識時得宜。此四者。處旅之正道也。占得本卦必柔中順剛，止而麗明方得小亨。
卦	離上艮下
卦名	旅（旅寡也）
爻辭	初六。旅瑣瑣。斯其所取災。
象傳	象曰。旅瑣瑣。志窮災也。
註	初六陰柔在下，蓋處旅而計較毫末則召人之輕侮而自取災咎矣。處旅勢渙又心志窮促淺狹，占得此爻焉能不取辱招禍。
卦	離上艮下
卦名	旅（旅寡也）
爻辭	六二。旅即次。懷其資。得童僕貞。
象傳	象曰。得童僕貞。終無尤也。
註	六二柔中，當旅之時有柔順中正之德，人與事以和為貴。如有志貞之隨從照料，心安無尤，此為旅卦最吉之象，占得此爻有是德，利有攸往。
卦	離上艮下
卦名	旅（旅寡也）

爻辭	九三。旅焚其次。喪其童僕。貞厲。
象傳	象曰。旅焚其次。亦以傷矣。以旅與下。其義喪也。
註	九三居下卦之上，過剛不中。自高而不能下人。過高則眾莫之與。不中則所處失當，故有焚己喪僕，可知旅卦貴柔而賤剛。占得此爻自陷危厲之境謀事無成。
卦	離上艮下
卦名	旅（旅寡也）
爻辭	九四。旅于處。得其資斧，我心不快。
象傳	象曰。旅于處。未得位也。得其資斧，心未快也。
註	旅處者。行而方處，暫棲息者也。九四以陽居陰，處上之下，下應初六陰柔，有所託非人故有我心不快之象。旅以得位為安，僅得暫息，未得位也。故所處不寧。占得此爻謀事心不踏實，尤其不能託人執行，必應與非人。一無所成。
卦	離上艮下
卦名	旅（旅寡也）
爻辭	六五。射雉一矢亡。終以譽命。
象傳	象曰。終以譽命。上逮也。
註	六五當羈旅之時以其陰柔，故有射雉雉飛矢亡之象，謀事不成之意。然能本身文明得中，順乎九四又應乎六二，故終能轉危為安。最重要的關鍵是居上位而能體賢親民。占得此爻凡事始凶而終吉可知也。
卦	離上艮下
卦名	旅（旅寡也）
爻辭	上九。鳥焚其巢。旅人先笑後號咷。喪牛于易。凶。
象傳	象曰。以旅在上。其義焚也。喪牛于易。終莫之聞也。
註	上九當羈旅窮極之時，居卦之上則自處高亢，當離卦之極則躁妄。故致欲止無地，欲行無資之凶境。占得此爻不識時務自陷凶險。

卦	巽上巽下 ☴☴ 重巽
卦名	巽（巽入也）
序卦	旅而無所容。故受之以巽。巽者入也。
卦辭	巽。小亨。利有攸往。利見大人。
彖傳	彖曰。重巽以申命。剛巽乎中正。而志行柔。皆順乎剛。是以小亨。利有攸往。利見大人。
象傳	象曰。隨風巽。君子以申命行事。
註	序卦旅而無所容。故受之以巽。旅途親寡，非巽順何以取容。巽以從人，人無不悅，所以利有攸往。巽卦九五居卦之中正，則所行當其理，以中正行其志也，雖以柔順乎剛能小亨，中而不失其正，確實履行必可利有攸往，行事有成。占得本卦柔順而中正必可吝而趨吉。
卦	巽上巽下
卦名	巽（巽入也）
爻辭	初六。進退。利武人之貞。
象傳	象曰。進退志疑也。利武人之貞。志治也。
註	初六陰柔居下爻，為巽卦之主。因過於卑巽，是以持狐疑不定之心，凡事莫之適從。所以有進退之象。若能如武士具剛果之心志，以矯其柔懦之偏，則不至於過巽。柔以濟剛是方法，心有定見而行，則有信心勇敢直前，終可治而不亂。占得此爻謀事切忌遲疑，憂柔寡斷，擇善固執，方有所成。
卦	巽上巽下
卦名	巽（巽入也）
爻辭	九二。巽在床下。用史巫紛若。吉無咎。
象傳	象曰。紛若之吉。得中也。
註	九二以陽爻居陰位，然得中，則不過於卑巽。爻辭言：用史巫紛若，教之效法善於占卜吉凶之卜莁者，以分析理則的方法在雜亂的現象中奮發鼓舞精神不畏困難的找出因應之道，吉而有成。占得此爻得其精神，謀事可成。

卦	巽上巽下
卦名	巽（巽入也）
爻辭	九三。頻巽吝。
象傳	象曰。頻巽之吝。志窮也。
註	九三剛過而不中，又居下卦之上。本不能巽，但當巽之時，不容不巽矣。頻巽而心行不一，終於不巽也。做一件事要用真心，勉強的去做終得反效果，這樣的例子在很多事情上都發生著。想的到，做不來，看的破，氣不過。 占得此爻，事有予盾一定得用正向思考，以智者不惑，仁者不憂，勇者不懼的精神走自己的道路。有信念就能破除矛盾。不要一直自陷於矛盾之中，終有一天無法收拾。
卦	巽上巽下
卦名	巽（巽入也）
爻辭	六四。悔亡。田獲三品。
象傳	象曰。田獲三品。有功也。
註	六四當巽之時以陰居陰位，得巽卦之正又居上卦之下。居上而能下者，不唯無悔，而能有得。蓋六四位於諸陽之中，得位而心行巽順，可成而有功之象也。 占得此爻謀事必成，其福久長。
卦	巽上巽下
卦名	巽（巽入也）
爻辭	九五。貞吉悔亡。無不利。無初有終。先庚三日。後庚三日。吉。
象傳	象曰。九五之吉。位中正也。
註	九五居尊，剛健中正，故正而又吉，巽卦之初不免有悔，至九五之位悔亡而貞吉。更要將惠澤於民的政令如風之吹物，無處不入，無物不鼓勵的落實推行。 占得此爻謀事落實有成。

卦	巽上巽下
卦名	巽（巽入也）
爻辭	上九。巽在牀下。喪其資斧。貞凶。
象傳	象曰。巽在牀下。上窮也。喪其資斧。正乎凶也。
註	上九居巽之極，不中不正窮之極也。當巽之時不容不巽，上九失去了巽卦的精神，焉能不凶。占得此爻，雖正亦凶，何況不中不正更會失去一切。

卦	兌上兌下 ䷹ 兌見
卦名	兌（兌悅也）
序卦	入而後說之。故受之以兌。兌者說也。
卦辭	兌。亨。利貞。
彖傳	彖曰。兌說也。剛中而柔外。說以利貞。是以順乎天。而應乎人。說以先民。民忘其勞。說以犯難。民忘其死。說之大。民勸矣哉。
象傳	象曰。麗澤兌。君子以朋友講習。
註	兌悅也。然陰陽相悅，易流於不正。故戒以利貞。卦象中心誠實，接物和柔，利貞心正而已，則天理，人心可順應。接物和柔如朋友相交，教學相長。心理相涵，而所知者益精，身與事相安。占得此爻謀事心正柔和有效運用眾人之力，必有所成。
卦	兌上兌下
卦名	兌（兌悅也）
爻辭	初九。和兌吉。

象傳	象曰。和兑之吉。行未疑也。
註	初九。以陽爻居悦體，而處最下。無應與，位正而無私無射，與人和悦，以之行事，成功可達。占得此爻謀事可成，利家利民。
卦	兑上兑下
卦名	兑（兑悦也）
爻辭	九二。孚兑。吉。悔亡。
象傳	象曰。孚兑之吉。信志也。
註	九二當兑之時，承比陰柔，雖不當位，然具剛中之德，孚信於中。不失其正，所謂和而不同，占得此爻不因位之不當，而能以孚而悦，信志而行，則所謀之事吉而無悔。
卦	兑上兑下
卦名	兑（兑悦也）
爻辭	六三。來兑凶。
象傳	象曰。來兑之凶。位不當也。
註	六三陰柔，陰居陽位，不中不正。上無應與。近比於初九，九二之陽，乃來求而悦之於人，不依禮義故凶。占得此爻要知陰陽相悦戒以利貞，失去了自己的人格，諂媚巴結，為人所賤豈不凶。一定要切記不可為了一時的目的，失去了寶貴的自我。
卦	兑上兑下
卦名	兑（兑悦也）
爻辭	九四。商兑未寧。介疾有喜。
象傳	象曰。九四之喜。有慶也。
註	九四承九五之中正，而下比六三之陰私，然九四質本陽剛，若能介然守正，不捨公而從私相悦同體之九五，如此則有喜也。占得此爻當機立斷，得其柔剛之正道，必有福慶。

卦	兌上兌下
卦名	兌（兌悅也）
爻辭	九五。孚于剝有厲。
象傳	象曰。孚于剝。位正當也。
註	九五陽剛中正，當悅之時而居尊位，更當自戒，天下事太完美了必有其憂。九五密近上六之陰柔。陰能剝陽，占得此爻必要自惕，不可受周圍之陰小蠱惑了心志，壅蔽了耳目，產生紊亂。
卦	兌上兌下
卦名	兌（兌悅也）
爻辭	上六。引兌。
象傳	象曰。上六引兌。未光也。
註	上六陰柔居悅之極，為悅之主，專於悅九五之陽，故有引兌之象。如乾隆之和珅，和珅投其所私所好，其事當然暗昧不光明。占得此爻要慎防事由吉轉趨悔凶，若能自吝方能不生悔凶。主要的關鍵還是在於九五是否能不惑於慾。

卦	巽上坎下 ䷺ 風水渙
卦名	渙（渙離也）
序卦	說而後散之。故受之以渙。渙者離也。
卦辭	渙。亨。王假有廟。利涉大川。利貞。
彖傳	彖曰。渙。亨。剛來而不窮。柔得位乎外而上同。王假有廟。王乃在中也。利涉大川。乘木有功也。
象傳	象曰。風行水上。渙。先王以享於帝立廟。

註	渙者離也。散也。如何能解離散之境呢？為政者必要至誠以感之，聚天下人之心，要領導人民勇於冒險犯離，共同濟天下之難。在國家興盛之時亦要享帝立廟，上接續天神，祖先之精神，下聚集人心，以合天人感通幽明。占得此卦必要以誠相感，勇於任事精誠所至，金石為開。在漂浮的水面上，以船為基礎，眾志成城，乘風破浪，自助、人助、天助，共渡險離。
卦	巽上坎下
卦名	渙（渙離也）
爻辭	初六。用拯馬壯吉。
象傳	象曰。初六之吉。順也。
註	初六陰柔，才不足以濟離。然處渙卦之初，情勢未至披離。尚易於拯救。若能自知，而能順託九二剛中之才來協助，濟難可期，因初六之順，而事可終吉。占得此爻貴在自知，真誠，有識人之明，而成功不必在我之胸襟尤為可取。越處急離，真誠的效用就越大。
卦	巽上坎下
卦名	渙（渙離也）
爻辭	九二。渙。奔其机。悔亡。
象傳	象曰。渙奔其机。得願也。
註	九二當渙之時，居坎險之中，本不可濟渙。但上與九五中正之君相應，故汲汲出險以就五。遂其濟渙之願。占得此爻，濟渙必得即刻，因為真誠相應，所以就會飛奔行動，遂行九五之志。所以誠者，心志誠於內，事功成於外。
卦	巽上坎下
卦名	渙（渙離也）
爻辭	六三。渙其躬。無悔。
象傳	象曰。渙其躬。志在外也。

註	六三陰柔本無主觀的力量可以濟渙。然六三與上九為正應，與九二相比，仍能奮不顧身，親自求援於上九，志在濟時之險離，雖以陰求陽亦可無悔。占得此爻心志相應，雖階層差異，亦可無悔。在濟難之時，積極的去做該做的事，不要自我設限，可發揮最大的效用。
卦	巽上坎下
卦名	渙（渙離也）
爻辭	六四。渙其群。元吉。渙其丘。匪夷所思。
象傳	象曰。渙其群。元吉。光大也。
註	六四。上承九五，為濟渙之任者。陰處陰位，所居得正，與下無應與，則外無私交，正大光明無朋黨之私，以之濟渙，大善而元吉。有渙其群，結合民眾之志。凡樹私黨者，心暗昧狹小。占得此爻要知道植黨爭權，只會造成了對立，分散了濟渙的力量，所謂政無多門，勢無兩大，同心協力眾志成城方可成濟渙之功。至於能凝眾人心志的領導人，其才智、胸襟、所思所慮則非常人所能及，一般人真誠與之相應，必可光大社會、國家。
卦	巽上坎下
卦名	渙（渙離也）
爻辭	九五。渙汗其大號。渙王居。無咎。
象傳	象曰。王居無咎。正位也。
註	九五陽剛中正，以居尊位。當渙之始，為臣民者奮不顧身，拋家棄土勤王濟渙至此功成。而領導人必正其位定其居。令統於一，完全的凝聚人心，占得此爻渙離之難已解，接續要建立制度各正其位，增進全民福祉。
卦	巽上坎下
卦名	渙（渙離也）
爻辭	上九。渙其血。去逖出。無咎。
象傳	象曰。渙其血。遠害也。

註	當渙之時干戈擾攘，生民塗炭。人民離鄉背井者多矣。上九以陽剛，處渙之極，正位歸於一統，得使出離遠方的人民返還故鄉，進行重新建設，遠離渙離之害。占得此爻為事既已排除困難，則儘速返回常態，加強重建，使基礎穩固，永續發展。

卦	坎上兌下 ䷻ 水澤節
卦名	節（節止也）
序卦	物不可以終離。故受之以節。
卦辭	節。亨。苦節不可貞。
彖傳	彖曰。節亨。剛柔分而剛得中。苦節不可貞。其道窮也。說以行險。當位以節。中正以通天地。節而四時成。節以制度。不傷財。不害民。
象傳	象曰。澤上有水。節。君子以制數度。議德行。
註	節者有限而止也。然節亦要適中，唯其中所以亨。若苦節則不中矣，不中則天理不順，人情不堪，難於其行，所以窮也。亨則不窮，窮則不亨。推行不滯謂之通，如陽極陰生，陰極陽生。柔節之以剛，剛節之以柔，皆有所制。有所適宜的規範。為政者效法節卦的象義，制定禮法，使民行止歸於中，社會和合。占得本卦謀事切要守分際，不可憤世嫉俗，剛愎自用。
卦	坎上兌下
卦名	節（節止也）
爻辭	初九。不出戶庭。無咎。
象傳	象曰。不出戶庭。知通塞也。
註	初九。陽剛得正，居節卦之初，知前爻九二逢六三陰爻為蔽塞，外卦又應坎險，不可以行。有識時之明。知所行止，故能無咎。占得此爻體會謀事要識時勢，針對實際情況採取應對的做為，智不危身方能無咎。

卦	坎上兌下
卦名	節（節止也）
爻辭	九二。不出門庭。凶。
象傳	象曰。不出門庭。凶。失時極也。
註	聖賢之道，以中為貴。九二陽剛但不正，與九五無應與。前爻無蔽塞，當出不出，僅知有節，而不知通其節。節而失時，所以凶。占得此爻謀事切要有依時進退不可一成不變。為變所適不可以為典要。心中還是要有開創的精神，俟時而進。
卦	坎上兌下
卦名	節（節止也）
爻辭	六三。不節若。則嗟若無咎。
象傳	象曰。不節之嗟。又誰咎也。
註	不節者如用財恣情，修身反縱情肆慾。財以費而傷，德以縱而敗。六三不中不正，陰柔無能節之德，終至自取窮困，怨不得他人，令人悲嘆而已，占得此爻會遇到，知事之所病，見其傷敗而無法挽回之憾事。天下事不是想挽回就一定能挽回的。藥醫不死人，佛渡有緣人，唯盡人事而已。
卦	坎上兌下
卦名	節（節止也）
爻辭	六四。安節。亨。
象傳	象曰。安節之亨。承上道也。
註	六四柔順得位，上承九五之君，乃順君命而奉行其節。故其象為安，其占為亨。占得此爻，謀事安貞順常，必得亨通。
卦	坎上兌下
卦名	節（節止也）

爻辭	九五。甘節吉。往有尚。
象傳	象曰。甘節之吉。居位中也。
註	九五居中得正，位於悅體之上，則人悅乎我。往有尚者，立法於令，而可以垂範於後也。甘節者中正也，往有尚者通也。為政者貴在建立良好制度，通行天下。正所謂當位以節，中正以通，節之盡善盡美也。占得此爻事不唯吉。而且亨通。
卦	坎上兌下
卦名	節（節止也）
爻辭	上六。苦節。貞凶悔亡。
象傳	象曰。苦節貞凶。其道窮也。
註	上六。居節卦之極，不中不正，苦節之意，天理不順，人情不堪，難於其行，不能知所變通，雖貞亦凶。占得此爻切忌行事剛愎，不通情理，終不可久也。

卦	巽上兌下 ䷼ 風澤中孚
卦名	中孚（中孚信也）
序卦	節而信之。故受之以中孚。
卦辭	中孚。豚魚吉。利涉大川。利貞。
彖傳	彖曰。中孚。柔在內而剛得中。說而巽孚。乃化邦也。豚魚吉。信及豚魚也。利涉大川。乘木舟虛也。中孚以利貞。乃應乎天也。
象傳	象曰。澤上有風。中孚。君子以議獄緩死。

註	孚。信也。卦體下說以應上。上巽以順下。信之自然如豚魚將生，風先出。鶴知秋，雞知旦，皆是。信能正則事事皆合天理，涉險以至誠所以利涉大川。為政者體察卦之象義，與民交心，至誠惻怛，甚或死刑犯，亦欲求其是否仍有一線生機。誠者天之道也。信、正之用大矣。占得本卦謀事衷心至誠，貞正行之吉無不利。
卦	巽上兌下
卦名	中孚（中孚信也）
爻辭	初九。虞吉。有他不燕。
象傳	象曰。初九虞吉。志未變也。
註	虞者，樂也，安也。燕者，喜也，安也。有他者，其志不定也。當中孚之初，初九與六四相應，互信而得安樂之象，若初九不信於六四，則不得安樂，此戒占者如是。占得此爻貴在建立互信，若三心二意心存疑惑，則事不成，心不得喜樂。
卦	巽上兌下
卦名	中孚（中孚信也）
爻辭	九二。鶴鳴在陰。其子和之。我有好爵。吾與爾靡之。
象傳	象曰。其子和之。中心願也。
註	物之相愛者，莫如子母之同心。九二。以剛中居下，而上應之九五剛中居上。發乎貞誠之感應矣。如鶴鳴子和天機之自然也。占得此爻，誠意交感。吉無不利。
卦	巽上兌下
卦名	中孚（中孚信也）
爻辭	六三。得敵。或鼓或罷。或泣或歌。
象傳	象曰。或鼓或罷。位不當也。
註	六三。陰柔不正，而上應上九之不正。位不當不正，為信之窮，彼我為敵不得孚信可知。占得此爻謀事不能信而正，行止不定，心失其位而獲其咎。

卦	巽上兌下
卦名	中孚（中孚信也）
爻辭	六四。月幾望。馬匹亡。無咎。
象傳	象曰。馬匹亡。絕類上也。
註	六四當中孚之時，近九五居上之位。柔順得正。以中孚之德事君，不繫戀其朋黨。心境信實光明。占得此爻擇善而固執一以從之，心無咎矣。
卦	巽上兌下
卦名	中孚（中孚信也）
爻辭	九五。有孚攣如。無咎。
象傳	象曰。有孚攣如。位正當也。
註	九五居尊位，為中孚之主。剛健中正。有中孚之實德。而下應之九二與之同德。九五與九二中孚相連皆居中位。占得此爻為事誠信，以之連結，擴大中孚之德吉而無咎。
卦	巽上兌下
卦名	中孚（中孚信也）
爻辭	上九。翰音登于天。貞凶。
象傳	象曰。翰音登于天。何可長也。
註	上九。居中孚之極，極則變矣。蓋聲聞過情，不能長久於中孚，以雞鳴不過天將明之時，不能久長。占得此爻謀事居非其位，聲過其實，不能成事。

卦	震上艮下 ䷽ 雷山小過
卦名	小過（小過過也）
序卦	有其信者必行之。故受之以小過。
卦辭	小過。亨。利貞。可小事不可大事。飛鳥遺之音。不宜上宜下。大吉。
彖傳	彖曰。小過。小者過而亨也。過以利貞與時行也。柔得中。是以小事吉也。剛失位而不中。是以不可大事也。有飛鳥之象焉。飛鳥遺之音。不宜上宜下大吉。上逆而下順也。
象傳	象曰。山上有雷。小過。君子以行過乎恭。喪過乎哀。用過乎儉。
註	序卦有其信者必行之。故受之以小過。小過卦有坎象，剛失位而不中，在這樣的時位 之中宜守成不宜擴大發展。陰柔得中，於人無所逆，於事無所拂。故亨。然利於正。事雖小亦宜收斂，謙退居下。斯得時宜而貞正。占得此卦為事內斂外順。行要恭，不恭則傲。喪要哀，不哀則易。用要儉，不儉則奢，貞正從事可大吉。
卦	震上艮下
卦名	小過（小過過也）
爻辭	初六。飛鳥以凶。
象傳	象曰。飛鳥以凶。不可如何也。
註	卦有飛鳥之象。初六陰柔不正，而上從九四陽剛之動，故有飛鳥之象。陰柔不正而妄動，卦辭戒之宜下不宜上，故有因飛上而致凶。不體察本身主觀的力量與外在客觀的情勢之否逆而妄動，其凶莫能解救。占得此爻謀事不識時勢，沉不住氣，其事必敗。
卦	震上艮下
卦名	小過（小過過也）
爻辭	六二。過其祖。遇其妣。不及其君。遇其臣無咎。
象傳	象曰。不及其君。臣不可過也。

註	六二。柔順中正，以陰遇陰（六二遇初六，遇者非正應，卒然相逢之意），不抗乎陽（九三）。當過而不過，無咎之道也。如臣不可過乎君，柔順自處。占得此爻謀事要對週遭相遇的人與事，守住自己應有的分際，柔順謙和，縱然是坎險的環境亦可無咎。
卦	震上艮下
卦名	小過（小過過也）
爻辭	九三。弗過。防之。從或戕之。凶。
象傳	象曰。從或戕之。凶如何也。
註	九三。當小過之時，陰多乎陽。陽不能過陰。然陽剛居正，造成邪正不兩立。所以九三之陽乃群陰所欲害者。故爻辭戒之陽當有備而防之。若無自知之明仍與之對立或失去立場的從之都會被戕害，其凶之甚也。占得此爻仍是告誡謀事要因應時勢知所進退，有所為有所不為，自陷險境不知權變，凶很大。
卦	震上艮下
卦名	小過（小過過也）
爻辭	九四。無咎。弗過。遇之。往厲必戒。勿用永貞。
象傳	象曰。弗過遇之。位不當也。往厲必戒。終不可長也。
註	九四。以剛居柔，剛又柔正即所謂小過也。故可無咎。切記陽雖柔正仍有所應守，不當往從於陰，遭致危厲。占得此爻知謀事之不易，用心瞭解時位以因應之，先守住本位再圖發展。不逢時位。體剛用柔可無咎。端正鞏固，戒之往從乎陰。切記行事可柔不可隨（心無主見，任隨人意）。
卦	震上艮下
卦名	小過（小過過也）
爻辭	六五。密雲不雨。自我西郊。公弋取彼在穴。
象傳	象曰。密雲不雨。已上也。
註	六五。以柔居尊而不正，不能貞正從事，則不能得時宜，無法做到小過之宜。（內斂外順） 故有雲西而東者，不能成其雨。弋取彼在穴者，不能取其鳥，無所得之意。占得此爻謀事不能內斂外順一無所得之意也。

卦	震上艮下
卦名	小過（小過過也）
爻辭	上六。弗遇過之。飛鳥離之。凶。是謂災眚。
象傳	象曰。弗遇過之。已亢也。
註	上六。以陰居動體之上，處小過之極。蓋過之高而亢者也。卦凡陰多於陽者。聖人皆曰有災眚。占得此爻謀事如飛鳥離之，結果是不成的。極而亢之位，鳥不築巢穴，高飛遠舉。如人氣渙散怎能成事。

卦	坎上離下 ䷾ 水火既濟
卦名	既濟（既濟定也）
序卦	有過物者必濟。故受之以既濟。
卦辭	既濟。亨。小利貞。初吉。終亂。
彖傳	彖曰。既濟亨小者。亨也。利貞。剛柔正而位當也。初吉。柔得中也。終止則亂。其道窮也。
象傳	象曰。水在火上。既濟。君子以思患而豫防之。
註	既濟者，事之已成也。然言亨小者，是說不如方濟之時，亨通之盛大也。當方濟之時，人心儆戒，固無不吉。及既濟之後，人心樂怠，亂之所由起也。此不僅為人之常情亦為天道之運數循環也。處艱難多事之時，則戒心生。心有所畏而不敢放肆，此治所由興也。占得此卦謀事貴在慮乎其後，豫防圖之於先。能如此，天下事皆宜，非單指本卦而已。
卦	坎上離下
卦名	既濟（既濟定也）
爻辭	初九。曳其輪。濡其尾。無咎。

象傳	象曰。曳其輪。義無咎也。
註	初九。尚在既濟之初，可以謹戒而守成者。初九陽剛得其正，不輕於動，故有曳其輪，濡其尾。不輕舉妄動之象。以此守成，能保其既濟。占得此爻，謀事有成，必要謹言慎行，以之守成。輕忽必敗。
卦	坎上離下
卦名	既濟（既濟定也）
爻辭	六二。婦喪其茀。勿逐。七日得。
象傳	象曰。七日得。以中道也。
註	六二中正，然上下乘承皆剛。雖上應九五，需俟時而相合。以婦人喪茀，則車無遮蔽不能行取象。切不要為了瑣事而影響朝向目標前進。占得此爻謀事要掌握主要的目標邁進。不要受其它枝節所影響，終會達成目標的。
卦	坎上離下
卦名	既濟（既濟定也）
爻辭	九三。高宗伐鬼方。三年剋之。小人勿用。
象傳	象曰。三年克之。憊也。
註	既濟之時，天下無事。九三以剛居剛，冒進不已。故有伐國之象。既濟無事之世，捨內治而好大喜功，未免窮兵厲民。兵事不可輕動，尤其任人不可不審。戰事久拖，師老財匱，大耗國力。占得此爻謀事既已平順，切不可再興風浪。又如投資若已穩健，切不可貪得無厭，由吉趨凶就從此處開始。
卦	坎上離下
卦名	既濟（既濟定也）
爻辭	六四。繻有。衣袽。終日戒。
象傳	象曰。終日戒。有所疑也。
註	六四。當出離入坎之時，陰柔得正。知既濟將革，坎陷臨前，有所疑懼，故自吝行止，終日戒懼之象。占得此爻謀事能知所戒懼，方可保既濟。

卦	坎上離下
卦名	既濟（既濟定也）
爻辭	九五。東鄰殺牛。不如西鄰之禴祭。實受其福。
象傳	東鄰殺牛。不如西鄰之時也。實受其福。吉大來也。
註	殺牛不如禴祭者，言當既濟之終。不當侈盛，當損約也。六四不穿美衣，而穿舊衣。九五不尚盛祭，而尚薄祭。皆善於處終亂者也。能知時艱，菲薄以處之，則自有以享其既濟之福矣。占得此爻謀事有識時之明，簡約行止，可保有既有的所成。

卦	坎上離下
卦名	既濟（既濟定也）
爻辭	上六。濡其首。厲。
象傳	象曰。濡其首厲。何可久也。
註	上六。卦之終。濡首者。涉水而溺其身，是會危及已身，死亡將至也。占得此爻行事切忌於志滿之時，再冒進涉險，其失敗立至。

卦	離上坎下 ䷿ 火水未濟
卦名	未濟（未濟窮也）
序卦	物不可以窮也。故受之以未濟終焉。
卦辭	未濟。亨。小狐汔濟。濡其尾。無攸利。
彖傳	彖曰。未濟亨。柔得中也。小狐汔濟。未出中也。濡其尾。無攸利。不續終也。雖不當位。剛柔應也。
象傳	象曰。火在水上。未濟。君子以慎辨物。居方。

註	未濟。事之未成之時也。然言亨者，言時至則濟矣。俟其時至方亨也。但不僅俟時至，處未濟欲濟，必識坎險淺深之宜。持敬畏之心。方可濟而亨也。否則在時位俱失，心疑力弱，其欲進無成可知矣。如何識坎險淺深之宜呢？如火在水上，清楚的檢視，為政者以之慎辨物，使物以群分。慎居方，使方以類聚。則分定不亂。占得此爻要謹記，在紊亂中要先各歸其位，盡己本份。方可逐步撥亂反正，使未濟而成既濟矣。
卦	離上坎下
卦名	未濟（未濟窮也）
爻辭	初六。濡其尾。吝。
象傳	象曰。濡其尾。亦不知極也。
註	初六才柔。又無其位。當未濟之初，若不量其才力，而冒險以進，以致浸漬其尾，終不可濟也。占得此爻要知事處凶險之時，務必要吝以處之，收斂言行，守機待時。
卦	離上坎下
卦名	未濟（未濟窮也）
爻辭	九二。曳其輪。貞吉。
象傳	象曰。九二貞吉。中以行正也。
註	凡濟難渡險。必識其才力，量其淺深，不冒進，方可得濟。九二以陽剛之才居柔得中。能自止而不輕於進，如是正而吉也。占得此爻，突破困難要如拖動車輪前行，必得一步一腳印，知所行止，端正鞏固定可趨吉。
卦	離上坎下
卦名	未濟（未濟窮也）
爻辭	六三。未濟征凶。利涉大川。
象傳	未濟征凶。位不當也。
註	六三陰柔不中，不正又失其位，當未濟之時，病於才德不足，冒進必致凶。占得此爻切記要出險必須要建立共同目標，主客觀力量俱備後眾志成城方可行之。務必要用心明察時勢，因為勢弱至此已經不起再失敗了。

卦	離上坎下
卦名	未濟（未濟窮也）
爻辭	九四。貞。吉。悔亡。震用伐鬼方。三年有賞于大國。
象傳	象曰。貞吉。悔亡。志行也。
註	九四以陽居陰，位不正故有悔。然能勉而貞，不冒進，則可吉而悔亡。即陽剛處失位之時，必須端正鞏固，戒慎恐懼，蓄積力量，以之出了坎險，如此則悔亡而志可行也。 占得此爻要切記出了坎險，是因為之前做好了準備，用對了方法，悔亡而志行不是靠硬幹而能成事，而是以剛中而柔行逐行其志的。
卦	離上坎下
卦名	未濟（未濟窮也）
爻辭	六五。貞吉。無悔。君子之光。有孚吉。
象傳	象曰。君子之光。其暉吉也。
註	六五。居中應剛，虛心以求九二之共濟。貞吉無悔矣。於己則光輝發越，於人則誠意相孚，吉不必言矣。 占得此爻為事虛心求教，存誠務實。發揮群德，自助，人助，成就可如日光之盛。
卦	離上坎下
卦名	未濟（未濟窮也）
爻辭	上九。有孚于飲酒。無咎。濡其首有孚失是。
象傳	象曰。飲酒濡首。亦不知節也。
註	上九剛明之才高而無位。於未濟已濟之時，唯有孚於六五飲酒宴樂而已。此則近君子之光，有孚相比無咎之道也。若以陽再與六三之陰相應，則墜落於坎陷之中，安得無咎。 占得此爻為事切勿晚節不保，沒事找事。溺於慾。有孚亦會失是，因為不自制。

國家圖書館出版品預行編目資料

用心教你學會六壬課／周鎮亞著
－－第一版－－ 台北市：知青頻道出版；
紅螞蟻圖書發行，2010.1
面　　公分－－(Easy Quick；100)
ISBN 978-986-6276-02-6 (平裝)

1.占卜

292.4　　　　98024868

Easy Quick 100

用心教你學會六壬課

作　　者／周鎮亞
校　　對／楊安妮、周英嬌、周鎮亞
發 行 人／賴秀珍
榮譽總監／張錦基
總 編 輯／何南輝
出　　版／知青頻道出版有限公司
發　　行／紅螞蟻圖書有限公司
地　　址／台北市內湖區舊宗路二段121巷28號4F
網　　站／www.e-redant.com
郵撥帳號／1604621-1　紅螞蟻圖書有限公司
電　　話／(02)2795-3656（代表號）
傳　　真／(02)2795-4100
登 記 證／局版北市業字第796號
港澳總經銷／和平圖書有限公司
地　　址／香港柴灣嘉業街12號百樂門大廈17F
電　　話／(852)2804-6687
法律顧問／許晏賓律師
印 刷 廠／鴻運彩色印刷有限公司
出版日期／2010年 1 月　第一版第一刷

定價 420 元　港幣 140 元

ISBN 978-986-6276-02-6　　**Printed in Taiwan**